ALICE UND GERHARD ZADEK

Mit dem letzten Zug nach England

FÜR EVA, RUTH,
HANNA UND TONY

ALICE UND GERHARD ZADEK

Mit dem letzten Zug nach England

OPPOSITION
EXIL
HEIMKEHR

DIETZ VERLAG BERLIN

Abbildungsnachweis:
Archiv der Autoren (56 einschließlich Foto des Schutzumschlages);
Friedensbibliothek – Antikriegsmuseum der evangelischen Kirche Berlin – Brandenburg (4);
Manchester Central Liberary (2); Neue Berliner Illustrierte (1);
Stadtarchiv der Stadt Nürnberg (3)

Zadek, Alice und Gerhard: mit dem letzten Zug nach England:
Opposition – Exil – Heimkehr/
Alice und Gerhard Zadek. – Berlin: Dietz Verl. GmbH, 1992. – 284 S.: 66 Abb.

ISBN 3-320-01784-5

Mit 66 Abbildungen

Gesamtgestaltung: Michaela Barthel
Printed in Germany
Gesamtherstellung: Graphischer Großbetrieb Pößneck GmbH
Ein Mohndruck-Betrieb

Vorbemerkung

Sie haben überlebt, zwei der wenigen deutschen Juden, die dem Holocaust entkommen konnten. Verfolgt von der Gestapo, gelang ihnen Stunden vor Beginn des Zweiten Weltkrieges die Flucht in das britische Exil.

Dem Überleben im Exil verdanken wir eines der Bücher, von denen es leider in Deutschland noch zu wenige gibt. Auch deshalb, weil die, die überlebt haben, nicht zu berichten imstande sind – das Nacherzählen, das Berichten, das Erinnern bereitet zu viel Pein. Viele, die ich interviewt habe, haben mir dann unter Tränen gesagt: Nun werde ich wieder schlaflose Nächte haben …

Spät, aber noch nicht zu spät, können Leserinnen und Leser in diesem Buch Antworten auf die immer und immer wieder gestellte Frage finden: »Wie konnte es geschehen?«

Angesichts von wachsendem Rassismus, Antisemitismus und Ausländerfeindlichkeit gewinnt diese Problematik wieder traurige Aktualität.

Dieses Buch ist nicht in Kreisen von Intellektuellen, Künstlern oder Politikern angesiedelt. Es schildert das Leben junger deutscher Juden und ihrer Familien aus dem Arbeitermilieu rund um den Alexanderplatz. Es berichtet über den Ausgang der »Goldenen Zwanziger« Jahre bis zum Untergang des NS-Regimes.

In diesem »Buch ihres Lebens«, wo Tragik und Zufall, Liebe und Glück eng beieinander sind, lassen die Autoren die Fakten sprechen.

Von beiden werden aus jeweils eigener Sicht Erlebnisse und Ereignisse geschildert, die zwei Jahrzehnte ihres ungewöhnlichen Lebens umspannen. Zahlreiche private Fotos und Zeitdokumente bereichern den Text und illustrieren somit vieles, was den Leserinnen und Lesern die Geschichte des Nationalsozialismus anschaulicher macht.

Beim Lesen des Buchabschnitts, in dem Gerhard Zadek die Ermordung seiner Eltern in einem Wald bei Riga anhand von Dokumenten nachvollzieht, habe ich mich schmerzlich daran erinnert, daß ich bei den Recherchen zu meinem Buch an eben diesen Erschießungsgruben gestanden habe. Fast 30000 Jüdinnen und Juden sind hier ermordet worden. Viele von ihnen stammten aus Deutschland.

Auch in Erinnerung an diesen Leidensweg seiner Eltern sowie Zehntausender Berliner Jüdinnen und Juden, es waren 50353, wurde fünfzig Jahre nach den ersten Deportationen »in den Osten« nun endlich im Oktober 1991 am Berliner S-Bahnhof Grunewald ein Denkmal eingeweiht. Eine späte eindringliche Mahnung, daß nie wieder »der Tod ein Meister aus Deutschland« sein darf.

Ich wünsche dem Buch viele Leserinnen und Leser.

Lea Rosh

»Wer geschichtslos leben will, wird es gesichtslos tun müssen ...«

Mit dem alten Fernglas des Vaters hat der kleine Judenjunge am Alex angefangen, nicht nur in der Kaiserstraße, sondern soweit das Glas dem Auge Reichweite verschaffte, das alltägliche Leben zu beobachten. Er hat aufmerksam unterscheiden gelernt, welche Autos nur vorbeifuhren und welchen für ihre Insassen das große Gefängnistor als Ziel gesetzt war ... Er hat aufmerksam zugehört, wenn der Vater und jüdische Nachbarn Zeitungsmeinungen unterschiedlich kommentierten, und er lernte einsehen, daß orthodoxe und liberale Juden noch einmal in Reiche und Arme zu unterscheiden sind. Und dann mußte das Kind aber auch verstehen lernen, daß für deutsch-nationale Rassegesetzler Menschen mit »jüdischem Blut« völlig unterschiedslos »keine richtigen Deutschen« waren.

Das vorliegende Buch ist erzähltes Leben, wie es unbedingt in Worten festgehalten werden muß, weil es eben viel zu wenig Überlebende gibt, die mit ihren Erinnerungen jüdische Lebensspuren sichern können, damit nicht Vergeßlichkeit letztendlich das Werk der blutigen Germanen-Überheblichkeit (zu schlimmerletzt) doch vollendet. Der »Arierparagraph« hatte schon drei Jahre lang nicht verborgen, wohl aber noch verdeckt seine Lunte gelegt, als dann am 9. November 1938 unheimlich synchron in deutschen Dörfern und Städten die Synagogen in Flammen standen, jüdische Geschäfte und Wohnungen in aller Öffentlichkeit geplündert wurden, Juden gejagt und ermordet wurden. Arische Lehrer demütigten ihre jüdischen Schüler vor Klassenkameraden als »Judenpack« bis auf den Tag, da ihnen die Schultore endgültig geschlossen, aber die Türen der Gaskammern geöffnet wurden ...

Arme jüdische Familien konnten lebensrettende Fluchtpläne nicht mit Hilfe teurer Schiffskarten realisieren, sie konnten nur im eigenen lebensgefährlichen Land »untertauchen«, oder mußten mit dem Leben bezahlen, wenn nicht ein rettender Zufall – wie die Angst um eine verlorene Brieftasche – Alice und Gerhard Zadek den Weg ins rettende

Exil öffnete. Längst bevor Luftminen den Alexanderplatz als Herzstück Berlins zertrümmerten, brachten Judenhaß und die nur geduldete oder sogar unterstützte Ausgrenzung und Deportation jüdischer Berliner die alte Preußenstadt zum inneren Einsturz. Keine noch so sorgfältige Stadtführung kann heute einen Eindruck vom »damaligen« Berlin mit seinen Juden erwecken, das können nur Biografien, die, mit Fotos und Dokumenten ausgestattet, Lebensgefühle jener Jahrzehnte vermitteln.

Die von Alice und Gerhard Zadek aus unterschiedlicher Perspektive beschriebenen Jahrzehnte sind ein kostbares Vermächtnis, nicht nur an die Nachgeborenen. Leser gleichen Alters wie die Autoren müssen sich fragen, ob sie diese Zerreißproben von Widerspruch und Widerstand eigentlich wahrgenommen haben, und ob sie die verjagten oder vergasten Mitschüler bei den Klassentreffen späterer Jahrzehnte eigentlich vermißt haben ...

Von dem kindlich-neugierigen Blick des Judenjungen vom Alex durch das Fernglas bis hin zum Anblick des Mahnmals für den Aufstand im Warschauer Ghetto, vor dem im August 1948 der durch das englische Exil Gerettete ein leises Kaddisch für seine zur Ermordung nach Polen verschleppten Berliner Verwandten sprach, liegen Ereignisse, die eigentlich »unerträglich« gewesen sein müßten.

Die liebevoll-ausführliche Erzählweise erleichtert dem Leser das Mitdenken dieser eigentlich unvorstellbaren Erlebnisse. Gerade die beschriebenen Demütigungen, die der Schuljunge von seinem dummdreisten »arischen« Lehrer zu erdulden hatte, geben dem Leser einen Eindruck von der damals feindlichen Normalität, der jüdische Kinder schon ausgeliefert waren, längst bevor Verfolgung und Ausrottung in aller Öffentlichkeit perfekt organisiert wurden.

Der österreichische jüdische Dichter Erich Fried, der wie das Ehepaar Zadek durch das englische Exil gerettet wurde, sagt in einem Gedicht, daß – wer sich nicht erinnern will, auch die Fähigkeit zu denken, zu lieben, zu hoffen, ja sogar sich selbst und andere »zu retten« verliert. Wer geschichtslos leben will, wird es gesichtslos tun müssen ...

Weil diese ohne Bitterkeit erzählten 20 Lebensjahre nicht nur zu meiner Geschichte gehören, sondern auch meine Kinder und unser Enkelkind in sie hineingeboren sind, bin ich froh, Kindern und Kindeskindern helfen zu können, sich lesend an diesen Erinnerungen beteiligen zu dürfen.

Ich möchte den Autoren danken, daß sie sich dem Schmerz der Erinnerung ausgesetzt haben, damit die Nachgeborenen nicht nur dem Niemandsland ihrer eigenen »arischen« Bedürfnisse ausgeliefert sind, umgeben von Gebäuden, die keine Auskunft darüber geben können, ob bei ihrem Neubau erst die Trümmer einer Synagoge beseitigt werden mußten.

An einem Gedicht von Erich Fried, der selber Jude war, lerne ich, mir immer wieder einzugestehen, daß »sich erinnern wollen« ein ein Leben lang währender Auseinandersetzungsprozeß ist, an dem aber buchstäblich unsere Zukunft hängt.

Erich Fried (1921–1988)
Gegen Vergessen

… Ich will mich erinnern
daß ich nicht vergessen will
denn ich will ich sein
ich will mich erinnern
daß ich vergessen will
denn ich will nicht zu viel leiden …

… Ich will mich erinnern
an die Vergangenheit
und an die Zukunft
und ich will mich erinnern
wie bald ich vergessen muß
und ich will mich erinnern
wie bald ich vergessen sein werde.

Und darum wünsche ich diesem Buch der Erinnerung Leser, die beim Begreifen des Erzählten Widerstandskraft für eine menschenwürdige Zukunft erlangen.

Heinrich Fink

GERHARD ERZÄHLT:

Meine Heimat, der Alexanderplatz

Wer gegenwärtig im Neubaublock der Berliner Alexanderstraße Nummer 1 wohnt, hat einen freien Blick auf den Alexanderplatz, die S-Bahn, den großen Parkplatz, wo sich zum Jahresende das bunte, laute Treiben des BerlinerWeihnachtsmarktes abspielte. Etwa an dieser Stelle stand das Haus Kaiserstraße 22–24 Ecke Kurze Straße, in dem ich mit meinen Eltern, deutschen Juden, seit 1920 wohnte. Im Februar 1945 wurde dieses Haus durch eine anglo-amerikanische Luftmine halbiert, eine ganze Häuserzeile in die Tiefe gerissen und unzählige Menschen verschüttet. Das bedeutete auch das Ende der Kaiserstraße.

Von unserer im fünften Stock gelegenen Eckwohnung sah man wegen der dichten Bebauung vom Alexanderplatz nichts, nur Teile eines großen, häßlichen roten Backsteinbaus, das Berliner Polizeipräsidium. Dieses Gebäude mit dem sich anschließenden Gefängnistrakt zog sich fast die ganze Längsseite der Alexanderstraße zwischen den Bahnhöfen Alexanderplatz und Jannowitzbrücke hin. Die Haupteinfahrt des Präsidiums lag drei Mietshäuser entfernt direkt im Blickfeld unseres Balkons. Von dort aus konnte ich die gegenüber unserem Haus in der Kaiserstraße befindliche jüdische Knabenschule und die Synagoge sehen. Leider fehlt bisher an dieser Stelle jeglicher Hinweis über die Brandschatzung durch die Faschisten während der Pogromnacht 1938.

Der Balkon stellte für mich Neunjährigen so etwas wie eine Aussichtsplattform dar. Mit Vaters altem Fernglas vermochte ich alles zu entdecken, was sich im näheren Umfeld abspielte. Am interessantesten schien mir die Einfahrt zum Polizeipräsidium, wo immer irgend etwas Spannendes zu sehen war. Wagen des Überfallkommandos mit lautem ta-tü-ta-ta, »Grüne Minnas«, die Kastenwagen mit Verhafteten, wechselten sich mit den schwarzen Pkw der oberen Polizeichargen ab.

Am Sabbat und zu den jüdischen Feiertagen bevölkerte sich die Straße mit Gläubigen aus unserem Stadtteil, die ihre Gespräche nach der Andacht vor unserem Hause fortsetzten. Das ergab stets ein Ge-

Der Alexanderplatz um 1914

dränge auf der Straße, denn die Kaiserstraße war trotz ihres pompösen Namens eine sehr enge, kurze, von Mietskasernen gesäumte Einbahnstraße, durch die sich der Verkehr mit der Straßenbahn in Richtung Frankfurter Allee, heute Karl-Marx-Allee, quälen mußte.

Wenn man mich als älteren Berliner Bürger nach besonderen Kindheitserinnerungen befragt, dann fällt mir sofort die erste Fahrt mit der elektrifizierten »S-Bahn« ein oder der Flug des Luftschiffes »Graf Zeppelin« über unserem Haus am Alex. Am deutlichsten haben sich mir die Jahre ab 1928 im Bewußtsein eingeprägt.

Mein Vater versuchte, mir – meinem kindlichen Auffassungsvermögen entsprechend – die politischen Ereignisse jener Zeit zu erklären. Wenn zur Reichstagswahl Mai 1928 die Alternative gestellt wurde: »Billige Kinderspeisung oder Panzerkreuzer«, waren wir Jungen von der Kaiserstraße alle für billige Kinderspeisung und für die KPD. Diese hatte zu einem Volksbegehren gegen den Panzerkreuzerbau aufgerufen, dem sich auch sozialdemokratische Arbeiter und Funktionäre anschlossen. Natürlich konnte ich damals die politischen Ereignisse noch nicht verstehen.

Im Jahre 1928 waren Affären wie Steuer- und Millionenbetrügereien gang und gäbe. Im Zusammenhang mit dem angelaufenen Barmat-Prozeß kam der Betrug an Tausenden kleinen Leuten durch den Post-Spar- und Darlehensverein ans Tageslicht. Die Presse lebte von solchen Sensationen.

Die Berliner amüsierten sich auch über Bertolt Brechts »Dreigroschenoper«. Mäckie Messers und Tiger-Browns Songs pfiff und sang Berlin in den Kreisen des stinkreichen Westens bis zum Alex mit seinen Berliner »Normalverbrauchern«.

Wenn mein Vater nicht gerade mit unseren ebenfalls jüdischen Nachbarn, Herrn Reich und Herrn Deutsch, abends Skat spielte, wurden die Ereignisse des Tages debattiert. Ich saß meist auf einem Hocker am Kamin, stocherte in der Glut und versuchte zu verstehen, worüber mein Vater mit seinen Freunden redete. Vater, an seinem kalten Zigarrenstummel kauend, stritt meistens mit Herrn Deutsch, einem Herrenmaßschneider. Ich hing an Vaters Lippen, der in ruhigem Ton Interessantes aus der »Berliner Morgenpost« kommentierte. Er nannte diese Zeitung, der er jahrelang die Treue hielt, Sozi-Blatt.

Herr Deutsch, etwas rundlich, Mitte vierzig, Abonnent des »Lokal-Anzeigers«, war meist anderer Meinung. Er fand aber in seiner Zeitung keine plausible Erklärung dafür, daß von einem Jahr zum anderen immer mehr Leute von der Stange kauften und für teure Maßanzüge kein Geld mehr ausgaben. Daß seine Zeitung die hereinbrechende Krise in der Wirtschaft der »jüdischen Geschäftswelt« in die Schuhe schob, hielt Herrn Deutsch nicht davon ab, den »Lokal-Anzeiger« mit Nachdruck zu verteidigen. »Von wegen jüdische Geschäftswelt«, meinte mein Vater. »Ganoven gibt es überall. Die findest Du in der Kirche wie in der Synagoge.«

Der Dritte in der Gesprächsrunde, Herr Reich, Verkäufer in einem kleinen Tuchladen, bemerkte dazu: »Die Deutschnationalen und die Nazis werben um Wählergunst, beide mit fast den gleichen Argumenten. Heute sagte bei uns im Laden ein Kunde: ›Ich komme zu Ihnen, denn ich kaufe nicht in den verjudeten Warenhäusern. Die werden wie die ganze Wirtschaft von jüdischen Bolschewisten beherrscht‹. Mein Chef, gläubiger Protestant, sagte dem Nazi: ›Wenn Sie nicht die Juden und die Bolschewisten hätten, auf die Sie jetzt alles schieben, anstatt die wirklich Schuldigen in den Reihen der Finanz- und Börsenwelt zu suchen, müßten Sie die Juden und die Bolschewisten erfinden.‹«

Herr Reich ergänzte dieses unliebsame Erlebnis mit ein paar Angaben aus einer Broschüre des »Centralvereins deutscher Staatsbürger jüdischen Glaubens«. Daraus geht hervor, daß im Gegensatz zu Behauptungen antisemitischer Geschichtsschreiber die jüdischen Bürger sich in ihrer sozialen Lage von der Skala reich und wohlhabend bis besitz- und arbeitslos kaum von den anderen Mitbürgern unterscheiden.

Sensationen, Sensationen, alles was danach roch, zog uns an. Auch der erste Besuch eines Königs aus dem fernen Orient in der Hauptstadt war eine solche Sensation.

Auf König Aman-Ullah von Afghanistan wartete ich mit vielen anderen Kindern einige Stunden lang vor dem Berliner Roten Rathaus. Aman-Ullah war in allen Zeitungen beschrieben worden. Man lobte ihn wegen seiner Reformen in dem feudalistischen Land. Er soll viel für die Volksgesundheit und einen weltlichen Unterricht an den Schulen getan haben. Man tadelte ihn wegen seiner Rücksichtslosigkeit gegenüber den in Fehde miteinander liegenden Bauern. Die Presse berichtete von seinen Frauengeschichten; zu Unrecht, tatsächlich war er der erste afghanische König, der in Einzelehe lebte. Seine Ehefrau, die Tochter seines Außenministers, hatte den wohlklingenden Namen Soraya. Nach seinem Besuch im Rathaus sollte er auf dem Alex die riesige gußeiserne Berolina besichtigen. Für uns Berliner Jungen vom Alex war er die Sensation des Jahres 1928.

Ein echter König aus dem fernen Orient, so etwas hatte es in Berlin noch nie gegeben. Ich stand gleich in der Nähe des großen Portals. Selbst auf der Straße lagen Teppiche für den Monarchen. Mutter hätte sich bestimmt gefreut, einen solchen in ihrer guten Stube zu haben.

Als Herr Aman-Ullah aus der Limousine ausstieg, Marke Maybach, glaube ich, konnte ich ihn genau sehen. Ich bewunderte die große buntschillernde Schärpe, die über seiner Schulter hing. An der rechten Hüfte baumelte eine lange goldene Troddel, gleich neben einem Säbel. Auf der Brust leuchteten mehrere faustgroße Orden. Der Mann, dachte ich, hat wohl schon viele Kriege gewonnen. Am meisten gefiel mir der rote Fez auf seinem schwarzgelockten Kopf. So etwas trugen wir immer bei Kinderfesten. Nur Aman-Ullahs Fez war weitaus schöner und nicht aus Papier! Majestät ähnelte dem König aus dem Film »Sindbad der Seefahrer«, mit Douglas Fairbanks, nur war alles bunt und nicht schwarz-weiß wie im Kino.

Als ich zu Hause davon erzählte, dämpfte mein Vater meine Begeisterung. Er sagte: »Der König ist sehr, sehr reich und will hier Geschäfte machen, um noch reicher zu werden. Sein Volk ist eines der ärmsten in der Welt.« Das verschlug mir fast die Sprache, und beinahe bedauerte ich, diesem Manne zugewinkt zu haben.

Auf dem Alex herrschte immer ein turbulentes Treiben. Die vielen Geschäfte, die drei großen Warenhäuser Tietz, Wertheim und Israel neben dem Roten Rathaus waren Magneten für Schaulustige und Käufer aus ganz Berlin und der Provinz. Die Verkaufstische und Warenlager boten eine bunte, schillernde Palette von Erzeugnissen. Da die meisten Käufer knapp bei Kasse waren, suchten sie nach billigen und preiswerten Angeboten. Die Arbeitslosen mußten jede Mark zehnmal umdrehen. Wer in die Warenhäuser hinein wollte, mußte zuerst an vielen wilden Händlern vorbei, an einem »Prima-Sahne-Eis«-Karren, wo man für einen Sechser oder einen Groschen ein recht wässriges Eis bekam, oder an bemitleidenswerten Kriegsinvaliden vorbei, die pausenlos mit bittender Stimme Streichhölzer anboten.

Gleich daneben hörte man: »Heiße Würstchen – heiß sind se noch!« Hier stand ein jüdischer »Wurstmaxe«, der bei uns in der Kaiserstraße im Nebenhaus wohnte. Ging sein Spiritus aus, durfte ich für ihn aus der Drogerie Nachschub holen. Dabei fiel schon mal ein geplatztes Würstchen für mich ab.

Seine gastronomische Ausstattung bestand aus einem hochglanzpolierten Kessel, aus Pappdeckeln und Mostrich und natürlich den Würstchen. Den Kessel trug er wie ein Bauchladen am Körper. Für die »Heißen« sorgte ein kleiner Spiritusbrenner im Kessel.

Berlin-Alexanderplatz – undenkbar ohne Nutten, leicht erkennbar, weil andere Frauen sich damals nicht so auffällig kleideten und schminkten. Die meisten zeigten sich uns Kindern gegenüber sehr freundlich. Besonders eine, die »Fromme Helene« genannt wurde und wohl so etwas wie die Chefin der Damen vom Alex vorstellte, mochte uns Gören. Gingen die Geschäfte gut, gab es manchmal eine Stange Drops für uns.

Der Alex war damals einer der verkehrsreichsten Plätze Berlins, hier kreuzten über ein Dutzend Straßenbahnlinien den grünen Mittelpunkt des Platzes. Gelbe Doppelstock-Busse, Lieferwagen und Autos fuhren in dichter Folge über den Alex und verscheuchten die Fußgänger.

Wer das historische Berlin, das Schloß, den Marstall oder die Jüdengasse hinter dem Rathaus besichtigen wollte, stieg am S- oder U-Bahnhof Alexanderplatz aus. So oft wie möglich ging ich mit meinem Freund

Maxie Lefkowitz zum Alex – Automarken sammeln, nannten wir unser Spiel. Es gab viele Automarken, vom kleinen Hanomag für zwei Personen bis zum großen Maybach.

So standen wir am Alex im dichtesten Verkehr eingangs der Alexanderstraße gegenüber dem Präsidium, zählten Autos und wetteten, wie viele vorbeifahren würden. Maxie stand auf Ford, ich auf Opel. Genau nach einer Stunde, die Normaluhr im Auge, wurde abgerechnet. Ein Taxifahrer, der uns beobachtet hatte, wollte von uns wissen, was wir da eigentlich trieben. »Na, Autotypen zählen, ich Opel und mein Freund Ford, genau eine Stunde lang. Der Taxifahrer, der einen Opel fuhr, schenkte mir ein Opel-Blitz-Zeichen. Ich war überglücklich, obwohl ich bis dahin noch nie in einem Auto gefahren war.

Die Geschäftsleute hatten immer neue Ideen, um ihre Schaufenster so anziehend wie möglich zu gestalten, damit sie Kunden gewannen. Geworben wurde mit Pudding- und Suppenverkostung von »Maggi« und »Knorr«. Aschinger gab kostenlos kleine Brötchen ab, wenn man eine Bockwurst oder eine Erbsensuppe verzehrte. Der große Clou aber konnte in dieser Zeit im Schaufenster eines Geschäftes neben dem Lehrervereinshaus in der Alexanderstraße besichtigt werden: »Der lebende Leichnam im Glassarg«. Dort hatte sich der »Hungerkünstler Jolly« in einem Glaskäfig einschließen lassen, wie es auf einer Tafel zu lesen war. Er wollte einen Hungerrekord von über 30 Tagen oder mehr aufstellen. Die Leute drückten sich die Nasen platt, während er im Glassarg in seinem weißen Römerumhang müde lächelte. Wer eine Spende für »Jolly« geben wollte, mußte natürlich in den Laden gehen.

Der Mann tat uns jedenfalls riesig leid. »Hungern, um leben zu wollen«, mußte doch sehr schwer sein. So postierten wir uns vor dem Schaufenster und wiesen Passanten auf die Spendenbüchse hin. Am Abend erhielten wir vom Geschäftsinhaber ein Trinkgeld. Das ging solange gut, bis meine Eltern dahinterkamen und mir diese Art von Einnahmen untersagten. Sie hatten wie immer recht, zumal einige Wochen später »Jolly« als Betrüger festgenommen wurde. Er hatte einen Kumpan im Keller, der ihn nachts durch einen Schlauch mit Nahrung versorgte.

Zu Geld kamen wir Kinder durch die »Mexiko-Bar« am Alex, Ecke Münzstraße. Die Bar zeigte am Eingang Werbeplakate mit leichtbekleideten Mädchen, die riesige Sombreros trugen. Bereits am späten Nachmittag standen leere Weinflaschen vor der Tür, die wir beim Altstoffhändler nebenan in bare Münze verwandeln konnten.

Der Belebtheit in der Grenadierstraße wich tödliche Stille, nachdem nahezu alle Einwohner deportiert waren

Zum Umfeld des Alex gehörten die Münz-, Grenadier- und Dragonerstraße, heute Almstedt- und Max-Beer-Straße, dem sich das Scheunenviertel am Bülowplatz, heute Rosa-Luxemburg-Platz, anschloß. In dieser Gegend gab es fast alles für »kleine Leute« und »kleine Geldbeutel«, Kneipen, Kinos und winzige Läden.

Hier stand das älteste Flohkino Berlins, es hieß »Pritzkow« und hatte um die 95 Plätze. Kartenlegerinnen, Wunderrabbis und Kurpfuscher bevölkerten diese Gegend, die uns Kinder natürlich mächtig anzog. Bei »Machnow«, dem großen Fahrradladen, konnte man die billigsten neuen Räder Berlins haben. Natürlich kauften auch die Sechstagerennen-Asse vom Sportpalast ihre Rennräder bei Machnow. Die allerbilligsten Räder aber gab es in den Hinterhöfen. Gut erhaltene, leicht beschädigte und häufig auch geklaute Tretmühlen. Mein Vater zahlte 15 Mark für ein »guterhaltenes« Fahrrad. Darauf bin ich später jahrelang, noch als Lehrling, vom Alex nach Niederschönhausen zu meiner »Bude« geradelt.

Inmitten dieses Viertels lebten die Ärmsten der Armen, jüdische Flüchtlinge, meist aus dem polnischen Galizien. Es war ein Ghetto

Kleine koschere Fischhandlung in der Grenadierstraße, Mutter Zadeks Einkaufsquelle

ohne Mauern, entstanden um die Jahrhundertwende, ein freiwilliges Ghetto, offen für jedermann, wo diese als »Galizianer« oder »Ostjuden« diffamierten hausten. Ihre Kultur und religiösen Bräuche pflegten sie gewissenhaft. Ihre orthodoxen Rabbiner achteten streng darauf, daß alle »biblischen« – tatsächlich aber meist mittelalterlichen – Sitten streng bewahrt blieben. Das betraf vor allem die Speisegesetze. Alles mußte streng koscher sein. Das bedeutete, nach bestimmten rituellen Vorschriften geschlachtete Tiere, strenge Trennung von Milch- und Fleischwaren und vor allem striktes Verbot des Genusses von Schweinefleisch. Deshalb gab es in der Grenadierstraße viele kleine und kleinste Läden, Kellergeschäfte für koscheres Fleisch und entsprechend zubereitete Fleischwaren; Bäckereien, Grünkramhandlungen und »Kolonialwaren« in diesem überwiegend jüdischen Viertel. Verbreitet waren Kleinstgaststätten in Wohnungen, wo es »koscheren Mittagstisch« mit jüdisch-polnischen Gerichten gab.

An den Tagen vor den jüdischen Festen und am Freitag standen die Gläubigen vor der Fischhandlung in der Grenadierstraße Schlange. Ein Sabbat ohne »gefüllten Fisch« war orthodoxen Familien fast undenkbar.

Die Fischhandlung hatte den Ruhm, die beste von allen zu sein, weshalb mich meine Mutter auch dorthin zum Einkaufen schickte. Für mich bedeutete allerdings jeder Fischkauf eine Tortur. Mich ekelte der Geruch im Fischladen, er verdarb mir damals jeden Appetit auf Fisch.

Mein Vater, ein tüchtiger Schneider, arbeitete für große Konfektionsbetriebe am Hausvogteiplatz als selbständiger Zwischenmeister. Er erhielt von seinen Konfektionskunden Stoffe zur Verarbeitung von beispielsweise 100 Morgenröcken. Seine Kunst bestand nun darin, daraus 105 Stück anzufertigen. »100 für den Hausvogteiplatz, fünf für mich«. Dieser »Schmu« wurde natürlich unter dem üblichen Großhandelspreis verkauft.

Nicht nur die Grenadierstraße war Absatzgebiet für solche Morgenröcke. Den größten Verschleiß hatten die besseren Strichmädels. Deren Hauptquartier befand sich auf unserer Seite vom Alexanderplatz, so um das Lehrervereinshaus, die Alexanderstraße, die Kaiser-, Elisabeth- und Kurzestraße herum. Eine Ladenpassage verband diese Straßen mit dem Alex.

Da meine Mutter es nicht zuließ, daß Vater die Wohnungen dieser Damen aufsuchte, wurde ich in das Geschäft mit einbezogen. Sicherlich hatten die Nutten auch ihren Spaß an mir kleinem Jungen in kurzen Hosen. Sie versprachen mir, wenn ich größer sei, Unterricht und kostenlosen Besuch.

Als ich etwas älter geworden war, kam ich hinter ein sorgsam gehütetes Geheimnis der Familie. Durch Zufall fand ich beim Kramen in einer sonst verschlossenen Schublade das »Deutsche Familienstammbuch« des Ehepaares Zadek. Ich hatte es noch gar nicht geöffnet, als meine Mutter dazu kam und in einen Schreckensruf ausbrach: »Jetzt weiß der Bengel alles!«

Obwohl ich diesen Satz überhaupt nicht deuten konnte, begriff ich, daß er mit diesem Buch in meiner Hand zusammenhing. Ich tat so, als ob ich stundenlang darin geblättert hätte. Mutter weihte mich nun in eine peinliche Geschichte ein, die sich vor vierzig Jahren zugetragen hatte. Ein Fremder und noch dazu ein »Goy«, ein Nichtjude – es soll einer vom Zirkus gewesen sein –, hatte meiner Tante Lina ein Kind gemacht. Dieses uneheliche Kind war meine Mutter. Tante Lina, die übrigens in miserablen Verhältnissen in einer Laube am Stadtrand von Lichtenberg wohnte, stellte sich in Wirklichkeit als meine Großmutter heraus. Darum stand auch im Stammbuch bei meiner Mutter Erna geb. Schäfer, Vater unbekannt. Meine Mutter wurde mir gegenüber bisher als jüngstes Kind ihrer Großmutter ausgegeben. Der »Makel« ihrer unehelichen Geburt wurde dadurch zwar vertuscht, aber der engere Familienkreis wußte natürlich Bescheid, und jetzt auch ich.

Vaters Familie, die aus Magdeburg stammte, legte großen Wert auf ihr Deutschtum. Zu dem biblischen Nachnamen, der sich nicht eindeutschen ließ, gab es nur kaisertreue deutsche Vornamen. Großvater hieß Hermann, abgeleitet von Hermann, dem Cherusker, Großmutter hieß Wilhelmine und Vater Wilhelm. Der erste Sohn der Wilhelmine hieß Siegfried. »Dein Vorname Gerhard«, so erklärte mir meine Mutter, »ist auch aus dem Germanischen entlehnt und soll nach dem deutschen Namensverzeichnis des Standesamtes eisenhart und stark bedeuten.«

Mein Familienname »Zadek« stammt aus dem Hebräischen und wird von frommen Juden mit hoher Ehrerbietung ausgesprochen. Er heißt soviel wie »Gerechter« oder »Richter als Diener Gottes«. Deutscher Vorname, jüdischer Nachname – der Assimilationsprozeß der deutschen Bürger jüdischen Glaubens scheint in meiner Familie perfekt. Daß ich einen besonders »ehrenhaften« Familiennamen tragen würde, mußte ich von Mutter noch oft hören. Besonders dann, wenn mein Betragen in der Schule nicht gerade musterhaft war.

Mein Vater erzählte gern von seiner Heimatstadt Magdeburg. Die Geschichte von den leergepumpten Halbkugeln, die die stärksten Pferdegespanne nicht zu trennen vermochten, hat er mir mindestens ein gutes dutzendmal erzählen müssen. Ich wollte auch Erfinder werden, wie Otto von Guericke. Den Besuch des Gymnasiums mußte Vater abbrechen und Schneider lernen, da kein Geld für den Besuch einer höheren Schule vorhanden war. Anfang des Jahres 1914 zog er nach Berlin, in der Hoffnung, dort als gelernter Schneider besser zu verdienen. Aber er wurde bald für des Kaisers Heer gemustert und zog in den Krieg. Der Rekrut Wilhelm verliebte sich in meine Mutter Erna Schäfer aus der Berliner Konfektion und heiratete sie, ohne die Eltern zu befragen.

Meine Großmutter Wilhelmine sprach oft mit Stolz von ihrem ältesten Sohn, meinem Onkel Siegfried, über seine Heldentaten an der Front, für die er das »Eiserne Kreuz erster Klasse« erhalten hatte. Mit ihm erhielten mehr als fünfzigtausend »Volljuden« Tapferkeitsmedaillen im ersten Weltkrieg, wie die Zeitschrift des Jüdischen Frontkämpferbundes vermerkte. Mein Vater dagegen wollte nicht als Held gefeiert werden und schon gar nicht für Kaiser und Reich sterben. Er legte sich ein Beinleiden zu, das reichte für einen ständigen Einsatz in der Etappe mit solcher Tätigkeit, wie Schreiber, Schneider und andere Schonplätze. Vater hatte sein »Beinleiden« so perfekt geübt, daß ich ihn nur mit leicht hinkendem Gang kenne. Als ich ihn deswegen einmal fragte, lüftete er mir dieses Geheimnis, hinter das kein kaiserlicher Militärarzt gekommen war. Dennoch brachte er es zum Obergefreiten, erhielt sogar ein Verwundetenabzeichen.

Wie er mir erzählte, betätigte er sich auch als Gehilfe eines Feldrabbiners. Da aber selbst am heiligen Sabbat, dem Sonnabend, meist geschossen und Krieg geführt wurde, kamen der Rabbiner und sein Gehilfe selten zu ordnungsgemäßen Andachten. Es blieb bei jüdischer Seelsorge, dafür benötigte der Rabbiner keinen Gehilfen, und mein Vater wurde wieder versetzt.

Natürlich hat er auch in der Etappe viel Erschreckendes selbst erlebt. Zum Beispiel schilderte mir Vater einen Frontdurchbruch des Gegners, wo plötzlich die Etappe zur Front wurde. Ein Schrapnell verletzte ihn.

Ich habe sehr an meinem Vater gehangen. Wenn er zu mir sprach, hatte ich stets das Gefühl, er spricht zu einem Gleichaltrigen. Er war ein optimistischer, freundlicher Mensch, der lieber humorvoll Schnurren erzählte als von Kriegsabenteuern zu berichten wie andere Väter. Vom ersten bis zum letzten Tag des Weltkrieges war mein Vater Soldat. Danach, in der Inflationszeit, versuchte er sich durch Schneiderei eine kleine eigene Existenz zu schaffen. Auf einem Hinterhof, über einem Pferdestall in der Kurzenstraße unweit vom Alex, mietete er einen Raum, der als Werkstatt diente. Es war eine echte Hinterhofidylle. Der Stall, zwei magere Pferde, ein sogenannter Leiterwagen, der Hof und Heuboden waren jahrelang mir und meinen Freunden Spiel- und Lebensraum.

In der Blütezeit der Schneiderei mietete Vater vom Fuhrbetrieb den Zweispänner zum Transport der fertigen Morgenröcke in das Konfektionsviertel. Ich durfte oft auf den gestapelten und wohlverpackten Morgenröcken sitzen und über den Alex zum Hausvogteiplatz mitfahren. Das hatte ich dem Kutscher zu verdanken, dem ich, so gut es ging, bei den Pferden nach Feierabend half.

Damit der kleine Handwerksbetrieb überhaupt existieren konnte, mußten alle, Vater, Mutter, meine Tante Elise, die bei uns wohnte, und ich vor Ablieferung der Ware an den Großhändler häufig bis in die späten Abendstunden mitarbeiten. Für einen Morgenrock gab es etwa 80 Pfennige Arbeitslohn. Die Hälfte davon bekam die Heimarbeiterin. Die großen Stoffballen die enge Stalltreppe hinauf und die zugeschnittenen Stoffe wieder herunterzuschleppen war schwere Arbeit. Die Näherinnen brachten den Zuschnitt zu sich nach Hause und die fertigen Morgenröcke wieder zurück in Vaters Werkstatt. Dort wurde die Arbeit durchgesehen, abgenommen und zur Lieferung wieder heruntergeschleppt. Zum Glück gab es bei der Konfektionsfirma einen Lastenaufzug. Um die Schlepperei einzuschränken, konstruierte mein Vater eine Art Winde vom Hof in die Werkstatt und bestellte diese bei einem Schlosser. Noch ehe die Winde fertig war, mußte mein Vater das Geschäft schließen. Er war pleite!

Das Ende der »Goldenen Zwanziger«

Obwohl ich nicht viel von Krise und Börse verstand, verspürten wir Kinder unserer Gegend doch die Auswirkungen. Das fing damit an, daß eines Tages die beiden Pferde verschwunden waren, und der Pferdestall Lagerraum wurde. Der Kutscher brachte uns Kinder mit der Mitteilung zum Heulen, daß der Pferdeschlächter in der Kurzenstraße »unser Gespann« gekauft habe. Seitdem ist mir Pferdefleisch zuwider, obwohl ich vorher so gerne Pferdebouletten gegessen habe.

In unserer Familie brach die Zeit radikaler Einschränkungen an. Es begann damit, daß meine Eltern die hinteren zwei unserer Fünf-Zimmer-Wohnung an je eine Familie vermieteten. Drei Familien mußten sich jetzt eine Küche teilen. Ich wurde in die sogenannte Dienstmädchenkammer umquartiert, die nur von der Küche aus zu erreichen war. Da dort meist Schichtbetrieb herrschte, kam ich zwar weniger zum Schlafen, aber dafür mehr zum Kosten. Besonders dann, wenn eine unserer Untermieterinnen, Frau Lustig, von ihrer Runde am Alex spätnachts nach Hause kam und ordentlich hungrig war, fiel etwas für mich ab.

Hinter die meisten unserer Möbel hatte der Gerichtsvollzieher Pfändungsmarken geklebt; meine Eltern hatten Mietschulden für Werkstatt und Wohnung. Mir gefielen diese Marken mit dem blauen Adler, im Volksmund »Kuckuck« genannt, so gut, daß ich diese vorsichtig ablöste und meiner Sammlung einverleibte. Einige nutzte ich als Tauschobjekte. Meinem Vater war das natürlich unangenehm. Er klärte mich über das Geheimnis der blauen Adlermarken an unseren Möbeln auf. Als der Gerichtsvollzieher das nächste Mal erschien, hatte mein Vater seine Schulden immer noch nicht zahlen können, aber dafür »schöne« neue Kuckucke erhalten. Der unbestechliche Gerichtsvollzieher zog mit einem neuen Morgenrock aus Vaters Reserve ab.

Was meine Eltern schwer belastete, war die Frage, wovon ehrlich leben, wovon die Schulden bezahlen? Die »Idee« hatte meine findige

Mutter. In unserem großen Bekanntenkreis gab es viele Familien, die wie wir versuchten, von »Luft« zu leben. Scholem-Alejchem, der jüdische Klassiker, hatte solche »Luftmenschen« mit bitterem Humor beschrieben: viele Ideen, viel Gerede, mit Waren handeln, die nichts einbringen, und am Ende platzen die Geschäfte wie Luftballons.

Eine dieser Ideen war, Vater von Haus zu Haus zu schicken, als Vertreter einer Chemiefirma. Er mußte eine Flüssigkeit verhökern, die Möbelpolitur sein sollte. Meist kam Vater mit furchtbar verätzten Fingern nach Hause, ohne etwas Nennenswertes zu verkaufen. Eingebracht hat ihm die Idee meiner Mutter nur eine juckende Hautkrankheit, weil er die Politur auch vorführen mußte. Er gab diese Vertretung also wieder auf.

Bald entdeckte meine Mutter eine neue Verdienstquelle. Im Ruhrgebiet sollte eine Rheumaepidemie ausgebrochen sein. Also fuhr mein Vater mit zwei befreundeten, auch Pleite gegangenen jüdischen Händlern los, um echte Rheumaunterwäsche Marke »Mako« zu verkaufen. Unser letztes Geld wurde für Fahrkarten zusammengekratzt. Seine »Freunde« waren geschäftstüchtige Vertreter, die ihn in einige Häuser zum Anlernen mitnahmen. Als er von seiner Tour heimgekehrt war, gestand mein Vater die »Katastrophe« ein. Er konnte es nicht übers Herz bringen, alten Leuten Wäsche anzudrehen, von der sie so wenig vom Rheuma geheilt werden, wie wir von unseren »Zores«, auf deutsch Sorgen. Es grenzt also an ein Wunder, daß sich die Familie mit einem so gutmütigen und ehrlichen Vater über Wasser halten konnte.

Mutters nächste Idee wurde am Frühstückstisch geboren. Sie dachte an die Produktion von Kaffeewärmern, für die angeblich Bedarf bestehen sollte. Mit meinem Vater zog ich aus, um in Schneidereien saubere Stoffreste aufzukaufen. Als Aufkaufgebiet kam die Gegend um die Münzstraße in Frage. Mutter und Tante nähten von morgens bis in die Nacht Kaffeewärmer. Das ging so lange gut, bis uns der Gerichtsvollzieher dabei ertappte und Vater Vorwürfe wegen der fehlenden Gewerbeerlaubnis machte. Diesmal rückte er mit einem Kaffeewärmer unter dem Arm ab. Vorher räumte er unserer »Produktion« noch eine Schonfrist von drei Wochen ein. Diese Galgenfrist machte Mutter mobil. Es war Frühling und Wintersachen mußten eingemottet werden.

»Da muß doch was zu machen sein«, meinte sie. In der Nachbarschaft hatte jemand eine Mottenkugelfertigung im Keller aufgenommen. Mutter bot sich an, Beutel dafür zu fertigen und zu füllen. Zehn Stück gingen in einen mit Kalk gestärkten Gazebeutel. Für hundert

Gerhards Mutter 1914

Stück solcher Beutel bekamen wir wenige Pfennige. Dafür stank die ganze Wohnung nach Kalk und Mottenkugeln. Aber das war nicht das schlimmste. Nach zwei Wochen streikte unser bestes Stück, die Singernähmaschine. Der Kalkstaub rieselte aus allen Löchern der Maschine. »Nicht jeder kann eine Überdosis Kalk vertragen, nicht einmal, wenn man aus der Familie Singer stammt«, scherzte mein Vater und wartete auf eine neue Idee von meiner Mutter.

Der Einfallsreichtum meiner Mutter schien grenzenlos, ebenso ihre Beziehungen zu Frauenclubs, jüdischen Kaffeekränzchen, wo gestrickt, gehäkelt und sich dabei über die Männerwelt beschwert wurde. Vater vermutete, daß Mutter von dort die Anregung zu einer neuen Erwerbsquelle empfangen hatte. Sie schickte ihn nach Friedrichshagen zu den Gummiwerken von Fromms.

»Da soll eine lohnenswerte Vertreterstelle freigeworden sein«, sagte Mutter eines Abends nach so einem Kaffeekränzchen. Vater fuhr nach Friedrichshagen und kam enttäuscht zurück, die Sache hatte gleich zwei Haken. Es handelte sich um keine feste Anstellung, sondern nur um eine Vertretung auf Kommission, und die Vertretung sollte nur Zweite-Wahl-Erzeugnisse, also solche mit gewissen Mängeln anbieten. Natürlich versuchte er sein Glück. Aber auch hier war offensichtlich sein Gewissen stärker als die Kunst des Verkaufens fehlerhafter Kondome von »Fromms«.

In den Jahren der schweren Wirtschaftskrise halfen die jüdischen Gemeinden und Vereine, von denen es eine Vielzahl in Berlin von ganz orthodox bis liberal-reformistisch gab, ihren mittellosen Mitgliedern. Auch unsere Familie lebte eine zeitlang von Spenden und diversen Wohltätigkeitseinrichtungen. Es gab »warme Stuben«, »fröhliche Nachmittage«, »Lichte Stunden« und Kantinenmarken für Kinderspeisung. Mutter hatte herausgefunden, daß die Reformgemeinde im Zentrum Berlins, die ihre Synagoge und Gemeinderäume in der Johannisstraße hatte, am großzügigsten verfuhr. Das betraf sowohl den Glauben als auch die Zuwendungen. Darum wurde die Familie dort Mitglied.

Von der jüdischen Religion wußte ich nur, was mir gelegentlich meine Freunde erzählten oder was ich beim Besuch der Synagoge an Festtagen aufschnappte. Meine Eltern waren in dieser Beziehung zurückhaltend. Ob sie an Gott glaubten, weiß ich nicht genau. Sie legten jedenfalls wenig Wert darauf, mich darüber aufzuklären. Von Gott

Jüdisches Kinderfest

sprach mein Vater nur im Zusammenhang mit dem letzten Krieg. »›Behüte Gott‹, daß so etwas nicht noch einmal vorkommt.«

Was die Festtage betrifft, herrschte bei uns ein tolles Durcheinander. Gefeiert wurde alles und nichts ausgelassen, weder die jüdischen noch die christlichen Feiertage. Zu Ostern gab es die Ostereier, zu Weihnachten eine Bescherung unter dem Tannenbäumchen. Wir hielten ebenso die fröhlichen jüdischen Feiertage Chanukka, das Lichterfest im Herbst, und Purim im Frühjahr, genannt das Losfest, ein. Das war das schönste von allen. Es wurde wie ein lustiger Kinderkarneval begangen. Ich hatte es sehr bequem. Gegenüber unserem Mietshaus war ja eine Synagoge. Auf dem Hof des Gotteshauses fand das Fest mit Podium, Girlanden und Lampions statt. Das Losfest Purim entsprach einer uralten biblischen Tradition. Einer Legende zufolge sollte vor Tausenden von Jahren ein gewisser Minister Haman im großen Perserreich, wo Juden, Perser und andere Völker bisher friedlich nebeneinander lebten, den Perserkönig veranlaßt haben, seine jüdischen Untertanen auszurotten. Das Los sollte den Termin für diese Untat bestimmen. Die jüdische Ehefrau des Königs, Esther, verstand es jedoch durch geschickte Diplomatie, den Minister Haman zu Fall zu bringen und die Juden zu retten.

Wir Kinder hatten uns zum Losfest als Juden, Perser, König, Königin oder Rabbiner bzw. Gelehrter zu verkleiden. Das letzte Purimfest erlebte ich als Elfjähriger. Acht Jahre später gab es dort keine Synagoge, zehn Jahre später auch keine jüdischen Kinder mehr.

Als ernster, zugleich höchster Feiertag wurde bei den jüdischen Bürgern der Versöhnungstag begangen. Das Gottesgericht fällt an diesem Tag über die Menschen ein Urteil, den Gläubigen dient der Tag zur Entsühnung für alle ihre Missetaten in dem verflossenen Jahr. Es ist ein Tag der Reue und Buße. Meine Eltern pflegten mit mir am Vormittag dieses Versöhnungsfestes zur Jüdischen Reformgemeinde zu gehen. Während orthodoxe und selbst liberale Gemeinden darauf achten, daß ihre Mitglieder an diesem Tag streng fasten, nahm man das in dieser reformierten Gemeinde nicht so genau. Da meine Eltern offensichtlich nichts zu bereuen hatten, aber schon genug wegen der Wirtschaftskrise büßen mußten, wurde bei uns nicht gefastet, sondern wie üblich gegessen. Und das war manchmal wenig genug.

Die jüdische Reformgemeinde wurde bereits Mitte des 19. Jahrhunderts von liberalen Juden gegründet. Durch weitgehende Assimilation an die deutsche bürgerliche Umwelt zog sich diese Gemeinde den Unmut der orthodoxen Rabbiner zu. Die Gebetssprache war in der Reformgemeinde anstatt hebräisch fast nur noch deutsch. Mit weltlicher Orgelmusik wurden die jüdischen Gebetstexte des gemischten Chores feierlich unterstrichen. All das war ungewöhnlich. Am ungewöhnlichsten aber war die Verlegung des heiligen Sabbat auf den Sonntag. Nach Meinung des Rabbiners dieser Gemeinde war es »Jehova« egal, wann der 7. Tag als Feiertag zu begehen war. Nicht egal aber war es den jüdischen Geschäftsleuten. Denn sonnabends wurde in Deutschland gearbeitet, gehandelt, wurden Geschäfte gemacht wie an anderen Wochentagen. Diesen Umstand zu ignorieren hätte Geldverlust bedeutet. Und »das wollte der ›liebe Gott‹ in diesen schweren Zeiten doch seinen Gläubigen nicht antun«, war die Meinung der Mitglieder dieser Gemeinde.

Wie ich später erfuhr, fanden sich die Namen der maßgeblichen Förderer sowohl im Vorstand dieser jüdischen Gemeinde als auch in den Leitungsgremien der großen bürgerlichen Parteien des Mittelstandes bis hin zu den Deutschnationalen.

Makabi und die Clique Kaiserstraße

Den berüchtigten 1. Mai des Jahres 1929 erlebte ich dank unseres Balkons mit Blick zum Polizeipräsidium ganz aus der Nähe. Die Maidemonstration war durch den Polizeipräsidenten Berlins verboten worden. Sie fand aber trotzdem statt, daraufhin kam es zum Schießbefehl. Mein Vater zeigte sich über die blutigen Vorgänge und das brutale Vorgehen der Polizei empört. Ich hatte mich früh auf dem Balkon postiert, um möglichst viel von den Ereignissen mitzubekommen. Das Präsidium wirkte wie eine militärische Festung. Mit Spannung wartete ich, was geschehen würde. Offene Mannschaftswagen, die sogenannten Überfallwagen, auf denen etwa zwei Dutzend schwerbewaffnete Polizisten Platz hatten, fuhren ein und aus. Dazwischen hoch zu Roß Polizisten. Das Bild wechselte sich ab mit Transporten verhafteter Demonstranten, die laut gegen ihre Behandlung protestierten. Da hielt es mich nicht länger auf meinem Posten. Trotz strikter Weisung meiner Eltern, mich nicht aus der Wohnung zu rühren, schlüpfte ich durch die Hintertreppe raus zu meiner Clique. Auf dem Marsch zum Friedrichshain gelangten wir bis zu einem Denkmal des »Alten Fritzen«, das damals in der Nähe des Parkeingangs stand. Wir befanden uns in einer aufgebrachten Menschenmenge, die sich gegen die Berittenen zur Wehr setzte und sich dabei blutige Köpfe holte. Nachbarn meiner Eltern, die uns Kinder in der Menschenansammlung entdeckten, holten uns heraus. Sie machten unserem Ausflug glücklicherweise ein vorzeitiges Ende. Ich hatte auch genug gesehen und war entsetzt über das Vorgehen der Polizei.

Die Ereignisse um den 1. Mai müssen auch meine Eltern politisch stark beeinflußt haben. Ich glaube, bisher hatten sie je nach ihrer Finanzlage gewählt. War etwas mehr Geld im Hause, gaben sie der SPD ihre Stimme, war nichts in der Kasse, wurden sie radikaler und wählten Liste drei, KPD. Vater gehörte keiner Partei an. Unser Wahllokal war in der Kneipe im Haus untergebracht, die dem dicken Herrn Dörfer gehörte. Jeder wußte, daß er mit den Nazis liebäugelte. Später wurde seine Gaststätte ein berüchtigtes SA-Lokal.

Gelesen wurde bei uns sehr viel. Vaters Hobbys waren Geschichte des Altertums und Geographie. Wir besaßen eine kostbare Bibel und einen schönen großen Ullstein-Atlas. Darin reiste ich mit Vater, wie Karl May, in der ganzen Welt herum. Kein Wunder, daß ich in Geschichte und Erdkunde in der Schule immer eine »Eins« hatte.

An gewöhnlichen Tagen trieb es mich nach der Schule und den Schularbeiten sofort auf die Straße, dem einzigen Tummelplatz für uns Kinder. Kein Sport- oder Tobeplatz am Alex weit und breit. Die meiste Zeit uns selbst überlassen, organisierten wir uns straßenweise zu kleinen Cliquen. Gern gesehen waren wir nicht, wenn wir auf irgend einem Hinterhof lärmend Fußball spielten oder mit Knallfröschen die Leute oder Pferdegespanne erschreckten. Man nannte uns kleine Rabauken, eine etwas gemilderte Form von Rowdys. Natürlich gehörte ich zur Clique »Kaiserstraße«, die mit den Rabauken aus der »Kleinen Frankfurter Straße« in ständiger Fehde lag. Einen Anlaß, uns zu raufen, haben wir immer gefunden. Einmal war ich der Initiator. Das kam so:

Um die Weihnachtszeit war Vater oft als Hilfskraft im Geflügelgeschäft des jüdischen Inhabers Lefkowitz in der »Kleinen Frankfurter Straße« beschäftigt. Es war Schwarzarbeit, Vater verletzte sich beim Kistenschleppen und mußte einen Tag pausieren. Für diesen Tag erhielt er keinen Lohn und wurde obendrein noch von dem Inhaber beleidigt: »Müßigkeit ist aller Laster Anfang.«

»Beinahe hätte ich ihn im Laden verprügelt«, erzählte mein sonst so besonnener Vater.

Ich meinte, meinen Vater zumindest an dem Sohn von Lefkowitz rächen zu müssen. Maxie war eigentlich mein Freund, er saß eine Reihe vor mir auf der Schulbank. Einen Tag nach dem Vorfall im Laden stolzierte Lefkowitz-Junior in der Pause mit seinem neuen blau-weißen Matrosenanzug wie ein aufgeblähter Pfau an mir vorüber. Der Anzug brachte mich wohl auf den Einfall. Kurz nach Beendigung der letzten Unterrichtsstunde kippte ich tiefblaue Tinte über den schönen Anzug. Alles lachte, und ich meinte, meinen Vater »gebührend« gerächt zu haben. Damit war aber auch der Cliquenkrieg erklärt. Der wiederum endete mit einigen blutigen Nasen direkt an der Grenze des jeweiligen »Hoheitsgebietes«, der Straßenbahnhaltestelle, wo die »Kaiserstraße« in die »Kleine Frankfurter Straße« mündete.

Natürlich entschuldigte sich mein Vater bei Herrn Lefkowitz. Der

Friede wurde wiederhergestellt, indem Mutter den Anzug reinigte und Vater bei der Rückgabe des schönen Stücks eine volle Tüte Gänsegrieben als Versöhnungsgeschenk erhielt.

Mit Maxie Lefkowitz verband mich eine lange Freundschaft. Wir gehörten beide zur Kinderriege der Ringer im jüdischen Sportclub »Makabi«. Training nahmen wir sehr ernst und übten die unterschiedlichsten Griffe und Formen der Verteidigung, die uns der Trainer zeigte. Alle sechs Monate wurden in den verschiedensten Altersgruppen die Besten gekürt. Einmal standen Maxie und ich in der Endrunde unserer Altersgruppe. Ich besiegte ihn gleich in der ersten Runde durch Schulterwurf. Dabei geschah es, Maxie schrie laut auf, denn ich hatte ihm einen Arm ausgekugelt. Das war für uns beide das Ende in der Riege. Wir blieben Freunde, aber suchten uns eine andere Betätigung.

Zu der Zeit warben alle Parteien und viele Vereine um Jugendliche und Kinder. Besonders stark war die Bewegung der Naturfreunde und der Wandervögel, die mit Klampfe, Speer mit Wimpel und lautem Gesang dem Stadtmief entrinnen wollten. Auch uns beiden gefiel das, wir wollten solche Wandervögel werden. Wo war uns egal. Unsere Mitgliedschaft in der »Deutsch-Jüdischen Jugendgemeinschaft« (DJJG) begann aber doch rein zufällig. Vor der jüdischen Schule, in der wir bisher Sport getrieben hatten, traf sich hin und wieder eine Gruppe dieser Jugendorganisation. Von einem älteren Jungen aufgefordert, mitzumachen, verwirklichten wir das schon am folgenden Sonntag. Es sollte unsere erste Wanderfahrt ins Grüne ohne Eltern sein. Auch die Heimabende in der Wehlauer Straße, heute Eugen-Schönhaar-Straße, im Prenzlauer Berg gefielen uns gut. Wenn der Fußweg vom Alex bis zur Wehlauer auch weit war, wir nahmen das gerne in Kauf. »Hebbi«, so hieß der ältere Junge, hatte immer neue Ideen, die Heimabende interessant zu gestalten. »Hebbi« war der Spitzname von Herbert Baum. Er sollte mein Leben und Handeln entscheidend beeinflussen.

Die Schweinereien des Lehrers Schweinegruber und anderes

Jeden Mittwochnachmittag traf sich unsere Gruppe zum Heimabend mit »Hebbi« im Jugendheim in der Wehlauer Straße. Das Heim bestand genau genommen nur aus einem großen Laden und einem Zimmer sowie einem geräumigen Keller. Die jüdische Gemeinde hatte die Räume gemietet. Die Renovierung »jugendgemäß bunt« wurde von den Mitgliedern des DJJG selbst vorgenommen. Das Mobilar, soweit man von Möbeln sprechen konnte, bestand aus geschenkten oder geborgten Stühlen, wenigen Tischen, einem Küchenschrank und einem altersschwachen Grammophon. Wacklig waren auch die Stühle und mindestens einer ging bei jedem Heimabend zu Bruch. Zuverlässig für Nachschub sorgte der freundliche Heimleiter Martin, der Gott und die Welt kannte.

Die letzte Schulstunde mittwochs wurde mir wie immer lang. Maxie Lefkowitz und ich wurden schon ganz zapplig, wenn der Lehrer nach dem uns befreienden Klingelzeichen weiter.redete. Wir meinten, dazu hätte er kein Recht. Jeden Mittwoch liefen wir von der Schule im Sturmschritt nach Hause. Schularbeiten wurden nach dem Mittagessen in Eile erledigt. In Gedanken waren wir schon beim Heimabend, um aus Erich Kästners Buch »Emil und die Detektive« zu lesen. Wir, Maxie und ich, stritten uns schon auf dem üblichen Fußweg vom Alex zum Prenzlauer Berg über ein Problem, daß »Hebbi« zur Diskussion gestellt hatte: Ob Emil, der von dem Herrn mit dem steifen Hut beklaut wurde, das Recht hätte, mit Unterstützung der Bande junger Detektive sein Eigentum zurückzuholen, oder ob es Sache der Polizei sei, sein Eigentum zu schützen?

»Hebbi« hatte für unsere Heimabende immer interessante Ideen, so daß wir uns jedesmal auf die nächste Zusammenkunft freuten. Um Kriminelle zu überführen, brauche man Zeugen und Beweise, Indizien. Die Hälfte des Romans von Kästner war bereits vorgelesen worden, da schlug »Hebbi« vor, jeder möge bis zum nächsten Mal das Ende des Kriminalfalles selbst erfinden. Ich strengte mich an, um einen Schluß zu finden und kam der im Buch geschilderten Geschichte ziemlich nahe. Meinen erfundenen Dieb stellte die Kinderclique bei Aschinger am Alex, als er mit dem geklauten Hundertmarkschein bezahlen wollte. Daß der Hunderter der gestohlene war, konnte Emil beweisen. Er hatte ihn bekanntlich mit einer Sicherheitsnadel am Jackett befestigt und damit den Schein unauffällig gelocht. Ein aufmerksamer Leser des Romans mußte Emils Trick bemerkt haben. Der Nadelstich war das Indiz, von dem »Hebbi« gesprochen hatte. Bei mir endete der Dieb im Gefängnis des Polizeipräsidiums am Alex. Die Kassiererin von Aschinger, bei der er den Hunderter in Zahlung geben wollte, war die Zeugin. Bei der Gelegenheit taufte mich die Gruppe »Amateurkriminalist«.

In der folgenden Woche konnte ich der Gruppe auf dem Heimabend weitere Erfahrungen als »Kriminalkommissar« vermitteln. Diesmal brauchte ich nichts zu erfinden. Der Krimi begann in unserem Eckhaus in der Kaiserstraße am Alex. Dort war ein kleiner Tabakladen von Herrn Sally Lübeck. Miteigentümer waren seine Söhne. Neben Zigarren und Zigaretten sowie Spirituosen verkaufte er auch Tabak in Beuteln. Böse Zungen behaupteten, der Beuteltabak stamme aus Zigarettenkippen. Da der Tabak relativ billig war, hatte Herr Lübeck einen festen Kundenkreis, darunter viele Arbeitslose. Auch Polizisten vom Polizeipräsidium, das ja nur wenige Meter entfernt war, kauften bei Lübeck und Söhne. Er war ein liebenswerter, Anfang des Jahrhunderts eingewanderter jüdischer Flüchtling aus Polen. Wir Kinder hatten ihn gern. Wir sammelten damals Zigarettenbilder, die jeder Schachtel beilagen und klebten sie in Sammelalben. Sie umfaßten interessante Serien aus der Geschichte des Altertums, der Neuzeit, der Technik sowie Filmschauspieler und manches andere. Herr Lübeck verhalf uns zur Komplettierung dieser Serien, denn die Arbeitslosen kauften ihre Zigaretten nur stückweise. Dadurch blieben viele Zigarettenbilder für uns übrig.

In Herrn Lübecks Geschäft wurde eines Nachts eingebrochen. Aufgeregt zupfte er an seinem schwarzen Spitzbart, als er mir davon erzählte. Ich wollte an diesem Morgen für meinen Vater ein Päckchen Zigaretten holen und natürlich auch gleich nach neuen Zigarettenbildern fragen. Die neue Bildserie von »Saba« hieß »Die Sieben Weltwunder der Antike«. Wie aus Herrn Lübecks Bericht hervorging, mußte der Dieb ein Zigarrenliebhaber sein. Nur Kisten der teuren Marke »Havanna« fehlten. Seltsamerweise war keine Scheibe eingeschlagen. Der Täter ist vermutlich durch die Hintertür, die zum Hauskeller führte, eingedrungen.

Herr Lübeck wollte aus bestimmten Gründen den Diebstahl nicht an die große Glocke hängen und keinesfalls die Polizei einschalten. Vielleicht stimmt doch etwas mit den Tabaksbeuteln nicht, dachte ich. Mir tat Herr Lübeck sehr leid. Mitleid und Neugier brachten mich auf den Einfall, unsere Gruppe in die »Ermittlungen« einzuschalten. Maxie, ich und die Clique der Kaiserstraße sollten Herrn Lübeck helfen. Die Gruppe stimmte zu. Wir schlußfolgerten ganz kriminalistisch, daß die Diebe Zigarrenraucher waren und sich im Laden und in der Umgebung auskannten. Die Clique stellte sich die Aufgabe, die Höfe der Häuser nach Zigarrenkisten abzusuchen. Handwerker und Ladenbesitzer wurden gebeten, uns zum Sammeln von Käfern Zigarrenkisten zu schenken. Nach zwei Tagen wurden wir tatsächlich fündig. Der Tat verdächtig waren der Kutscher aus unserem ehemaligen Pferdestall und der Klempner neben dem Tabakladen.

Als ich Herrn Lübeck mit nicht geringem Stolz von unseren Ermittlungen berichtete, zeigte er sich nicht begeistert davon. Der Kutscher kam für ihn nicht in Frage, der Klempner mußte der Dieb sein. Der hatte am Tage vor dem Diebstahl bei Herrn Lübeck ein Waschbecken angebracht und mußte mit einem Nachschlüssel eingebrochen sein. Als ich vorschlug, Herr Lübeck sollte die Polizei verständigen, winkte er nur müde ab. Einen Klempner, der zugleich im »Stahlhelm« der Deutschnationalen war, als Feind zu haben, konnte schlimmer als die fehlenden zwei Dutzend Kisten Zigarren sein, meinte er.

Zwar war der Diebstahl aufgeklärt, aber für uns nicht abgeschlossen. Der Fall gehörte auf die Tagesordnung des nächsten Heimatabends. Wir fragten »Hebbi« nach dem »Stahlhelm«, er bestätigte die Gefährlichkeit der Stahlhelmer, die sich nicht viel von den Nazis unterschieden. Es gab in dieser Organisation viele Monarchisten, die den getürmten Kaiser wieder haben wollten. Der lebte in Holland im Exil und bezog eine hohe Staatsrente. Finanziert wurde der »Stahlhelm« von reichen Industrieunternehmern, erklärte uns »Hebbi«.

Schulerlebnisse bildeten auf den Heimabenden einen ständigen Gesprächsstoff, darunter auch Fragen aus dem Unterricht, die uns bewegten. Mein Deutschlehrer verhalf mir zu einer weiteren Einsicht über den »Stahlhelm«. Übrigens war sein Name Schweinegruber, für uns natürlich Herr Schweinegruber. Seine Vorfahren waren keine Berliner, sondern echte Bayern, erzählte er uns gelegentlich. Er trug immer das Abzeichen seiner Partei, ein Stahlhelm mit einem kleinen schwarz-weißroten Wappen. Das sah nicht sehr friedlich aus.

An dem Tag, an dem ich meine erste Prügel von ihm bezog, hatte einer meiner Mitschüler Schillers »Lied von der Glocke« vorgetragen. Dafür erhielt er auch eine glatte »Eins«. Schweinegruber sprach dann von echten Deutschen und echten deutschen Handwerkern und ihrer Schmiedekunst. Er unterschied echte Deutsche und nichtechte Deutsche, die er Zugereiste nannte. Er klärte uns darüber auf, daß echte Deutsche nur Arier sein könnten. Zu Ariern zählte er auch Perser und einige andere Völker aus dem Orient, die ich heute nicht mehr weiß ...

»Juden wie Lefkowitz und Zadek sind Zugereiste und damit keine Deutschen«, sagte der bayrische Schweinegruber ausgerechnet uns Berliner Jungen! »... denn Deutsche sind alle miteinander blutsverwandt.«

Das war zuviel für mich. Wir sollten schlechter sein als Achmed Mohamed Mullak, der Perserjunge, der zufällig in unsere Klasse ging und den Schweinegruber als »Arier« bezeichnete. Seine Eltern arbeiteten an der persischen Botschaft in Berlin. Achmed war ein netter aufgeschlossener Kerl. Unverkennbar mit seiner dunklen Haut und seinen tiefschwarzen Haaren als Orientale.

In dem Moment dachte ich: Der Schweinegruber hat nicht alle Tassen im Schrank. Meine Meinung brachte ich durch das übliche Zeichen, den rechten Zeigefinger an die Stirn tippend, zum Ausdruck. Auch Schweinegruber sah es. Seine Antwort traf mich mitten ins Gesicht. Der Deutschlehrer bestrafte nicht wie andere Lehrer mit einem Rohrstock, sondern schlug seine Schüler mit seinen groben Händen. Die Ohrfeigen trafen genau meine Wangen, die feuerrot anliefen. Aber das überzeugte weder mich noch meine Klassenkameraden. Die Sache wurde am selben Tag Gesprächsthema auf dem Heimabend. Die Meinungen in der Gruppe gingen weit auseinander.

»Natürlich hat Schweinegruber nicht recht«, meinte Martin, der hinzugezogene Heimleiter, denn auch in unserer Wanderorganisation steht das Wort Deutsche vor Jüdisch nicht zufällig. Was »Arier« und Rassen betrifft, so wollten sich die Älteren der Gruppe vor dem nächsten Treffen genauer informieren. »Hebbi« gab mir den Rat, meine Meinung durch gute schulische Leistungen zum Ausdruck zu bringen. Der Rat war zwar gut gemeint, aber nicht so leicht zu verwirklichen. Ungeschoren durfte Schweinegruber nicht davonkommen. Das war die einhellige Meinung der Jugendgruppe.

Am anderen Tag schrieb Maxie vor dem Deutschunterricht an die große Klassentafel in Schönschrift: Hunde, die bellen und beißen, müssen in Berlin einen Maulkorb tragen! Was macht man aber mit Schweinen, die laut grunzen?

Als Schweinegruber in die Klasse kam, schwoll seine Zornesader dick an. Er kochte vor Wut. Aber dennoch nahm er stillschweigend einen Schwamm zur Hand und löschte die Sätze von der Tafel. Der Unterricht begann wie üblich. Das nächste vorzutragende Gedicht betraf einen Steuermann, John Maynard, der unser aller Sympathie hatte. Diesmal lief alles ohne weitschweifende Kommentare des Deutschlehrers ab.

Das Thema des nächsten Heimabends erweckte unser besonderes Interesse. Wir sollten etwas über die Geschlechterfrage und die Liebe hören. Unsere Kenntnisse darüber müssen als sehr einseitig, zum Teil als roh und primitiv bezeichnet werden. Kein Wunder, denn wir hatten zum anderen Geschlecht wenig Kontakt, gingen doch zu jener Zeit Knaben und Mädchen in streng getrennte Schulen. Zwar hatten wir schon von den »Weltlichen Schulen« gehört, wo es diese Trennung nicht mehr gab, wo auch die Sexualaufklärung Bestandteil des Unterrichts war. Aber an den anderen Schulen blieb es bei getrenntem Unterricht. Im Biologieunterricht an den Volksschulen wurde wenigstens die Fortpflanzung von Säugetieren, Fischen und Vögeln behandelt, aber alles, was dazu den Menschen betraf, war in der Schule verpönt.

Der Religionsunterricht, für alle christlichen Schüler Pflichtfach, mystifizierte Liebe und Fortpflanzung zu einem für Kinder schwer durchschaubares Gespinst. Die Schüler der jüdischen Schulen waren nicht besser dran. Das Alte Testament gab in dieser Hinsicht auch nicht mehr her.

Als Maxie und ich in »Hebbis« Jungengruppe kamen, hatten wir beide, wie viele Gleichaltrige, unheimliche Vorurteile gegen Mädchen. Man konnte sogar von einer ausgesprochenen Mädchenfeindlichkeit sprechen. Untereinander sprachen wir von Mädchen als von den »Weibern«.

»Mädchen sind ganz anders, haben völlig andere Interessen und Veranlagungen«, versuchten wir uns zu rechtfertigen. »Die interessieren sich nur für Klamotten, Schmuck, Bändchen und Tanzen. Das schlimmste ist, sie heulen und vor allem tratschen und klatschen sie gern über Dritte.«

Von uns elf- bis dreizehnjährigen Jungen glaubte natürlich niemand mehr an den Klapperstorch oder das Märchen von Adam und Eva. Jeder hatte einen älteren Freund, der es besser wußte, zwar nicht bis in alle Einzelheiten, aber doch mehr als wir Kleinen.

Um allen Vermutungen ein Ende zu machen, holte »Hebbi« einen Fachmann, einen Freidenker und Kinderarzt, der uns an der Tafel mit Hilfe von Zeichnungen vermittelte, was wir über Sexualbeziehungen und Liebe wissen sollten. »Hebbi« mußte vor dem Heimabend viele Bücher gewälzt haben. Er zitierte einen international angesehenen jüdischen Arzt, den der Sozialdemokratie nahestehenden Dr. Magnus Hirschfeld, der Sexualforschung betrieb und in der Arbeiterbewegung aufklärend wirkte. »Hebbi« ließ uns auch Bücher von Max Hodann wie »Bub und Mädel«, »Bringt uns wirklich der Klapperstorch?« sowie das Buch »Geschlecht und Liebe« lesen. Außerdem machte er uns mit einigen Gedanken aus dem Buch August Bebels »Die Frau und der Sozialismus« bekannt.

An dem Heimabend war jeder von uns mit großem Ernst bei »der natürlichsten Sache der Welt«, wie es der Kinderarzt bezeichnete. Wenn auch erst zögernd, dann aber ohne Scheu oder Scham stellten wir unsere Fragen, über Homosexualität, was das denn sei: Abtreibung und der § 218. Am Schicksal der jungen Frau aus dem Film »Cyankali« schilderte uns der Arzt, welches Elend angesichts großer Arbeitslosigkeit eine ungewollte Schwangerschaft verursacht und wie das besonders Arbeiterfamilien mit ständig wachsender Kinderschar betrifft.

Wir fanden allerdings, daß »Hebbi« die Fragen der Liebe und des anderen Geschlechts ziemlich abstrakt behandelte. Uns fehlte es an Mut, ihn über seine eigenen Erfahrungen auszufragen. Mit einem Mädel hatten wir ihn noch nie gesehen. Das sollte sich von einem Heimabend zum anderen ändern. Als »Hebbi« das erstemal Marianne Cohn mitbrachte und als seine Freundin vorstellte, waren wir enttäuscht. Sie war groß, nicht gerade schlank und burschikos. Wir hatten Angst, sie könnte uns unseren »Hebbi« wegnehmen, die interessanten Heimabende und Fahrten würden aufhören. Wir eifersüchtigen kleinen Kerle dachten, wem die Liebe zu Kopf steigt, der denkt nur daran, und haßten »Hebbis« Freundin.

Natürlich fielen »Hebbi« und Marianne unsere Zurückhaltung zu dem ersten Mädel in der Gruppe auf. Marianne, etwa gleichaltrig mit »Hebbi«, nahm unsere Zurückhaltung gelassen hin.

Am nächsten Heimabend warf »Hebbi« die Frage auf: Was gehört zur Freundschaft zwischen Jungen und Mädel; wieder machte er Bücher zur Grundlage unserer Diskussion. »Das Tagebuch des Schülers Kostja

Rjabzew« von Nikolai Ognew und auch »Das erste Mädel« von Bogdanow.

Unsere Meinungen über diese Bücher gingen sehr auseinander. Die Diskussion wurde bei der folgenden Wochenendfahrt nach Lehnitz weitergeführt. »Hebbi« und Marianne hörten meist nur zu, während wir uns stritten. Einer behauptete, daß Freundschaft mit gleichaltrigen Mädchen nicht lange halte. Mädchen seien meist geschlechtlich irgendwie weiter, dächten oft verächtlich über Jungen, und das untergrabe letztlich jede Freundschaft. Andere wieder meinten, daß die Interessen der Mädchen und der Jungen zu unterschiedlich seien. Welches Mädchen gehe schon gerne zum Fußballplatz oder befasse sich mit Technik?

Daß es solche Meinungen geben konnte, war nur natürlich. Sprüche, daß Frauen an den Kochtopf gehörten und zum Kinderkriegen da seien, waren in Elternhaus und Schule verbreitet. Maxie Lefkowitz warf die Frage nach der Freundschaft zwischen jüdischen und christlichen Jungen und Mädchen auf. Sein Vater behauptete, solche Verbindung bringe nur Sorgen ins Haus, schon wegen der späteren Trauung in der Kirche oder in der Synagoge! Alles lachte über diese Frage. Wer von uns dachte schon ans Heiraten. Jedenfalls hatte keiner von uns Vorbehalte. Am Ende der Diskussion gab es doch so etwas wie eine einheitliche Meinung. »Hebbi« faßte sie so zusammen: Natürlich solle es Freundschaften zwischen Jungen und Mädchen geben. Sie müßten etwas Schönes und Edles sein. Wichtig sei, daß beide im Charakter zueinander paßten. »Unwissenheit«, meinte er, »ist ein Bremsklotz für's ganze Leben und für die Liebe.«

Mit Marianne hatten wir uns bald angefreundet. Sie war noch immer unser einziges Mädel in der Gruppe, bereicherte unsere Versammlungen, erfand neue Gesellschaftsspiele, beteiligte sich an unseren Wanderungen und beim Sport. Immer war sie fröhlich. Im Stillen empfanden wir unsere anfängliche Eifersucht als peinlich. Marianne hatte eine solide Allgemeinbildung am Lyzeum erworben und liebte besonders die französische Sprache. Ihrem Berufswunsch entsprechend, wollte sie Krankenschwester werden. Ihre Eltern förderten ihr Bildungsstreben. Als ich wegen meiner schlechten Zensuren in Französisch in die Quarta des Realgymnasiums versetzungsgefährdet war, büffelte Marianne mit mir einige Wochen lang französische Grammatik und Vokabeln.

Fast konnte man meinen, »Hebbi« und Marianne wären von Berufs wegen Erzieher, so gut verstanden es beide, uns ihr Wissen zu vermitteln.

Bei einer Wanderung verkündete »Hebbi«, daß in vier Wochen der Jahrestag der Ermordung zweier Gewerkschaftsfunktionäre, der Italiener Sacco und Vanzetti, durch die USA-Justiz herangerückt sei, zu deren Ehren wir im Jugendheim eine würdige Veranstaltung vorbereiten sollen. Dieses Ereignis mußte schon einige Jahre zurückliegen, denn wir hatten bisher noch nichts davon gehört, schon gar nicht in der Schule. Vielleicht wurde das Thema in den »Weltlichen Schulen« behandelt, in denen es viele sozialdemokratische und kommunistische Lehrer geben sollte.

»Hebbi« beauftragte einige von uns, Zeitungsausschnitte aus dem Jahre 1927 zu beschaffen. Andere sollten aus einem Buch von Upton Sinclair mit dem Titel »Boston« einige geeignete Abschnitte herausfinden, um daraus vorzulesen. Die Auswahl blieb uns überlassen. Das war aber ein dickes Buch, es hatte fast achthundert Seiten. Die richtigen Abschnitte herauszufinden erforderte also gründliches Lesen. Als ich damit begonnen hatte, konnte ich nur schwer wieder aufhören. Sinclair schilderte in ergreifender Weise, wie Sacco und Vancetti den Tod fanden, die unmenschliche Form der Hinrichtung auf dem elektrischen Stuhl:

»Der Scharfrichter bewegte den Hebel, und der Körper bäumte sich auf, als schlage eine Riesenfaust gegen die Gurte. Zweitausendeinhundert Volt waren nach des Scharfrichters Schätzung nötig ... von dem Geruch versengter Haare konnte einem schlecht werden.«

Den Zeitungen entnahmen wir viele Fakten über diese beiden Arbeiter. Der eine ein Schuhmacher, der andere ein armer Fischhändler, beide Gewerkschaftsfunktionäre im USA-Staat Massachusetts. Verhaftet im Jahre neunzehnhundertzwanzig unter falscher Anschuldigung, bestochene Zeugen – die später ihre Aussagen widerriefen. Nach sieben langen Jahren, die sie in Todeszellen eingekerkert waren, wurden sie von der USA-Justiz, obwohl unschuldig, hingerichtet. Mich beeindruckten besonders die letzten Worte Vanzettis vor seiner Hinrichtung:

»Wäre es nicht gekommen, wie es kam, ich hätte mein Leben damit verbracht, an Straßenecken zu Menschen zu sprechen und Empörung unter sie zu tragen. Ich wäre vielleicht gestorben im Dunkel, unbekannt. Nun haben wir nicht umsonst gelebt. Dies ist der Sinn unseres Daseins und der Triumph ... Dieser letzte Augenblick, der gehört uns ...«

Abenteuer eines jüdischen Wandervogels

Wir Mitglieder der DJJG-Gruppe um Herbert Baum hatten vieles gemeinsam. Das war auch der Grund, warum die Gruppe so viele Jahre in geschichtlich bewegter Zeit zusammenhielt. Gemeinsame geistige Betätigung, die »Hebbi« immer weiter zu fördern verstand, gemeinsames Interesse nach jugendlichen Erlebnissen, Bewährungen, Abenteuertum, Phantasie lassen sich am besten zusammenfassen in dem Begriff »Jugendromantik«. Die Stadt war uns zu eng. Darum wurden wir leidenschaftliche Wanderer. Ein Wochenende ohne Wanderfahrt war für uns undenkbar. Der engen Berliner Innenstadt mit den wenigen Grünanlagen und Parks wollten wir so oft wie möglich entrinnen.

Doch gab es ein Problem: Ohne Geld kam man nicht weit. Fahrräder hatten nicht alle. Für Wanderfahrten zum S-Bahntarif reichte es meist, um Berlins nähere Umgebung kennenzulernen. Wie aber zu Geld kommen für die großen Fahrten? Zu allen Schulferien waren solche Wanderungen mit Tornister, Zeltbahn, Kochgeschirr und allem, was dazu gehört, vom DJJG angesetzt.

Meine Mutter staunte, was wir Jungen, ohne zu stöhnen, alles mitschleppten. Geld von den zumeist arbeitslosen Eltern bekamen wir herzlich wenig. Also mußten wir uns immer etwas einfallen lassen, um zumindest das Fahrgeld aufzubringen. Das einfachste war, in den Häusern den lizensierten Lumpensammlern Konkurrenz zu machen. Vor allem standen Knochen hoch im Kurs, daraus wird bekanntlich Leim gekocht. Wir fanden jedenfalls um den Alexanderplatz für Knochen genügend Abnehmer. Zeitweilig gingen wir auch als Hausierer mit selbstbemalten Oster- oder Pfingstkarten von Wohnung zu Wohnung. Um zu Geld zu kommen, sammelten wir auch auf Listen, die mit »Kinderhilfe« im Kopf der Bögen bezeichnet waren. Wir taten das mit dem reinsten Gewissen der Welt, das Geld wurde ja wirklich für Kinder verwendet, die Landluft dringend brauchten. Nur einmal reichte das Geld nicht. Wollten wir, wie geplant, in die Sächsische Schweiz fahren, blieb uns nur übrig, unsere Fahrräder zur Pfandleihe in die Münzstraße zu bringen und Geld darauf zu leihen. Das war ungemein schmerzlich, aber auf die große Fahrt wollten wir nicht verzichten.

Wir verschafften uns ermäßigte Gruppenfahrkarten bis Pirna an der Elbe. Diese erlebnisreiche Fahrt ließ uns den zeitweiligen Verlust unserer Räder vergessen. Wann wir unsere Tretmühlen wieder von der Pfandleihe einlösen konnten, daran dachten wir vorerst nicht.

In die Vorbereitung der großen Wanderung durch das Elbsandsteingebirge wurden alle mit einbezogen. Schon das stellte eine Bewährungsprobe für jeden von uns dar. Da mußten die Landkarten im Maßstab 1:25 000 besorgt werden, um möglichst schöne Waldwege zu erkunden. Wer will schon langweilige Straßen entlang laufen? Festzulegen war die Entfernung von Ort zu Ort, die Übernachtung, der mögliche Zeltplatz oder in Ausnahmefällen die Jugendherberge, »Juhe« genannt. Die Übernachtung kostete 50 Pfennig. Wegen der finanziellen Misere konnten wir nur zwei bis drei Mal in der »Juhe« schlafen. Maxie hatte mit Arnold Urbach Informationen über »Historisches« des Territoriums einzuholen. Ein anderer, ausgerechnet der Dünnste von uns, wurde zum Küchenchef ernannt. Jeder brachte an Eßbarem, was uns die Mütter mitgaben. Der Rest wurde unterwegs gekauft oder beim Bauern erarbeitet. Drei Körbe Kirschen für den Bauern, ein Korb für die Gruppe.

Am besten schmeckte nach dem auf und ab in den Bergen der Sächsischen Schweiz abends am Lagerfeuer das Röstbrot mit »Sanella«-Margarine und Zwiebeln. Reichte das Geld einmal doch für eine harte Wurst für fünfzehn Hungrige, dann nur als »Schiebewurst«. Genaugenommen ist das Gaumenbetrug. Auf eine Margarinestulle bekam jeder eine Wurstscheibe. Man schob sie mit der Oberlippe solange über das Brot, bis der verbliebene Rest der Stulle die Größe der Wurstscheibe hatte. Dann verzehrte man beides, Wurst und Brot, mit dem größten Genuß.

Pirna war für uns das Tor zum Elbsandsteingebirge.

Auf unsere Frage nach dem Weg zur Festung Königstein wurden wir freundlich über die große Elbbrücke verwiesen. Viele Wege führten dorthin. Wir wählten den landschaftlich beeindruckendsten an der Elbe entlang. Gegenüber der vielgerühmten Bastei auf einer Bauernwiese wurde gezeltet. Der Eigentümer, der uns einen Groschen pro Nase abnahm, staunte, wie schnell wir aus den alten Militärzeltbahnen die Zelte aufgebaut hatten. Alte Ausrüstungen der Reichswehr, wie Tornister, Affen, Zeltplane, Feldflaschen waren in Berlin relativ billig zu kaufen. Es war ja nicht unsere erste Zeltfahrt. Jeder wußte, wo er anzupacken hatte, damit das Zelt auch Regen oder Sturm standhielt.

In der Frühe am nächsten Tag ging es erst so richtig ins Gebirge. Wir Berliner, von den Müggelbergen wirklich nicht verwöhnt, waren beeindruckt. Die Festung Königstein mit dem massiven steinernen Gewölbe, den dicken, kalten Mauern schien uns unheimlich wie ein Gefängnis. Das war es ja auch, hörten wir dann beim Rundgang. Im alten Zeughaus der Festung war August Bebel nach seiner Verurteilung im Leipziger Hochverratsprozeß im Jahre 1874 monatelang inhaftiert.

Für den folgenden Tag hatten wir uns viel vorgenommen. Die Burg Hohnstein auf der anderen Seite der Elbe, weit bergauf, war unser nächstes Ziel. Mit der Fähre gelangten wir ans andere Ufer, dann marschierten wir nach Kompaß in Richtung Nordost, um den Lilienstein herum. Nur einmal verliefen wir uns, ausgerechnet auf dem »Leichenweg«, so hieß der wirklich. Dort mußte jemand aus Schabernack den Wegweiser verdreht haben. Überhaupt gab es hier seltsame Wegenamen. Der nächste, dem wir folgten, war der »Lottersteig« und hinter der Stadt Rathen, um den Amselsee herum, kam der »Höllengrund«. Wie Einheimische uns versicherten, stammten diese Namen noch aus dem Mittelalter. Sie galten Wanderern als Warnung, denn bei Nebel, Regenschauer und Sturm konnten diese Wege kreuzgefährlich werden. Das bestätigte uns auch ein älterer Kamerad vom Bergsteigerrettungsdienst, den wir in der Nähe der »Schwedenlöcher« trafen.

»Wer gar im Winter bei Schneeverwehungen von der Dunkelheit der Nacht überrascht wurde, konnte mit Sicherheit am nächsten Morgen an Petrus Himmelpforte anklopfen und um Einlaß bitten«, kommentierte er die interessanten Wegenamen in dieser Gegend.

Wie viele Arbeitersportler, die im sächsischen Elbsandsteingebirge zu Hause waren, gehörte auch er dem Bergsteigerrettungsdienst an, um waghalsigen Touristen, die in Gefahr geraten waren, zu helfen.

»Wenn ihr so wollt, sind wir rote Samariter. Leider passiert da noch zuviel. Wenn wir dann einen in Gefahr Geratenen aus einem glitschigen Kamin retteten, was meint ihr, wie dankbar der hinterher war. Der vergißt uns sein Leben lang nicht.«

Es machte schon Spaß, über schroffe, wunderliche Felsgebilde zu klettern oder über schmale Wege neben Schluchten zu marschieren. An Mut fehlte es uns nicht. Wenn wir mal besonders ausgelassen waren oder über die Stränge schlugen, erkannten wir letztlich doch »Hebbis« ermahnende Worte an. Er ließ riskante Kraxelei nicht zu.

Auf das Städtchen Hohnstein hatten sich unsere »Geschichtsforscher« der Gruppe gut vorbereitet. Bei der letzten Rast vor dem Ort informierten sie uns darüber, was Schulbibliothek und Reiseführer hergaben. Damit wurde das Interesse für die folgende Stadtwanderung geweckt.

In Erinnerung blieb, daß hier im Hochmittelalter Böhmen, Sachsen und Slaven meist als Bauern, aber auch wegen des Flachsanbaus als Leineweber friedlich miteinander lebten. Selbst Juden hatten sich hier in einigen Orten schon vor Jahrhunderten angesiedelt. Auseinandersetzungen gab es nur zwischen den Markgrafen hüben und drüben des Grenzgebirges. Die Oberhand erlangte schließlich der Meißner Markgraf in der ersten Hälfte des 15. Jahrhunderts. Der historische Stadtkern von Hohnstein und die Burg sind Beispiel mittelalterlicher Baukunst.

Der Besuch von Hohnstein gestaltete sich für uns zu einem lebendigen Geschichtsunterricht. Wir konnten damals nicht ahnen, daß nur zwei Jahre später in der Burg der Nazi-Gauleiter von Sachsen, Mutschmann, in den Jahren 1933 und 1934 hier ein erstes faschistisches Konzentrationslager einrichtete. Insgesamt waren in der kurzen Zeit von achtzehn Monaten 5600 Nazi-Gegner eingekerkert. Hunderte sind hier ermordet worden. Eine OdF-Gedenkstätte sowie ein Museum erinnert heute an dieses ehemalige Konzentrationslager.

Von dem Burgberg Hohnstein zum einstigen Schifferstädtchen Schandau an der Elbe talabwärts ging es fast im Laufschritt. Gebremst wurden wir nur von Arnold, der sich beim Überqueren der Wilden Polenz, von Stein zu Stein springend, einen Fuß verknackste. Das kühlende Wasser dieses Flüßchens brachte die Sache aber bald wieder in Ordnung. Unseren Tagesplan hatte der Unfall durcheinandergebracht. So hatten wir nicht viel Zeit zur Stadtbesichtigung Bad Schandaus, sondern marschierten direkt zur Anlegestelle der Elbedampfschifferei.

Das war unser einziger »Luxus«, diese Fahrt mit dem alten Raddampfer »Germania« aus dem vorigen Jahrhundert. Wir schipperten elbaufwärts zum Grenzort Schmilka. Der große Winterberg, direkt an der Grenze zur Tschechoslowakei, war unser nächstes Wanderziel. Von Schmilka für uns »alte Bergsteiger« fast ein Katzensprung.

Heute weiß ich nicht mehr genau, wo wir die Grenze nach Böhmen überquerten, um Herrenskretschen zu erreichen. Der Ort heißt heute Hřensko. Die Verständigung mit dem böhmischen Förster, den wir als ersten trafen, war unproblematisch. Er beherrschte wie viele hier zwei Sprachen fließend. Der Förster machte uns auf Eigenheiten der hiesigen

Vogelwelt aufmerksam, und, was fast noch wichtiger war, er zeigte uns versteckte Mischwaldecken, wo man Pilze beinahe mit der Sense ernten konnte. Die Gegend um Hřensko ist bekannt durch tiefe Schluchten und einen berühmten Wasserfall. Der war zwar auf der Karte eingezeichnet, aber nicht zu finden. Des Rätsels Lösung kam in Gestalt eines Waldhegers, der erst eine Menschenansammlung abkassierte. Dann öffnete er für einige Minuten die Schleusen des Zuflusses für den Wasserfall, der tosend 15 bis 20 Meter zu Tal rauschte. Ein schönes Naturschauspiel in wasserreichen Jahren. Unter denen, die sich daran erfreuten, war auch eine Kinder- und Jugendgruppe wie wir aus Dresden.

Natürlich wollten Leiter und Kindergruppe, die etwa gleichaltrig mit uns waren, etwas über unsere Jugendorganisation hören. Mir schien es, daß sie uns sogar ein wenig mit der Frage frozzelten, ob wir nur wandern, Landsknechtlieder singen und Romantik bewundern würden. Natürlich gestanden wir das nicht ein, aber es war doch etwas dran. Wenn wir aus voller Kehle solche Landsknechtlieder sangen wie »Jörg von Frundsberg führt uns an« und uns am nächtlichen Lagerfeuer begeisterten, war das nicht nur eine Flucht aus der Stadt, sondern auch vor den Sorgen der Familie daheim und die sich daraus ergebenden Nörgeleien. »Hebbi« hatte uns aber auch solche Lieder beigebracht wie »Die Bauern wollten freie sein«, »Die Glocke stürmten vom Bernwardsturm« oder »Brüder zur Sonne zur Freiheit«.

Die Heimabende hatten uns schon selbstbewußter gemacht, aber auf vieles konnten wir noch nicht antworten. Dann hatte einer noch eine Frage an uns. Diese bezog sich auf den Namen unserer Organisation, die »Deutsch-Jüdische-Jugendgemeinschaft«. Von der hatten sie noch nie gehört.

»Seid ihr alle jüdisch religiös?«

»Nein, das war keiner von uns Jugendlichen. Einige Eltern schon.«

»Aber die Eltern von euch sind sicherlich gut bei Kasse?«

»Nein, ausnahmslos das Gegenteil ist der Fall«, war »Hebbis« Antwort. Wir nickten zur Bestätigung. »Die meisten Väter gehen aufs Arbeitsamt stempeln, das heißt, sie sind arbeitslos.« Das mußte jedenfalls unsere neuen Freunde verwundert haben.

»Ihr seid also arme, wanderlustige Judenjungs«, stellte ihr Wortführer fest. »... und wie kommt ihr in diesen Verein?«

»Hebbi« erzählte etwas über die Entstehungsgeschichte der DJJG. Diese sei aus einer Kindergruppe des »Reichsbundes Jüdischer Frontsoldaten« (RJF) hervorgegangen. Diesem Reichsbund käme es darauf an, die bürgerlichen Rechte der Deutschen jüdischen Glaubens durchzusetzen. Diese Rechte seien zwar in der Verfassung der Weimarer Republik verankert, würden aber durch den Antisemitismus der rechten Parteien in zunehmender Weise unterhöhlt. Der RJF war mit keiner politischen Partei verbunden, wenn auch die meisten der Mitglieder bürgerlichen Parteien der Mitte und der SPD nahe standen. Um nicht nur Kinder der Mitglieder des RJF, sondern auch weitere jüdische Jugendliche anzusprechen, wurde die DJJG gegründet. Diese Jugendlichen wollten nicht in zionistische Jugendorganisationen eintreten, welche schon damals mit dem Anwachsen des Antisemitismus für einen eigenen jüdischen Staat geworben hatten.

»Wir aber sind deutsch, fühlen deutsch und sprechen die Sprache von Schiller, Goethe und Heine. Wir lassen uns nicht mit Versprechungen in eine ungewisse Zukunft locken«, schloß »Hebbi« seine Erklärung.

»Genaugenommen seid ihr also auch Arbeiterkinder.« Dann erzählte uns erneut der Wortführer von einer abenteuerlichen Begegnung mit der Hitlerjugend (HJ). Diese waren damals schon Ruhestörer, sie peitschten chauvinistische Gefühle zwischen Deutschen und Tschechen beiderseits der Grenze auf. Der HJ paßte auch das friedliche Grenztreffen von Arbeiter-Jugendverbänden nicht. So versuchte die Hitlerjugend, seine Teilnehmer in der Dunkelheit der Nacht zu überfallen. Während die Lagerfeuer noch glimmten, wollten sie mit Schlagstöcken auf ihre Weise argumentieren. Das schlug völlig fehl. Im Wald waren Nachtwachen aufgestellt, die rechtzeitig durch vorher vereinbarte Rufe die Lagergemeinschaft warnten.

Die anrückende Hitlerjugend wurde mit brennenden Latten empfangen. Zu deren Überraschung legte aber keiner der Dresdner Wert auf eine Prügelei, sondern auf einen Disput.

Wir wollten nun noch den Ausgang wissen, und da zeigte man uns ein gutes Dutzend Hakenkreuzabzeichen, die von den Jacken der nächtlichen Ruhestörer stammten. Den Rest konnten wir uns selbst denken. Auf dem gemeinsamen Weg nach Tetschen-Bodenbach, heute Dečin, wurden die Hakenkreuzabzeichen eins nach dem anderen von der hohen Brücke in die Elbe versenkt. Auf der Brücke trennten sich unsere Wege. Wir hatten noch einen Bummel durch die Stadt vor, unsere neuen Freunde gingen Richtung Bahnhof. Über den Stadtbummel gibt es nichts Berichtenswertes. Höchstens, daß wir auf ein Lokal stießen mit einem schlichten Schild »Sudetendeutscher Turn- und Sportverband e. V.«. Das wäre uns nicht weiter aufgefallen, wenn nicht im Schaufen-

Herbert Baum

ster dieses Vereins Bilder von Nazi-Größen und Nazi-Embleme ausgelegen hätten.

Für uns gestaltete sich die Fahrt in die Sächsische Schweiz im Sommer 1930 zu einem wahren Erlebnis. Ein Jahr später, im Herbst 1931, wurden die Älteren wie Herbert, Marianne und Franz Krahl Mitglieder des Kommunistischen Jugendverbandes. Sie verbündeten sich später mit Freunden aus der SAJ, der Sozialdemokratischen Arbeiterjugend, und anderen Sympathisierenden. Sie alle halfen, uns Kinder zu selbstbewußt handelnden Jugendlichen zu entwickeln.

In den folgenden Jahren unternahmen wir noch viele erlebnisreiche Fahrten, Wanderungen entlang der Ostseeküste, in die Märkische Schweiz oder zur Lutherstadt Wittenberg und anderswohin festigten den Zusammenhalt der Gruppe. Eine ausgesprochene Klotz- oder Ertüchtigungstour war die vom märkischen Niemegk über Belzig nach Wittenberg. 40 Kilometer Feld-, Wald- und Landstraße an einem Tag für elfjährige Schüler muß man schon als beachtliche sportliche Leistung ansehen. Das ganze galt als eine Fahrt ins Blaue. Es wurden zwei Gruppen gebildet, wobei die eine Markierung oder Schnipsel anbrachte und die andere danach den Weg finden mußte. Zu meinem Unglück gehörte ich der zweiten Gruppe an, die nicht alle Markierungen gleich auf Anhieb fand. So machten wir noch ein paar Kilometer mehr und gelangten dennoch als erste in der Wittenberger Jugendherberge an. Natürlich waren wir völlig erschöpft und hundemüde, aber sehr stolz auf unsere Leistung. Verärgert waren wir auch ein bißchen darüber, daß diese »Fahrt« ins Blaue soviel Strapazen und wundgelaufene Füße mit sich brachte. Wir dachten an Rache und ein wenig Schabernack, denn trotz der Schwere der Zeit waren wir allemal fröhliche Kinder.

Ich glaube, damals befand sich die Jugendherberge direkt im Schloßturm oder ganz in der Nähe des alten Bauwerks. Punkt 12 Uhr mit dem mitternächtlichen Glockenschlag krabbelten jedenfalls vier kleine Geister aus ihren Betten, jeder in ein Laken gehüllt, darunter auch ich, und weckten den nichtsahnenden »Hebbi«. Der Versuch, ihn zu fesseln, mißlang. Aber unsere in Reime gefaßte Strafpredigt wegen der wundgelaufenen Füße, hörte er sich geduldig an. Das von ihm daraufhin abgelegte Gelübde, sich zu bessern, hätte selbst Luther befriedigt.

Der nächste Tag wurde zum Rasttag erklärt. Aber auch dieser folgende Tag blieb kein Ruhetag. Die Stadt bot viel historisch Interessantes. Zum Beispiel erfuhren wir mehr als in der Schule über die Reformationsbestrebungen Luthers und die berühmte »Thesentür«. An dieser hatte der Reformator seine gegen die katholische Kirche und ihren widerwärtigen Ablaßhandel gerichtete Protestschrift angebracht. So gut aber, wie man uns in der Schule den Reformator darstellte, konnte er unserer Meinung nach nicht gewesen sein, denn in dem dortigen Museum, dem ehemaligen Augustinerkloster, machte man uns auf eine Schrift Luthers gegen die revolutionäre Bauernbewegung, deren Lieder wir mit Begeisterung sangen, aufmerksam. Diese Schrift Luthers war betitelt: »Wider die räuberischen und mörderischen Rotten der Bauern.«

Auch zu den Judenverfolgungen soll er eine mehr als zwiespältige Haltung eingenommen haben. Ganze Generationen von Antisemiten in Deutschland stützten sich später auf seine Schriften, die religiös verbrämt, »Juden und ihre Lügen« betitelt, den Juden Brunnenvergiftung wie Kindesentführung unterstellen.

In dieser Schrift hat Luther, der vom Abscheu der Juden gegenüber Schweinen wußte, mit hämischen Worten ein an der Stadtkirche zu Wittenberg angebrachtes Relief, betitelt »Judensau«, beschrieben.

»In Stein gehauener Judenhaß«, meinte Franne, als wir davor standen.

Es zeigt eine Sau, an deren Zitzen kleine Judenkinder saugen, und einen Rabbiner, der gebückt ein Hinterlauf der Sau anhebt »... und kuckt mit großem Fleiß der Sau unter den Pirtzel in den Talmud hinein, als wolle er etwas scharfes und sonderliches lesen und ersehen ...«, so Luther wörtlich. Nach Luthers Meinung hätten sie (die Juden) daher sicherlich so den »Schem Hamphoras« (den Gottesnamen) gefunden, der über der Sau in gotischen Buchstaben eingemeißelt ist. Nach Luther hätte ein »ehrlicher und gekehrter Mann« gegen die Lügen der Juden diese Tafel herstellen lassen.

Das »Kunstwerk« steht unter Denkmalsschutz.

In Wittenberg haben wir auch das letztemal in einer »Deutschen Jugendherberge« übernachtet. Nicht nur der Übernachtungspreise wegen. Wir bevorzugten von nun an Bauernscheunen oder Zeltplätze, wo viele Arbeitersportler übernachteten. Die Hitlerjugend war im Auftrieb. Sie machte sich mehr und mehr in den »Juhe« breit und betrieb dort intensiv Mitgliederwerbung. »Keilen« war dafür der damals gängige Begriff. Keilaktionen der HJ waren Aktionen, mit denen sie versuchten, Andersdenkende zu gewinnen, die aber nur zu oft in echte Keilereien ausarteten.

Uns beunruhigte, daß Parteienstreit die linke, fortschrittliche Arbeiterjugendbewegung behinderte, geschlossen gegen Hitlerjugend und andere Rechte aufzutreten und größeren Einfluß auf die Jugend in Stadt und Land gegen die nationalistische Entwicklung zu gewinnen. Jüdische Jugendliche gehörten in großer Zahl den linken Organisationen an oder sympathisierten mit ihnen.

Wir mieden fortan die Jugendherbergen, um den Auswüchsen deutsch-nationaler und nazistischer Jugendverbände und antisemitischer Ausschreitungen aus dem Wege zu gehen. Nicht immer half das. Wir dachten auch gar nicht daran, uns zu tarnen. Stolz trugen wir unser blaues Halstuch mit dem kleinen roten Rand und dem Wanderwimpel mit unserem Abzeichen. Im Abzeichen wie im Wimpel war eine aufgehende Sonne und »DJJG« abgebildet.

Auf einer unserer üblichen Wochenendfahrten hatte es die Hitlerjugend auf uns abgesehen. Wir ahnten es nicht, zumal wir uns auf einem privaten Waldgrundstück für eine Nacht eingemietet hatten und tagsüber unbehelligt geblieben waren. »Hebbi« war nicht dabei. Er bereitete sich auf irgendeine Prüfung an der Beuth-Schule für ein Ingenieur-Abendstudium vor. Unser Ältester, ein 14jähriger, nahm uns, die um zwei Jahre Jüngeren, in seine Obhut. Zuerst machten wir eine Radwanderung durch den Grunewald. Nach dem Abendbrot sind wir in unseren Zelten eingeschlafen. Unsere Räder hatten wir vorsorglich im Gebüsch versteckt.

Mitten in der Nacht kam dann die feige Bande von der Hitlerjugend angeschlichen, vier bis fünf Jahre älter als wir und in doppelter Anzahl. Die Hitlerjungen überfielen uns im Schlaf mit Stöcken und Schlagringen und schlugen rücksichtslos auf uns ein. Fast jeder erlitt ernste Verletzungen. Mich traf ein Schlag ins Gesicht. Mit blutenden Lippen und dem Verlust eines Vorderzahnes konnte ich im Dunkel des Waldes untertauchen. Was sie brüllten, verstand ich nicht mehr. Lediglich einer schien verwundert gewesen zu sein, den ich ausrufen hörte: »Das sind ja alles nur Kinder!«

Irgendwie fand ich mein Fahrrad, und so wie ich mich im Zelt hingelegt hatte, barfuß, nur im Turnhemd und nacktem Hintern, strampelte ich von Pichelsberge, das weit im Westen der Stadt liegt, quer durch Berlin zum Alex nach Hause. Im Morgengrauen kam ich daheim an; meine Eltern waren über mein Aussehen und meine Verletzungen entsetzt. Meinen Freunden ging es nicht anders. Die Hitlerjugend verbuchte diesen Überfall auf Kinder sicherlich als Heldentat. Es war unsere letzte Fahrt als Mitglieder des DJJG.

Solche Erlebnisse und Erfahrungen, wie die mit der HJ, festigten unseren Zusammenhalt. Sie verhalfen uns zu erkennen, wer uns übel wollte, aber auch wer unsere Freunde waren. Die vielen Heimabende mit »Hebbi« erweiterten unser Wissen und gaben Antwort auf unsere Fragen nach den Ursachen von Reichtum und Armut, Krieg und Not.

Dabei wurden die Zeiten politisch immer verworrener. Sozialdemokratische Minister traten für den Bau von Panzerkreuzern ein, die bürgerliche Brüning-Regierung setzte Verfassungsgrundsätze außer Kraft und regierte mit Notverordnungen, weil sie meinte, die Massenaktionen der Arbeiter für Lohn und Brot, gegen Akkordhetze in den Betrieben nicht mehr anders zügeln zu können.

Nach unseren sommerlichen Wandererlebnissen befaßten wir uns in den folgenden Monaten mit Büchern, die uns mehr über die Sowjetunion erfahren ließen. So Scholochows Roman »Der stille Don«, Makarenkos »Der Weg ins Leben«, Gladkows »Zement« und andere Literatur, in denen die ersten Jahre der Sowjetmacht noch ohne Beschönigung oder Idealisierung geschildert wurden. Aber dabei blieb es nicht allein. »Hebbi« machte uns auch mit Gedanken aus den Schriften von Marx und Engels wie dem »Kommunistischen Manifest« vertraut. Besonders gefiel uns darin der Satz, daß die Arbeiterklasse »nichts zu verlieren hat als ihre Ketten – aber eine Welt zu gewinnen«; oder was diese über die Emanzipation der Juden in Deutschland geschrieben haben.

Der DJJG hatte sich Ende des Jahres aufgelöst. Die Mehrheit der Mitglieder schloß sich dem größeren und einflußreicheren »Deutsch-Jüdischen Wanderbund-Kameraden« an. Unserer Gruppe um Herbert Baum, deren Mitglieder zumeist aus jüdischen Arbeiter- und kleinen Angestelltenfamilien stammten, reichte diese Art der fröhlichen Wanderei in diesen ernsten Zeiten nicht mehr aus. Neue Erkenntnisse, gewonnen auch aus unseren kürzlichen Erlebnissen, waren ein Grund mehr, daß wir uns unter dem Einfluß von »Hebbi« und Marianne Gleichgesinnten anschlossen. Am besten entsprach uns Wanderfreudigen die Arbeiter-Sportbewegung »Fichte«.

Dort gab es eine Sparte »Rote Pfadfinder«, die unseren Vorstellungen von gesunder Lebensweise und Kampfsport am nächsten kam. Wir bestanden auf Kampfsport, schon um uns beim nächsten Treffen mit Hitlerpimpfen oder Hitlerjugend besser zur Wehr setzen zu können. Grigorie aus Scholochows »Der stille Don« war unser Vorbild. Uns kleinen Judenjungen kam es nicht darauf an, nach dem biblischen Wort »Aug' um Auge, Zahn um Zahn« zu handeln. Aber wer uns verprügeln wollte, sollte schon damit rechnen können, von uns ein blaues Auge zu beziehen. Unsere Zeit in den »Roten Pfadfindern« war voll gepackt mit interessanten Erlebnissen und Begegnungen. Sie fand ein jähes Ende mit der Errichtung der faschistischen Diktatur im Januar des Jahres 1933.

Die Märkische Schweiz, in der Nähe von Buckow, sollte Schauplatz unserer Kampfsportpremiere sein. Die Gegend mit den dichten Wäldern und Hügeln ist für Geländespiele wie geschaffen. Hier wurden nicht »Trapper und Indianer« gespielt, wie in den Hinterhöfen Berlins, sondern »Jiu-Jitsu«, die Kunst der waffenlosen Selbstverteidigung, der Vorläufer des Judo, Angriff und Gruppenverteidigung geübt. Traditionell waren die »Neuen«, nun auch wir, bei den Geländespielen immer die Weißen, die Verteidiger, Angreifer waren die Roten. Damals sprach man uns »Weiße« nach dem Geländespiel ein großes Lob aus für unsere gute Verteidigungstaktik. Ich glaube, es war Arnold oder Ismar, der die Idee mit den Anlegen eines Hinterhaltes hatte, während die »Hauptmacht«, gut getarnt, hinter Büschen lag. Meine bei »Makabi« gelernten Ringergriffe erwiesen sich bei der Abwehr unseres sicheren Verstecks als sehr nützlich. Zu Schaden kam niemand. Nach der Einschätzung der »Kampfrichter« hatten, wie es sich gehört, die Roten gesiegt. Wir waren darüber nicht sauer. Unsere Gefangenschaft während des Geländespiels war nur von kurzer Dauer. Riesigen Spaß hat es allen gemacht. Schon das nächste Mal durften wir die Roten sein.

Als äußeres Zeichen der Mitgliedschaft erhielten wir rote Halstücher. Die blauen mit dem roten Rand bewahrten wir zur Erinnerung auf.

Wir staunten, was wir bei den Roten Pfadfindern alles lernen konnten. Dazu gehörte Feueranmachen ohne Streichhölzer, sich einen Tag oder zwei von den Früchten des Waldes zu ernähren, Entfernungsschätzen, Vogelstimmen imitieren, jede Gruppe hatte ihren Erkennungspfiff, dieser war selbst noch in der Illegalität von Bedeutung.

Beim Geländesport standen Übungen mit Kompaß und Karte in der Beliebtheit ganz oben, bei denen man einen Geheimtreff erreichen oder einen toten Briefkasten anlegen mußte, den eine andere Gruppe aufzuspüren hatte.

Auch unsere Heimabende waren abwechslungsreich gestaltet. Gemeinsam lasen wir »Rote Satire« von Weinert und Tucholsky oder Lyrik von Majakowski. Dabei gab es auch viel Gelächter. Mädchen waren bei uns immer noch rar, während die älteren Gruppen der »Roten Pfadfinder« diese Zurückhaltung längst überwunden hatten. Beliebt war eine Rote Agitationsgruppe mit ihrer »Fox tönenden Wochenschau«, die aktuell-politische Ereignisse parodierte. Die »Fox«, die damals vor jedem Hauptfilm in den Kinos gezeigt wurde, war ein Produkt des »UFA-Konzerns« und genau so reaktionär wie ihr Chef Hugenberg, der Führer der Deutschnationalen und Wegbereiter Hitlers. Die rote Agitgruppe machte uns vor, wie man gepfefferte satirische Hiebe austeilen kann und die Lacher auf seine Seite bringt. Wir lernten schnell von ihnen.

Einige Szenen dachten wir uns selbst anhand aktueller Ereignisse aus und erhielten von unserem Publikum den erhofften Applaus.

Ein Beispiel dafür: »Das Sparprogramm des Polizeipräsidenten«.

Kommentator: Ende 1931 organisierten die Nazis wiederholt wilde Schlägereien im Westen Berlins. Manchmal gegen die Kommunisten oder den Reichsbanner der SPD, ein anderes Mal gegen jüdische Bürger. In der Gegend um den Kurfürstendamm fühlten sich die Nazis sicherer als im Norden oder Osten Berlins. Zum jüdischen Neujahrsfest war der Kurfürstendamm belebt. Einige jüdische Bürger strebten von der Synagoge nach Hause, andere gingen ins Kino oder ins Theater. Auf ein lautes Kommando fielen dann etwa zweitausend mit Windjacken, Breeches und Schaftstiefeln bekleidete Nazis über dunkelhaarige Männer und Frauen her. Ausgelöst hatte die Horde den Überfall mit den üblichen Hetzparolen gegen die Juden. Auf dieser Berliner Renomierstraße brach eine Panik aus, gab es Verletzungen und zerbrochene Scheiben. Von der Polizei war nichts zu sehen. Ein Rechtsanwalt, der das wüste Treiben von seinem Bürofenster aus beobachtete, verständigte den Polizeipräsidenten am Alex vom Überfall. Zu seiner großen Überraschung bekam er zur Antwort: »Wir wissen längst Bescheid, daß dort randaliert wird. Aber Sie kennen doch unser Sparprogramm.«

FOX-WOCHENSCHAU: Auf der Bühne der Polizeipräsident in seinem Amtszimmer im Präsidium am Alexanderplatz, der Rechtsanwalt vom Kurfürstendamm und einige Polizeibeamte. Es entwickelt sich ein Disput.

Polizeipräsident ruhig: »Sie kennen unser Sparprogramm, keine Leute, keine Leute. Was wollen Sie eigentlich hier? Sind Sie überhaupt ganz sicher, daß waren Nazis und nicht Kommunisten?«

Rechtsanwalt: »Kommunisten rufen nicht, Juda verrecke!«

Polizeipräsident: »Sind Sie sicher, das gehört zu haben?«

Rechtsanwalt: »Ganz sicher! Ich habe auch gesehen, wie die Nazis auf alle schwarzhaarigen Leute einschlugen.«

Polizeipräsident: »Aber Nichtjuden sind doch auch schwarzhaarig!«

Rechtsanwalt: »Das war ja gerade ihr großes Pech. Die Nazischlägertruppen haben dabei auch einige schwarzhaarige Parteigenossen der NSDAP verdroschen als vermeintliche Juden.«

Polizeipräsident: »Es tut mir leid – keine Leute, keine Leute!« Ein Telefon klingelt Sturm.

Anrufer: »Die Linken demonstrieren am Alex.«

Polizeipräsident erregt: »Alles sofort raus, bis auf den letzten Mann. Vergeßt die Torwache, den Anstaltspfarrer und die Gummiknüppel nicht!«

(Viele dieser Fakten wurden 1932 durch einen Prozeß bekannt.)

Es kam der Herbst 1932. Die Lage spitzte sich zu. Das Arbeitslosenheer wuchs weiter, die Wirtschaft geriet aus den Fugen, zwar gab es volle Läden, aber es mangelte an Käufern. Demonstrationen und Streiks waren an der Tagesordnung. Die Reichsregierung, nicht mehr Herr der Lage, hielt sich mit Verboten nach links und Notverordnungen am Leben. Teile der bürgerlichen Verfassung, Versammlungs- und Kundgebungsrechte wurden eingeschränkt. Am Alexanderplatz und vor dem Roten Rathaus kam es immer wieder zu tumultartigen Demonstrationen um Lohn und Brot. In der Münzstraße, besonders vor dem Gewerkschaftshaus der RGO, gab es oft kein Durchkommen. Hier wurde die Straße zum Forum. Eines Abends im Oktober kamen wir im Gewerkschaftshaus zusammen, um den Jahrestag der Oktoberrevolution zu begehen. Wir konnten nicht wissen, daß es für lange Zeit unsere letzte legale Feier aus diesem Anlaß sein wird. Einer unserer Teilnehmer las mit kräftiger Stimme einige bewegende Zeilen von Majakowski.

»Auf das feierliche Requiem der Welt.«

»Ehre Euch, die ihr jahrtausendelang nur gedarbt habt.

Ehre Euch, die ihr Millionen Jahre lang … Euch gesorgt habt!

Euch Frauen, die mit Lumpen angetan …

Ihr vom Hunger verkrüppelten Jugendlichen! …

Du unbekannter Soldat – gefallen im Dienst der Armee der Zukunft …

Die ihr erkämpftet im Kampf des einzelnen Freiheit

Wahre Freiheit für Alle!«

Auf dieser Feier zum Jahrestag rezitierten wir nicht nur Majakowski, sondern lasen auch aus der sowjetischen Verfassung von 1924 über Gleichberechtigung der Völker, Verbot von Rassendiskriminierung, Pogromen und Antisemitismus. Verstöße dagegen sollten langjährige Gefängnisstrafen oder gar Verbannung zur Folge haben.

Als politisch engagierte Kinder von jüdischen Arbeitslosen erschien uns deshalb die Gesellschaftsform der Sowjetunion ein erstrebenswertes Lebensziel. Wir maßen, was wir darüber hörten, an unserem grauen Alltag und der zunehmenden Intoleranz jüdischen Bürgern gegenüber. Besonders hier in unserer Gegend um den Alex tauchten immer häufiger Nazitruppen in ihren neuen braunen Uniformen auf und provozierten.

Die Machtübergabe der deutschen Rüstungskonzerne, der Krupp Abs, Stinnes und Thiessen an die Nationalsozialisten war bereits beschlossene Sache.

Wir konnten damals nicht ahnen, daß wenige Jahre später ganze Völkerschaften der Sowjetunion, darunter in nicht geringem Maße an jüdischem Brauchtum hängende Sowjetbürger, auch viele deutsche Kommunisten, die vor der braunen Pest geflohen waren, den Stalinschen Massenrepressalien zum Opfer fielen. Das ganze schreckliche Ausmaß haben wir erst Jahrzehnte später, vieles erst in jüngster Zeit erfahren.

Andererseits hätte jeder Zweifel an den humanistischen Idealen der, wie wir damals glaubten, »entstehenden kommunistischen Gesellschaft« unsere Kraft verringert, die wir brauchten, um zwölf Jahre Hitlerfaschismus überstehen zu können.

Der Judenjunge aus dem Werkzeugbau

Meine 14. Geburtstagsfeier am 2. November 1933 endete mit einem fürchterlichen Familienkrach. Wie immer hatte meine liebe Mutter alles vorbedacht. Kurz bevor die Gäste aufbrechen wollten, kam sie damit heraus. Sie hatte, ohne mich oder Vater zu fragen, so etwas wie meine Berufslenkung organisiert. Auf Wunsch meiner Eltern wurde ich in der jüdischen Reformgemeinde eingesegnet.

Mutter war nun zu dem Rabbiner, der die Feier damals leitete, gegangen und hatte ihn gefragt, ob er bereit sei, einen Sohn mit dem ehrwürdigen Namen Zadek in erforderlicher Weise zu dem hohen Amt eines Rabbiners zu führen, so verkündete sie vor der zahlreich versammelten Familie und Freunden. Hinzufügen muß ich, daß wir immer einen doppelten Geburtstag feierten. Ich war an Mutters Geburtstag zur Welt gekommen. Nach dieser Mitteilung warteten alle, was ich darauf sagen würde. Zunächst sagte ich gar nichts, so perplex war ich. Ein Theologiestudium als ehemaliger Roter Pfadfinder war so ungefähr das Letzte, was ich mir wünschte.

Schweinegruber hatte es gleich nach dem Machtantritt der Faschisten im Januar 1933 geschafft, mich aus dem Realgymnasium herauszuekeln. So war ich nach einem kurzen Zwischenaufenthalt in der 144. Gemeindeschule in der Singerstraße zuletzt in der jüdischen Mittelschule in der Großen Hamburgerstraße gelandet. Ich dachte nicht daran, auch nur einen Tag länger als erforderlich zur Schule zu gehen. Acht Klassen reichten mir. Meine schulischen Leistungen lagen meist gerade so im Klassendurchschnitt. Zur Zeit interessierte mich, wie die meisten Jungen, Technik und Seefahrt. Selbst ein Fachschulstudium war zu dieser Zeit für jüdische Schüler auf diesen Gebieten aber kaum noch möglich.

Mein Vater hatte sich in eine Ecke zurückgezogen, er schmunzelte, zupfte an seinem Schnurrbart und sagte nichts. Er kannte ja seine Erna!

Meine Mutter erwartete meine Einwände und versuchte, diesen zuvorzukommen.

»Rabbiner«, sagte sie, »ist ein angesehener Beruf auf Lebenszeit, der auch gut bezahlt wird.«

Der Vorschlag war vollkommen absurd. Unsere Familie war nicht religiös, und eine Tätigkeit auszuüben des Geldes oder des höheren Standes wegen empörte mich. Mutter weinte wie üblich, wenn sie sich nicht durchsetzen konnte. Vater versprach, die Sache mit dem Rabbiner bei der Reformgemeinde gelegentlich zu klären.

»Bis zum Schulabschluß ist ja noch hinreichend Zeit«, beschwichtigte Vater mich und unsere überraschten Geburtstagsgäste.

Mir war es peinlich. Solche und ähnliche Szenen, wußte ich, spielten sich in den jüdischen Familien bei der Berufswahl ihrer Kinder jetzt oft ab. Die Chance, überhaupt eine Lehrstelle, gleich welcher Art, zu erhalten, war gering. Vater wollte mir in den folgenden Wochen den Familienberuf Schneider schmackhaft machen. Sein Argument »Kleidung brauchen alle Leute, vom Kind bis zum Greis« überzeugte mich nicht. Vater konnte ja sehr gut schneidern, wurde aber dennoch nicht gebraucht.

Mutter blieb beharrlich, ihr einziger Sohn sollte unbedingt etwas Besseres werden. So lenkte sie schließlich ein und meinte, Dentist wie mein Großonkel Oskar oder Kaufmann wie Onkel Siegfried seien auch keine schlechten Berufe. Ich wußte, für die Illusion, mich etwas Besseres werden zu lassen, hätte Mutter alles hergegeben und Tag und Nacht an der Nähmaschine gesessen, um mir die Ausbildung zu ermöglichen.

Ich beriet mich mit meinem Freund »Hebbi«. Ihn hatte ich in den letzten schlimmen Monaten nach dem Verbot der Arbeiterparteien, der Verfolgung und Ermordung vieler Antifaschisten nur einige Male gesehen. Dabei ermutigte er uns, meinen Freund Maxie und mich, daß wir uns trotz Verbot, Verfolgung und Mord nicht unterkriegen lassen. Längst wußte ich, wer mit »Wir« gemeint war und daß »Hebbi« und Marianne nicht nur Rote Sportler, sondern vor 1933 auch Mitglieder des KJVD geworden waren.

Diesmal besuchte ich Herbert allein in seiner Parterrewohnung am Märkischen Ufer. Er erzählte mir von seinen Bemühungen, sich in seinem Beruf zu qualifizieren. Ich glaube, er schwärmte sogar von seiner Arbeit auf dem Gebiet der Elektrotechnik, deshalb auch sein Versuch, an der Beuth-Schule im Abendstudium einen Abschluß als Elektro-Ingenieur zu erwerben. Ich erzählte Herbert, daß mir mein Vater kürzlich

Gerhard als Lehrling

geraten hat, »Dreher« zu werden. Herbert erklärte mir, wie vielseitig dieser Metallberuf ist. Er bemerkte: »Werde ein guter Facharbeiter; dessen politisches Wort hat mehr Gewicht als das eines Nichtskönners.«

Vater hatte tatsächlich, wenn auch nicht mit dem Rabbiner, so doch mit einem Vertreter der jüdischen Reformgemeinde gesprochen. Diese Gemeinde hatte nicht wenige Mitglieder, die noch Betriebe, größere Werkstätten oder Geschäfte besaßen. So kam es letztlich, daß ich durch die Reformgemeinde zwar nicht Rabbiner, sondern Dreher und Schlosserlehrling im Werkzeugbau bei der Firma »Georg Herrmann, Röhrenwerk, Kesselschmiede und Apparatebau« in Berlin-Niederschönhausen wurde und der Schule ade sagen konnte.

Am 1. April 1934 um 6 Uhr dreißig begann meine dreijährige Lehre und die tägliche Radtour zur Buchholzer Straße. Bei jedem Wetter fuhr ich 15 Kilometer vom Alexanderplatz hin und zurück, um das Fahrgeld zu sparen. Der Stundenlohn betrug im ersten Lehrjahr 10 Pfennige. Nach jedem Lehrjahr kamen 10 Pfennige dazu. Da ich schon am Ende des ersten Lehrjahres die Norm für Rohrmatrizen und Stempel in der vorgegebenen Qualität schaffte, war ich monatelang der billigste Arbeiter.

Dem jüdischen Fabrikbesitzer Herrmann wurde ich einen Monat vor Lehrbeginn in seinem Büro von meinem Vater vorgestellt. Danach sah ich ihn nur gelegentlich, wenn er mit dem leitenden Ingenieur, einem Herrn Priebe, eiligen Schrittes durch die Werkhalle lief. Mich schien er dann nicht mehr zu kennen. Ich habe mich manchmal selbst nicht wiedererkannt, nach dem ich stundenlang innen und außen den Rost von alten Heizungskesseln abklopfen und abkratzen mußte. Man hätte denken können, ich hätte die Schwarzen Pocken. Das waren die ersten Lehrlingsarbeiten.

Ich war mit 14 Jahren noch relativ klein. Zum Feilen am Schraubstock legte der Lehrgeselle mir ein paar Bretter auf den Fußboden vor die Feilbank, um auf die richtige Höhe zu kommen. Einen Vorteil hatte meine Lehre. Was durchaus nicht üblich war, Priebe sorgte für meine universelle Ausbildung. Ich lernte sämtliche Werkzeugmaschinen und die Kesselschmiede kennen, lernte Schweißen und Schmieden. Man schonte mich nicht, und ich bekam langsam am Oberarm ein »Muskelpaket«.

Beim Grobschmieden hatte ich manchmal das Gefühl, daß der große langstielige Vorschlaghammer mit mir durch das Hallendach fliegen würde. Den Takt gab der Schmied, ein muskulöser Mann von 1 Meter 80, der mit mir verzogene Bleche oder Winkeleisen richtete. Bei den einzelnen Facharbeitern, denen ich zugeteilt wurde, erhielt ich ein umfangreiches technisches Wissen. Das war auch Priebes Absicht. Ich hatte das Gefühl, daß er mir als einzigen jüdischen Lehrling im Betrieb besondere Aufmerksamkeit widmete. Noch heute bin ich diesem Ingenieur für die vielseitige, wenn auch extrem harte Ausbildung dankbar.

Nach Erlaß des Gesetzes zur »Ordnung der nationalen Arbeit« änderte sich die Stellung des Unternehmers als Eigentümer. Mit diesem Gesetz gab es von nun an »Deutsche Betriebsführer«, die ernannt wurden. Bei uns wurde das der Ingenieur Priebe. Aus der Belegschaft wurde die Gefolgschaft.

Der frühere Betriebsrat der Gewerkschaft wirkte in dem Betrieb schon lange nicht mehr. Man sprach davon, daß der ehemalige Vorsitzende schon seit März 1933 nicht mehr gesehen wurde. Genaues wußte niemand. Mit dieser DAF-Verordnung wurde auch einem der größten Raubzüge der Faschisten, nämlich der völligen Beschlagnahme aller gewerkschaftlichen Gelder und Immobilien, im nachhinein eine gesetzliche Grundlage gegeben. Jetzt hatten wir also einen Betriebsführer. Der Eigentümer, Herr Herrmann, ließ in das Zimmer des neuen Betriebsführers Priebe ein paar bequeme Sessel und einen größeren Schreibtisch hereinstellen, um dessen neuen Status sichtbar zu machen. Ich hatte nur deshalb Gelegenheit, mir das »Führerhaus« anzusehen, weil Priebe mich beauftragte, für seine Telefonapparate eine drehbare Blechkonsole anzufertigen.

Als ich mit Beginn der Lehre meinen Einstand in der Schlosserei an die Kollegen ausgab, saßen wir auf Kisten und waren umgeben von Staub, weil die Hallen immer noch keinen befestigten Fußboden hatten. Der ganze Betrieb war ein Hohn hinsichtlich Arbeitsschutz und Hygiene. Beheizt wurden die zwei Hallen im Winter mit offenen Koksöfen, die natürlich nur die nächste Umgebung wärmten. Solange ich im Betrieb tätig war, fünf Jahre, änderte die DAF der Nazis nichts an den schlechten Arbeitsbedingungen. In der Betriebskantine – das Wort Kantine hier zu gebrauchen, ist eigentlich eine Hochstapelei – gab es nur heißes Wasser zum Selbstbrühen von Tee, manchmal Brause, aber immer Zigaretten. Der Führer der NSBO (Nationalsozialistische Betriebsorganisation) zog aus dem Verkauf von Tabakwaren einen persönlichen Nebenverdienst. In den Pausen verzehrte jeder seine mitgebrachten Stullen. Warmes Essen kannte ich in der Firma nicht.

Der Betriebsführer Priebe verstand es, sich ohne viel Worte bei den Arbeitern durchzusetzen. Dabei kehrte er nie das Verhältnis Führer und Gefolgschaft heraus. Er blieb bei »Max mach das heute fertig« oder »Franz, das wird morgen dringend gebraucht, ich verlaß mich auf dich.«

Die meisten kannte er seit Jahren und von vielen kannte er auch die Lebensgeschichte. Freitags nach Feierabend traf man sich regelmäßig in der Eckkneipe an der Buchholzer Straße. Im Sommer standen draußen Tische und Stühle, und wer von den Kollegen vorbeiging, wurde rangewinkt. Priebe trank gern und konnte viel vertragen. Dafür hatte er sich einen schönen »Mollenfriedhof«, wie der Berliner sagt, zugelegt. Im letzten Lehrjahr lud er mich, den »Judenjungen«, das war von Beginn an mein Spitzname, in die Kneipe mit den Worten zum Mitmachen ein:

»Ich bin ein guter Christ und vor Gott sind alle Menschen gleich, merke dir das mein Junge, daran halte ich mich.« Und daran hat sich Priebe, solange ich in diesem Betrieb war, gehalten.

Es gehörte schon etwas dazu, mich noch im Jahre 1937 bei der NS-Handwerkskammer zur Gesellenprüfung anzumelden, mit einer Empfehlung, in der meine guten Leistungen hervorgehoben wurden. Sie enthielt kein Wort über meine »jüdische Abstammung«. Die Angabe hatte Priebe glatt unterschlagen. Zur theoretischen Prüfung wurde ich zugelassen. Auf diese Prüfung hatte ich mich so vorbereitet, als ob es um einen Doktorhut ginge. Ich büffelte physikalische Gesetze, spezifische Gewichte und mögliche Schraubengewinde. Gefordert wurde auch, die NS-Hierarchie der Arbeitsfront zu kennen und die einschlägigen neuen NS-Gesetze. Die Prüfung bestand ich glänzend. Unmittelbar nach der letzten, von der Prüfungskommission gestellten Frage, wurde mir zur bestandenen Prüfung gratuliert. Das war sehr voreilig. Der Vorsitzende der Kommission – in brauner Uniform – erklärte zu meiner Verwunderung, es bestehe die Absicht, mich zu einem NS-Meisterlehrgang zu delegieren. Die Prüfungsergebnisse und die Beurteilung des Betriebes rechtfertigen die Delegierung. Ich stand ebenfalls, wenn auch nicht mit Händen an der Hosennaht, »in halbacht Stellung« und sagte kein Wort. Selbst ein Schmunzeln versuchte ich zu unterdrücken.

Dann fragte mich der braune Vorsitzende wie nebenbei, ob irgendjemand in meiner Familie jüdischer Abstammung sei. Von mir hatte er das offensichtlich nicht erwartet. Meine Antwort war eindeutig:

»Meine ganze Familie ist seit Menschengedenken Deutsch; auf dem deutschen Geburtsschein steht nichts von Abstammung. Dort steht nur die Religion: Mosaisch.« Das reichte der Kommission, um mir später scheinheilig zu erklären: »Das Gesellenstück muß noch überprüft werden, ehe wir Ihnen die Prüfungsurkunde zustellen.«

Mein Gesellenstück war eine Präzisions-Drehbankspindel. Meine Kollegen in der Dreherei hatten ihre Ehre darangesetzt, daß »ihr Judenjunge« ein Meisterstück ablieferte. Eine Prüfungsurkunde erhielt ich nie, angeblich wegen unzureichender Qualität des Gesellenstücks. Das war eine glatte Lüge. Aber wo sollte ich mich beschweren? Alle waren empört.

Die energische Mutter meiner Freundin Alice kannte einen Ingenieur, Herrn Ludwig, alter Nazi, aber Fachmann für Werkzeugmaschinen. Zu dem brachte Mutter Kronheim mein Gesellenstück. Herr Ludwig verglich Zeichnung und Gesellenstück, maß alles durch und bestätigte: eine einwandfreie Arbeit. Aber darüber ein Gutachten anzufertigen, war er nicht bereit. Das Gutachten hätte mir im Jahre 1937 auch nichts mehr genützt. Die Spindel wurde in eine Drehbank eingebaut und lief völlig einwandfrei. Nach diesem Hin und Her mit der Handwerkskammer machte mich Betriebsführer Priebe kurzerhand zum Gesellen und unterzeichnete mein Zeugnis. Der Mann hatte Mut. Es war seine Antwort auf die Rassengesetze der Nazis.

Ein anderer, mir Wohlgesonnener, war der Drehermeister Karl Niehaus, genannt »Karlchen«. Bei der Arbeit an meinem Gesellenstück hatte er dafür gesorgt, daß ich an den neueren Maschinen ungestört arbeiten konnte. Daß er mir zugetan war, empfand ich zugleich auch als einen stillen Protest für seine Isolation durch die Aktiven der NS-Arbeitsfront in unserem Betrieb. Er war vor 1933 Mitglied der SPD und im Betriebsrat. Einer von den leisen, die nicht auffielen oder nicht auffallen wollten. Die SA hatte mit dem NSBO-Führer des Betriebes, Lischka, im Sommer 1933 Karlchens Laube, sein ein und alles, auf den Kopf gestellt; zu ihrem Leidwesen aber auch gar nichts Belastendes gefunden. Danach war Lischka dem Niehaus gegenüber die Freundlichkeit in Person. Niehaus war ein schwer zu ersetzender Fachmann. Während Lischka jeden im Betrieb morgens mit »Heil Hitler« begrüßte, wurde Karlchen mit »Guten Morgen« von ihm empfangen. Oft bemühte ich mich, das Gespräch über fachliche Fragen hinaus auf politische Ereignisse zu lenken. So nahm ich den im Ausland laufenden Gegenprozeß zum Reichstagsbrandprozeß zum Anlaß, über das Auftreten Dimitroffs vor dem Reichsgericht in Leipzig zu sprechen, der damals die Nazis zu Recht als die Urheber des Brandes entlarvte. Ich bezog mich auf die seinerzeit vom Zentralblatt der Nazis, dem »Völkischen Beobachter«, vielfach veröffentlichten Meldungen über den Prozeß. Das schien mir unverfänglich. Seine Antwort war noch unverfänglicher: »Ja, er habe davon gehört, aber zum Zeitunglesen komme er nicht. Auf der Laube gäbe es soviel zu tun.«

»Weißt du schon, daß meine Karnickel bald Junge bekommen?« So bog er meistens jedes politische Gespräch ab. Einmal fragte ich ihn, was er von dem neuen NS-Arbeitsfrontfunktionär in der Dreherei halte, worauf er mir mit einem ironischen Unterton antwortete: »Gegen den schrecklichen Läusebefall der Rosen gibt es immer noch kein ordentliches Bestäubungsmittel.«

Ich gab ihm Recht und ließ ihn vorerst in Ruhe. Das war Karlchen Niehaus, ein liebenswerter Kollege, so etwa um die Fünfzig. In dieser Zeit hatte er sich in seinen Garten und die Laube, sein geistiges Schnekkenhaus, verkrochen.

Der vielseitigste Reparaturschlosser hieß Otto Okon, ein gebürtiger Oberschlesier. Er war fast die Hälfte meiner Lehrzeit mein Lehrgeselle. Mit Leib und Seele dem Motorradsport verschrieben, wurde er deshalb auch Mitglied des NSKK (Nationalsozialistisches Kraftfahrzeugkorps). Im Betrieb war er einer der kleinen Arbeitsfrontfunktionäre und kassierte Beiträge. Er sprach nie mit mir nur einen Satz über persönliche Dinge und vermied Fragen, die meine Familie betrafen. Den Weltkrieg hatte er in einer technischen Pioniereinheit überlebt und sich dort ein umfangreiches Wissen angeeignet. Auch er war bemüht, mir seine Kenntnisse gründlich zu vermitteln. Schweißen war seine Spezialität. Überkopfschweißen konnte keiner so gut wie er. Bis ich diese schwierige Arbeit auch bewältigte, gingen bei mir einige Kopfbedeckungen drauf. Von Schutzhelmen war damals noch keine Rede. Selbst die Ankerwikkelei erlernte ich bei ihm. Zwar brummte der erste von mir gewickelte, aufgearbeitete Motor nur einmal kurz auf, bevor die Sicherungen knallten. Aber Okon, die Ruhe selber, vertauschte wortlos ein paar Drähte, und der alte Kranmotor lief hinterher wieder wie neu. Stolz zeigte er Priebe dann mein »Glanzstück«.

Warum der NS-Arbeitsfrontler Okon sich solche Mühe gab, mir, dem »Judenjungen«, er führte diesen Spitznamen im Betrieb ein, seine Fertigkeiten zu vermitteln, konnte ich nicht ergründen. Vielleicht steckte Priebe dahinter, der ihn dazu veranlaßte. Gespräche über das Fachliche hinaus wagte ich nicht.

Einmal war Okon furchtbar wütend auf mich. Er hatte ein Gespräch mitgehört, in dem ich dem jungen Dreher Willi Koch etwas über die Internationalen Brigaden, die furchtbaren Kämpfe um Madrid und deren Erfolge gegen die Franco-Faschisten erzählte. Am Abend zuvor, es war Ende des Jahres 1936, hatte ich den Freiheitssender auf Kurzwelle 29,8 aus Madrid oder Barcelona abgehört. Der Sender berichtete mit vielen Einzelheiten über die Kämpfe des Thälmann-Bataillons der Internationalen Brigade, wie diese mitgeholfen haben, Franco den Weg in die Hauptstadt zu versperren. Überschwenglich erzählte ich Willi, der politisch aufgeschlossen war, sicherlich etwas zu laut und stürmisch von dem, was ich Neues letzten Abend über Spanien erfahren hatte. Okon, den ich nicht hinter mir vermutete, verpaßte mir in Anwesenheit des jungen Drehers eine Ohrfeige, die sich gewaschen hatte. In seiner Erregung platzte förmlich die Bemerkung heraus: »Ich will dich nicht ausgebildet haben, damit du leichtsinniger Kerl hinter Gittern landest.«

Dem NSBO-Führer Lischka mußte er darüber kein Wort gesagt haben. Willi hielt auch dicht und war nach wie vor aufgeschlossen zu dem, was ich ihm in gesicherter Entfernung von anderen an aktuellen Informationen aus den Sendern des Auslandes oder dem Freiheitssender berichten konnte. Er war im Betrieb nicht der einzige Abnehmer meiner »Mundpropaganda«. Zu ihnen gehörte auch ein älterer, großer, sehr kräftiger Dreher, Hans Klawitter, Soldat des Weltkrieges und Mitglied des Arbeiter- und Soldatenrates in der Novemberrevolution.

Es war die Zeit gegen Ende meiner Lehre. Wir beide hatten überdimensionale Schraubverschlüsse auf Spezialdrehbänken anzufertigen, die mit unserer üblichen Produktion nichts mehr zu tun hatten, sondern bereits irgendwelchen Rüstungszwecken dienten. Was und wozu, war nicht zu ergründen. Daß unser Betrieb systematisch umgestellt wurde, konnte, wie Klawitter feststellte, ein Blinder mit dem Krückstock merken. Auch er hörte regelmäßig ausländische Sender. So ergänzten wir gegenseitig unsere Informationen. Er sprach zu mir sehr freimütig. Zur Zeit sei er »Mitglied der KPD in Ruhestand«. Eine solche Formulierung war mir völlig neu. Meine Frage nach der Bedeutung dieser Form der Mitgliedschaft erklärte er mir so: »Widerstand gegen die Faschisten ist zwecklos, das bringt den Kommunisten nur den Kerker ein.«

Meine überraschte Miene veranlaßte ihn, das zu begründen. »Nur durch einen Krieg können wir die Faschisten loswerden, und dann ist die Zeit gekommen, mit der Waffe dabei zu sein. Bis dahin ist für mich Ruhe.« Wie er zu Waffen kommen wolle, war meine nächste Frage.

»Das laß' mal meine Sorge sein, dazu bin ich im NS-Luftschutz.«

Solche Argumente hatte ich das erste Mal gehört. Meine Antwort war zurückhaltend. Mußten wir nicht alles als Deutsche tun, einen Krieg, wenn auch fünf Minuten vor Zwölf, zu verhindern und nicht herbeizuwünschen; weitere Gespräche führte ich mit Klawitter nicht. Ich hoffte nur, keinem Provokateur aufgesessen zu sein. Dieser Verdacht war unbegründet, sonst hätte ich nicht noch mehr als ein Jahr im Betrieb unbehelligt weiterarbeiten können. Selbstverständlich unterrichtete ich Herbert Baum über das Gespräch.

Die besten Witze über Hitler erzählte mir mit vorgehaltener Hand

»Negus«, Gerhards Freund im Lehrbetrieb

Negus. So in der Art: Hitler hat keine Frau, die Bauern keine Sau, der Fleischer kein Fleisch, das ist das Dritte Reich.

Negus verdankte seinen Spitznamen seinem Aussehen. Er hatte schwarzes, schöngewelltes Haar, tiefschwarze, lustige Augen, eine himmelwärts gerichtete Stupsnase und einen brünetten Teint. Negus kam aus Guben, aus einem Dorf in der Nähe von Gubin, wie es auf Sorbisch heißt.

Ihn, einen Sorben, hatte es nach Berlin verschlagen. In seiner Heimat herrschte jahrelang die größte Armut. Einen Schweißerlehrgang absolvierte er auf eigene Kosten. Von Beruf war er eigentlich gelernter Kaufmann. In die niedrigste Facharbeiterlohngruppe eingesetzt, kam er aber durch hohe Leistungen im Akkord auf sein Geld. Auf die Nazis war er nicht gut zu sprechen. Diese hatten seinen sorbischen Verein aufgelöst und waren bestrebt, den kleinen sorbischen Volksstamm zu germanisieren. Darum waren viele Sorben zu Hitlergegnern geworden. Er versuchte, mich auf seine Art zu ermuntern, indem er erklärte: »Wir sind bei Hitler nicht viel besser dran als ihr.« Das stimmte zwar nicht ganz, aber eine Diskussion darüber lohnte nicht.

Am gefährlichsten für mich erwies sich das Mitglied der NSDAP und NSBO-Führer Fritz Lischka. Seine fachliche Funktion im Betrieb war undefinierbar. Er hatte sein »Büro«, ein rundum verglaster Verschlag, gleich am Eingang der großen Werkhalle. Morgens fand er sich immer als erster ein. Das hatte seinen Grund. Wer in die Halle zur Arbeit ging, mußte bei Lischka vorbei und ihn mit »Heil Hitler« begrüßen. Mir gegenüber verhielt er sich scheißfreundlich. Er wußte, daß ich mir sichtlich nicht nur durch meine fachlichen Leistungen die Sympathie der Kollegen erworben hatte. Außerdem gab es ja damals auch noch den jüdischen Inhaber, der über Priebe doch nicht ganz ausgeschaltet war. Die »Arisierung« des Betriebes im Jahr der Pogromnacht stand noch bevor.

Lischka, von Beruf Techniker, war eine Drohne. Daß er mal eine technische Zeichnung oder Schiebelehre zur Hand nahm, passierte selten. Tabakwaren konnten die Kollegen aber immer bekommen. Dafür hatte er Zeit. Er lief tagsüber von Kollege zu Kollege und horchte sie aus. Wer sein Freund war, erhielt »Kraft durch Freude«-Plätze in Ferienheimen, die den Gewerkschaften 1933 von den Nazis gestohlen wurden. Neue Heime oder gar Wohnungen, um die Wohnungsnot in Berlin zu mildern, wurden in der NS-Zeit kaum gebaut. Zement, Stahl und andere Baumaterialien gingen fast ausschließlich in die Befestigungen an der Grenze zu Frankreich, dem sogenannten Westwall. Der reichte vom Bodensee bis an die Luxemburgische Grenze. Oder die Baustoffe wurden im gewaltigen Reichsautobahnbau verwandt, der aus militärstrategischen Gründen angelegt wurde.

In der Kantine brachte Lischka einmal ein Plakat an mit dem Bild eines NS-Urlauberschiffes. Ferienreisen sollten solche Gefolgsschaftsmitglieder mit speziellen Verdiensten erhalten. Ein Traumbild der NS-Organisation KdF sollte vorgegaukelt werden. Tatsächlich waren das bereits als Truppentransporter oder Lazarettschiffe projektierte Schiffseinheiten. Aus unserer »Gefolgschaft« bekam niemand eine solche Reise. Selbst Lischka nicht. Das Werbeplakat hing nur einige Tage, dann hatte jemand die richtige Bezeichnung darüber gemalt »Kriegsschiffe – nein Danke«. Mein Freund Rotkopp, auf den ich noch zu sprechen komme, wußte mehr darüber.

Einmal wollte Lischka mich reinlegen. Beinahe gelang ihm das auch. Über einen Kollegen ließ er mir zwei Theaterkarten für das Große Schauspielhaus, dem späteren Friedrichstadtpalast, zu einer Aufführung von Goethes »Götz von Berlichingen« zuspielen. Daß die Karten von Lischka kamen, war mir nicht bekannt. Schon vor dem Theater wunderten Alice und ich uns über die überwiegend braun und schwarz uniformierten Massen, die da ins Theaterfoyer strömten. Auf den Theaterkarten war nichts Außergewöhnliches vermerkt. Daß einige Besucher noch besondere Einladungskarten vorzeigten, fiel uns schon beim Einlaß auf. Bald stellte es sich heraus: Es handelte sich um eine Sonderveranstaltung für bewährte NS-Arbeitsfrontler und NSBO-Funktionäre, in die wir da hineingeraten waren. »Der Völkische Beobachter« berichtete darüber am nächsten Tag, weil die ganze Berliner Naziprominenz auf der Veranstaltung erschienen war. Wir beide machten umgehend kehrt und verschwanden, ehe die Vorstellung begann, bevor wir vielleicht rausgeprügelt oder abgeführt wurden.

Daß Lischka dahinter steckte, wurde mir gleich am nächsten Tag klar, als er sich frühmorgens mit scheinheiliger Miene erkundigte, wie mir der Götz von Berlichingen gefallen habe. Ich antwortete ihm freundlich kurz und knapp.

»Das schönste war, wie Heinrich George als Götz sagte – bestelle er seinem Hauptmann, er solle mich am Arsche lecken«. Daß Alice und ich vor Theaterbeginn verschwanden, hat er nie erfahren.

Im Betrieb gab es mehrere Transportarbeiter, die wegen fehlender Hebezeuge und Transportmittel wie die Kulis schuften mußten. Ein Älterer, klein und kräftig – er mag Mitte Fünfzig gewesen sein – war besonders rührig. Er schleppte mehrere vier bis fünf Meter lange Stahlrohre auf seinen Schultern wie nichts durchs Gelände. Er kam 1935 zur Firma Herrmann, als ich gerade bei Okon, dem Reparaturschlosser, ausgebildet wurde. So kreuzten sich oft unsere Wege. Ich sah ihn nur mit einer großen Lederschürze herumlaufen, wie sie eigentlich Schlächter auf dem Schlachthof tragen. Über diese Schürze kamen wir auch ins Gespräch. Tatsächlich hatte er die vom Berliner Schlachthof an der Landsberger Straße mitgehen lassen, als man ihn dort rausgeschmissen hatte. Warum, sagte er mir nicht. Über mich wußte er offensichtlich längst Bescheid. Meinen Spitznamen kannte er, gegen den es keinen Zweck hatte, sich zu wehren. Ich hatte längst bemerkt, daß keiner das Wort »Judenjunge«, bis auf Lischka, böswillig aussprach.

»Ick heiße Rotkopp«, sagte er im schönsten berlinerisch, »und heiße so nicht nur wegen meiner roten Haare.«

An seinen richtigen Namen kann ich mich nicht mehr erinnern. Ich habe diesen nie gebraucht. Als ich ihn einmal im Hochsommer fragte, warum er immer eine Ledermütze trage, war seine Antwort knapp und eindeutig: »Das ist Tarnung, damit man meinen roten Kopf nicht sieht.«

So begann eine mehrere Jahre währende Freundschaft zu diesem Berliner Arbeiter. In vielen Gesprächen stimmten wir überein. Auch darin, daß der Einmarsch der Wehrmacht in das laut Versailler Vertrag entmilitarisierte Ruhrgebiet und später die Annexion Österreichs einer Kriegserklärung an die fortschrittliche Welt gleichkam. Für Rotkopp hatte mit der Entsendung der deutschen Legion »Condor« nach Spanien zur Unterstützung der Putschisten ein neuer Weltkrieg schon begonnen. Wir beide waren entsetzt, daß Nazi-Kriegsflugzeuge mit Bomben Tod und Vernichtung über friedliche spanische Städte brachten. Auch wir tauschten uns aus, was wir von Sendungen des Auslandes erfuhren und wie im Umlauf befindliche Gerüchte zu bewerten sind, die es jeder Art gab.

Wir konnten auf dem weitläufigen Gelände des Betriebes zwischen alten Kesseln, Schrottbergen, verbogenen Stahlrohren und Eisenträgern oder leeren, gerade entladenen Palettenwagen der Reichsbahn in der Pause immer ein ungestörtes Plätzchen finden. Einmal hatten wir ein solches intensives Pausengespräch geführt mit einem anschließenden kleinen Nickerchen in einem leeren Güterwagen. Es war Sommer, dort war es schön kühl und niemand störte uns. Erst die Sirene, die das Ende der Pause anzeigte, schreckte uns auf. Da war es aber zu spät. Der Güterzug hatte sich schon in Bewegung gesetzt und das Werksgelände gerade verlassen. Mein Schreck war groß. Rotkopp die Ruhe selber. Zusammen durften wir nicht durchs Werktor zurückkehren. Das war zu auffällig.

Zu dem Zeitpunkt war mir schon klar, daß Rotkopp aktiver Antifaschist war, obwohl er sich nicht zu erkennen gegeben hatte; genauso wenig wie ich über Herbert und meine Tätigkeit in der jüdischen Jugendorganisation mit ihm sprach. Für uns beide war es das wichtigste, uns darüber zu verständigen, mit welchen unserer Kollegen wir wie und worüber sprechen sollten. Jeder von uns beiden hatte irgendwie mit einer illegalen Leitung Verbindung, wo immer sie sich auch befand. Gut, daß man nicht mehr wußte davon, aber doch spürte.

Rotkopp blieb im Zug und kehrte mit den nächsten Waggons, die ins Werk geschoben wurden, wieder zurück. Das war für ihn als Transportarbeiter nichts Ungewöhnliches. Ich sprang beim ersten Halt des Zuges, nur wenige hundert Meter vom Werkseingang, ab und ging zum Tor zurück. Natürlich war das Gleistor wieder geschlossen und so mußte ich wohl oder übel am Haupteingang beim alten Pförtner vorbei. Aber bevor er mich überhaupt fragen konnte – woher des Weges – überraschte ich ihn mit der Gewissensfrage: »Heinrich, hast wohl schon wieder ein Nikkerchen gemacht, als ich vorhin rausging?« »Ja«, sagte er, »man wird alt und schnell müde.«

Mit Rotkopp teilte ich nach dem Abenteuer im Güterwagen einmal in der Mittagspause eine ganze Punschtorte. Das kam so: Jeden Morgen fuhr ich meist aus Zeitmangel ohne Frühstück vom Alex mit dem Fahrrad los. Je mehr ich mich der Bäckerei am Friedensplatz, jetzt Carl-von-Ossietzky-Platz näherte, desto größer wurde mein Hunger. Ich war in der Bäckerei fast immer einer der ersten Kunden. Tag für Tag kaufte ich dort morgens zwei Schrippen und ein Punschtörtchen, das Stück für 10 Pfennige. Von der Bäckerei bis zur Firma wurde das Törtchen auf dem Fahrrad mit wahrem Heißhunger verzehrt. Eines Tages wurde ich morgens vom Bäcker höchstpersönlich in die Backstube eingeladen. Er überreichte mir eine Jubiläumstorte mit Zuckergußinschrift »200«. Man soll bloß nicht sagen, die Pankower Bäcker hätten keinen Humor.

Wenn hin und wieder auf einem Plakat in der Kantine oder anderswo zum Beispiel aus »KdF« Kampf den Faschisten gemacht wurde, oder Negus der Schweißer »zufällig« ein Anti-Nazi-Flugblatt fand, ahnte ich, daß mein Freund Rotkopp dahinter steckte. Übrigens auch Negus war ein pfiffiger Kerl. Der las ein paar Zeilen aus dem Flugblatt – es betraf den Bürgerkrieg in Spanien und die Rote Hilfe für die demokratische Republik – mit schauspielerischer Empörung in der Kantine während der Pause vor. Bevor einer von den DAF-Leuten es schnappen konnte, warf er es schnell in den brennenden Koksofen. Das Flugblatt hatte seinen Zweck erfüllt.

Für Rotkopp schien die Zeit gekommen, mich in seine illegale Tätigkeit einzubeziehen. Er fragte mich, ob ich mithelfen könne, Geld zu beschaffen, das dringend benötigt würde. Das Stichwort war: Spanien. Rotkopp sagte nur: »Sammle, wo du kannst, es geht um eine gute Sache!«

Von mir wußte er, daß wir zu Hause auch keine Schätze angesammelt hatten. Tatsächlich war in der Familie die Geldknappheit nicht mehr so wie früher, als mein Vater arbeitslos war. Jetzt arbeitete Vater, von den Nazis dienstverpflichtet, als Abrißarbeiter bei einer Baufirma. Er war der erste, der mir für die Sammlung Geld zusteckte. Natürlich wollte er wissen, wofür. Es war für die illegale Rote Hilfe. Die Mittel wurden für Familien benötigt, die durch die Verhaftung der Ernährer in Not geraten waren. Ferner wurden Gelder für die Unterstützung der Internationalen Brigaden benötigt, die in Spanien kämpften. Auch gab es Freunde, die nach Spanien wollten und Geld brauchten, um wenigstens die Fahrkarten von Berlin nach Paris bezahlen zu können.

Im Werk gab es einige Kollegen, bei denen sowohl Rotkopp wie ich Geld sammeln konnten. Vor allem jene wurden gebeten, denen ich etwas über die Ereignisse in Spanien erzählte und die ihre Sympathie für das republikanische Spanien bekundet hatten. Große Beträge kamen nicht zusammen, aber für eine Fahrkarte wird es doch ausgereicht haben.

Rotkopp hatte mit mir vorher vereinbart, wenn einer von der »NS-Arbeitsfront« doch zufällig von unserer Sammlung erfahren sollte, dann war das Geld für einen Kranz zur Beisetzung eines kürzlich verstorbenen Arbeiters aus der Kesselschmiede gedacht. Es geschah nur dieses einzige Mal, daß Rotkopp mich so direkt in seine illegale Arbeit im Werk einbezog. Es reicht schon aus, wenn wir beide weiter »Mund-zu-Mund-Propaganda« betreiben. ... Und dann vertraute er mir an, einige Trümpfe in der Hand zu haben, die die Arbeit gegen die Nazis in unserem Werk erleichtern. Darauf war ich wirklich gespannt.

Ich vermutete, daß Rotkopp mit noch mehreren Genossen eine KPD-Partei-Zelle im Betrieb gebildet hatte. Daß ich nicht mit einbezogen wurde, war nur zu verständlich. Dazu war ich als »Judenjunge« zu exponiert. Jedenfalls meinte Rotkopp, wenn man wissen will, was im Werk los ist, muß man in die Kneipen der Umgebung gehen.

»Da erhältst du alles brühwarm serviert. Nur genau hinhören muß man, das lohnt sich immer«, fügte er hinzu. Dort hat der NS-Bonze Lischka im Suff von seinem Nebenverdienst mit Zigaretten geprahlt. Eine ergiebige Quelle für ihn sei Garbaty in Pankow. »Wenn da mal was wegkommt, merkt es keiner«, soll Lischka gesagt haben. Die Genossen wußten von seiner Hehlerei, hielten ihr Wissen aber zurück, um es als Druckmittel gegen ihn zu nutzen. Rotkopp meinte: »Wenn Lischka einmal gegen uns zu aufsässig werden sollte, haben wir gegen ihn etwas in der Hand, damit er die Schnauze hält. Ein warnendes Wort an Lischka würde bestimmt ausreichen, ihn zur Räson zu bringen.«

»Lischka hatte längst einiges im Werk spitz bekommen, wie die Ursache deiner Backpfeife von Okon«, sagte Rotkopp weiter, »aber wir haben das mit ihm in Ordnung gebracht.«

Ich fragte nicht weiter. Bis zu meinem Ausscheiden aus der Firma hatte ich Ruhe vor Lischka.

Was ich im Werk von Bedeutung für die illegale Arbeit in Berlin hörte, erfuhr Herbert Baum durch mich. Ich galt als guter Facharbeiter und gegenüber dem »Judenjungen« konnte man sich auch mal ordentlich Luft machen, denn Ärgerliches gab es genug. Ich wirkte sozusagen als Ventil für so manchen verärgerten Kollegen. Meist hörte ich nur zu und sagte nichts oder ich nickte zur Bestätigung des Gehörten.

Die Erfolge auf außenpolitischem Gebiet, die Ausdehnung des Machtbereiches auf das Saarland und später auf Österreich ohne ernsten Widerstand der anderen europäischen Staaten vergrößerte die Gefolgschaft der Nazis auch im Werk.

Daß eine intensive Kriegsvorbereitung durch die Nazis in Deutschland in Gang gebracht wurde, wollten viele nicht zur Kenntnis nehmen. Selbst dann nicht, als im Mai 1935 zum Aufbau einer leistungsfähigen Kriegswirtschaft der Präsident des Reichsbankdirektoriums Hjalmar Schacht zum »Generalbevollmächtigten für die Kriegswirtschaft« ernannt wurde, was jeder in der Zeitung lesen konnte. Man murrte im Betrieb auch nicht, als die allgemeine Wehrpflicht eingeführt und eine Armee von 500000 Mann geschaffen wurde. Dazu kam noch das Reichsarbeitsdienstgesetz, das alle männlichen Personen vom 18. bis 25. Lebensjahr erfaßte. Nicht wenige meiner Kollegen stimmten diesen Maßnahmen zu. Vorherrschend war die Meinung, das Gesetz bringe wenigstens die Arbeitslosen von der Straße. Daß Aufrüstung Geld kostet und einhergeht mit schleichendem Sozialabbau, diesen Zusammenhang sahen viele nicht. Das heißt nicht, daß meine Kollegen zufrieden waren. Im Gegenteil. Mehr Lohn gab es nicht. Nur durch Überstunden kam mehr Geld in die Lohntüte. Tarife, die die Gewerkschaft ehemals ausgehandelt hatte, waren nicht mehr bindend. Die Großverdiener und Kaufhäuser, die »Zinsknechtschaft des Monopols« sollten abgeschafft werden, aber sie blieben. Jene Kollegen, die diesen demagogischen Losungen geglaubt hatten und für die SA- und die Sturmabteilungen gewonnen worden waren, hätten zumindest bei der Erschießung des SA-Häuptlings Röhm und seiner Führungskamarilla im Jahre 1934 merken müssen, daß sie betrogen wurden. Allerdings habe ich aus unserem Betrieb nur wenige Kollegen in brauner Uniform gesehen.

Als für das Volkswagen-Sparen seitens der DAF geworben wurde, kam eigens dazu ein hoher Funktionär aus der DAF-Zentrale in der Wallstraße und wartete in Lischkas Büro stundenlang vergeblich auf Sparer. Rotkopp suchte das Büro auf. Er wollte das Ergebnis in Erfahrung bringen, fand aber nur zwei angesoffene braune Funktionäre vor,

Lischka und den von der Zentrale. Der Volkswagen wurde mit 1000 Mark spottbillig angeboten. Die Sparer sollten die Produktion des Volkswagens vorfinanzieren. Nur wenige Arbeiter und Angestellte konnten einen PKW erwerben, nach Fertigstellung des Werkes wurde überwiegend die Produktion von Kübelwagen für die Wehrmacht, finanziert von den betrogenen Sparern, aufgenommen. »Volkswagen ist glatter Volksbetrug« sagte Rotkopp.

Herbert wußte von meiner Freundschaft mit Rotkopp. Er bat mich, dennoch kein unnötiges Risiko einzugehen. Ich müsse daran denken, daß mit der Ankurbelung der Kriegswirtschaft die Nazis ihren Feldzug gegen alle Andersdenkenden verschärfen werden und daß auch die schon jetzt demütigenden Lebensbedingungen für die Juden sich weiter verschlechtern könnten. Immerhin hatte Hitler bereits 1923 in seinem Buch »Mein Kampf« die Ausrottung der Juden angedroht. Ich tat das damals als glatte Propaganda ab, aber leider sollte Herbert recht behalten.

Auf meine Frage, wie ich als ehemaliges Fichte-Mitglied im Betrieb politisch wirken könne, gab Herbert mir den Rat, mit jenen Kollegen, die vermutlich mit dem NS-Regime nicht einverstanden sind, das Gespräch zu suchen, sie dafür zu gewinnen, sich für die Forderungen der Arbeiter innerhalb der NS-Arbeitsfront einzusetzen. Das wäre schon ein Schritt in die richtige Richtung. Er erklärte mir auch, warum Kommunisten innerhalb der NS-Organisationen nach der Methode des Trojanischen Pferdes wirken sollten. Die Partei muß auch dort wirken, wo die Masse der Jugendlichen ist. Immerhin haben HJ und BDM über sechs Millionen Mitglieder in Deutschland.

Damit waren dort vier Fünftel der deutschen Jugend organisiert. Für mich kam die HJ und andere faschistische Massenorganisationen schon wegen meiner jüdischen Herkunft nicht in Frage. Herbert hatte offensichtlich mit seinen Genossen und Freunden den Vorschlag beraten, wie wir in noch von den Nazis zugelassenen jüdischen Jugendorganisationen tätig werden konnten. »Hebbi« machte mir den Vorschlag, mit Regina Gänzel, genannt Spinne, weil sie so schön spinnen konnte, Mitglied einer linksorientierten zionistischen Jugendorganisation zu werden.

Ich kann nicht sagen, daß ich darüber begeistert war. Jetzt sollte ich wieder in eine jüdische Jugendorganisation, die ich als Fichte-Sportler und Roter Pfadfinder verlassen hatte, eintreten – und noch dazu in eine zionistische.

Herbert erklärte mir, daß der Wunsch vieler jüdischer Bürger, nach Palästina auszuwandern, um den antisemitischen Verfolgungen zu entgehen, verständlich sei. Bereits nach dem Weltkrieg habe die Mandatsmacht Großbritannien dieses Land zur Heimstätte der Juden erklärt und dafür sogar die Billigung des Völkerbundes gefunden. Schon vor 1933 hatten viele Tausende in zionistischen Bünden organisierte jüdische Jugendliche die Absicht, nach Palästina überzusiedeln. Sie waren bereit, selbst die größten körperlichen Härten auf sich zu nehmen, um brachliegendes Land zu bebauen. Herbert meinte:

»Diesen Jungen und Mädchen muß man große Hochachtung entgegenbringen, jedoch unser Platz ist hier. Wir sind in erster Linie Deutsche. Nicht zufällig haben die Nazis nach 1936 nichtzionistische jüdische Jugendverbände verboten, weil sie die Verbindung deutscher Kultur und jüdischen Lebens als Provokation nationalistischer Ideale auffaßten.«

Ich versprach, mir seinen Vorschlag zu überlegen.

So farblich unterschiedlich wie ein Regenbogen waren die zionistischen Organisationen und Bünde. Als sozialistisch bezeichnete sich der »Haschomer Hazair«, zu Deutsch »Junger Wächter«, der für eine starke landwirtschaftliche Entwicklung in Kibbuzim eintrat, sowie der Bund »Habonim«, Erbauer, mit gemäßigt rot-grünem Einschlag, wie man heute sagen würde. Aus dem liberal-jüdischen Lager, ehemals dem Jüdischen Pfadfinderbund angehörend, entwickelte sich der »Makabi Hazair«, erkenntlich an dem blau-weißen Dress. Zu den religiös-zionistisch Orientierten gehörte die »Misrachi-Jugend«. Als ganz rechts kann man den »Brith Trumpeldor« bezeichnen, der chauvinistisch-militaristisch gegen die einheimische palästinensische Bevölkerung gerichtet ist.

Mitglied des Haschomer Hazair wurden Spinne und ich Anfang des Jahres 1936. Nach und nach bekamen wir Einblick in den politischen Entwicklungsweg des Haschomer Hazair, der, Anfang der zwanziger Jahre in den osteuropäischen Ländern gegründet, in Polen besonders aktiv war. Die unter dem Piłsudski-Regime fortschreitende Isolierung der jüdischen Bevölkerung, der latente Antisemitismus ließ die jüdische Jugend nach einem Ausweg suchen, den sie im politischen Zionismus gefunden hatte.

Anfang der dreißiger Jahre zählte der Haschomer Hazair bereits mehr als 38 000 Mitglieder, deren Ziel es war, nach Palästina auszuwandern, um dort die in der Balfour-Deklaration zugesicherte jüdische Heimstatt aufzubauen.

Der im Zusammenhang mit der Weltwirtschaftskrise auch in Deutschland immer offener zutage tretende Antisemitismus gab dem politischen Zionismus starke Impulse. Es waren 76 aus der jüdischen Wandervogelbewegung hervorgegangene Jugendliche, die sich am 16. August 1931 in Briselang bei Berlin auf einem Gutshof trafen und erstmals eine deutsche Abteilung des Haschomer Hazair gründeten.

Uns beiden, Spinne und mir, schienen die Auffassungen der »Briselanger Ideologen« etwas wirklichkeitsfremd zu sein. So legte die Leitung u. a. fest, daß ihre Mitglieder sich bei Strafe eines Ausschlusses nicht parteipolitisch binden dürfen. Offensichtlich stand dabei der Gedanke Pate, jegliche Form jüdischer Assimilation zu verhindern, besonders die von ihnen so bezeichnete »Rote Assimilation«. Sie befürchteten ganz offensichtlich, daß die Mitglieder ihre jüdische Identität verlieren könnten. Auch verstand man sich als elitäre Gruppe, die von ihren Mitgliedern strenge Disziplin und Opferbereitschaft erfordere.

Als wir im Jahre 1936 Mitglieder dieser Organisation wurden, hatten sich die »Roten« längst durchgesetzt. Im Gespräch waren nicht nur die Schriften des Wiener Journalisten und Begründers des politischen Zionismus, Theodor Herzl, sondern man hatte die verbotenen Schriften von Marx, Engels und Lenin, auch jene der von den Bolschewisten Verdammten – Trotzki und Bucharin – gelesen. Hoch im Kurs standen der Austro-Marxist Viktor Adler ebenso wie der Wiener Psychoanalytiker Sigmund Freud.

In den hitzigen Diskussionen kamen so unsere damaligen Leiter zu ihrem »marxistischen Standpunkt«, mit dem viele linke jüdische Jugendliche wegen ihrer Auseinandersetzung mit kapitalistischen Elementen in der zionistischen Bewegung und der solidarischen Haltung gegenüber der palästinensischen Landbevölkerung sympathisierten.

In der Diskussion um den Weg für junge Juden in Deutschland, sich aktiv am antifaschistischen Widerstandskampf zu beteiligen, gab es dadurch für uns viele Anknüpfungspunkte. Als wir einmal für den Geschmack unserer Leiter zu sehr unser »Deutschtum« hervorkehrten, meinte einer von ihnen ziemlich böse, ob wir wohl die »Preußenfraktion vom Alex« seien.

Spinne und ich fanden beide Bekannte in dieser Organisation, die sich freuten, mit uns neue Mitglieder zu gewinnen. Auf Grund unserer

Erfahrungen mit Kindern und Jugendlichen, interessante Heimabende zu gestalten, gewannen wir bald das Vertrauen der Funktionäre dieser Organisation. Kontakt zu Herbert hielt von nun an Spinne, die älter war als ich. Nur wenn es ums Geschehen im Betrieb ging, traf ich mich mit Herbert.

Wenn Herbert Baum auch die Unterstützung für die »Rote Hilfe« billigte, an der mich Rotkopp beteiligt hatte, ermahnte er mich immer wieder, ja nichts aufzuschreiben, keine Listen anzufertigen und Lischka aus dem Weg zu gehen. »Rotkopp ist in Ordnung«, sagte mir Herbert einmal im Gespräch, »auf den kanst du dich verlassen. Über Klawitter ist uns nichts bekannt.«

Daß Rotkopp in Ordnung war, hatte ich längst mitbekommen. Er führte, um nicht aufzufallen, ein ganz normales Familienleben. Morgens fuhr er mit dem Fahrrad zur Arbeit. Abends begab er sich direkt nach Hause, bis auf seinen Kneipentag am Freitag in der Buchholzer Straße. Er war Mitglied im NS-Laubenkolonieverein und Kassierer. Somit gehörte er zum Vorstand, was sicherlich für seine illegale Arbeit nützlich war. Nur ein einziges Mal in den Jahren der Freundschaft mit ihm erzählte er mir mehr, als die konspirativen Regeln zuließen. Es war in den Tagen um den 16. April. Ernst Thälmanns Geburtstag.

Genau genommen ist Rotkopp ein bißchen auf meine Frage reingefallen, als er frühmorgens einmal ziemlich unausgeschlafen und brummig zur Arbeit erschien. Ich fragte ihn, ob er am Abend zuvor zuviel gesoffen habe. Vielleicht hat Rotkopp diese Bemerkung erbost. Als ob er sich rechtfertigen müsse, erzählte er mir von der nächtlichen Mal- und Flugblattaktion am anderen Ende Berlins. Es ging darum, die Forderung nach Ernst Thälmanns Befreiung aus dem Kerker auch in der Reichshauptstadt bekanntzumachen. In diesem Zusammenhang erzählte er mir, was dazu seitens der Weltöffentlichkeit, der internationalen Arbeiterbewegung, der Pazifistischen Organisationen bis hin zu kirchlichen Würdenträgern bereits getan worden war. Und wir Berliner dürfen zum Geburtstag von unserem Teddy nicht nachstehen, um ihn freizukämpfen.« Das war allerdings noch nicht die ganze Geschichte dieser Nacht.

Er erzählte weiter: »Bald hätte uns eine Polizeistreife, die zufällig vorbeikam, mit dem Pinsel und der Farbe erwischt. Wir müsen einen siebten Sinn gehabt haben, als wir unser verräterisches Handwerkszeug kurz vorher in eine Mülltonne steckten. Ich hatte erst noch gezögert, weil der

Farbtopf noch halbvoll war. Aber besser der Topf als mein schöner Kopf.«

»Und wenn die Streife euch doch mit Pinsel und Farbe erwischt hätte?«

»Dann hätten wir denen zwei besoffene Maler vorgespielt, das war so ausgemacht. Und nach Bier und Kümmel haben wir auch gerochen«, setzte Rotkopp hinzu.

Pfingsten 1936 war ich im dritten Lehrjahr. Zu dem Zeitpunkt befand ich mich noch in der Ausbildung bei dem Reparaturschlosser Okon. Meist wurden Großreparaturen an Feiertagen durchgeführt, um Produktionsausfall zu vermeiden. So auch in diesem Jahr zu Pfingsten. Ich sollte mit von der Partie sein, die große Kranbahn zu überholen. Da bei diesen Reparaturen immer ein paar Groschen extra bezahlt wurden, hatte ich nichts dagegen. Der fachliche Gewinn war für mich auch erheblich. Aber es kam alles anders als geplant. Einige Abende vor Pfingsten bat mich Spinne zu einem Treff in der Nähe der Kleinen Markusstraße. Sie stand schon für einen Spaziergang mit mir fertig vor der Haustür. So hübsch zurechtgemacht, mit schicker weißer Bluse und Faltenrock, hatte ich die blonde Spinne noch nicht gesehen. Sonst trafen wir uns nur zu den Veranstaltungen des »Haschomer Hazair« oder zum Schulungsabend zu dritt oder viert in irgendeiner Wohnung oder auf einer Wanderung. Da wurde das Notwendige besprochen.

Spinne hatte in Hamburg zu Pfingsten einen Auftrag auszuführen. Über den Auftrag selbst sprach sie nicht. Ich fragte auch nicht. Die Kumpel hatten mich auserkoren, sie zu begleiten. Daß ein Pärchen per Anhalter auf der Landstraße reist, war weder ungewöhnlich noch anstößig. Allein konnte ein Mädchen das jedenfalls nicht wagen. Störend war nur die vorgesehene Großreparatur, an der ich mit Okon und anderen zu Pfingsten arbeiten sollte. Das machte mir einiges Kopfzerbrechen. Krankschreiben konnte ich mich nicht lassen. Es würde Ärger geben, wenn mich jemand munter und fidel mit einem Mädchen auf der Landstraße getroffen hätte. Das einzige, wofür Okon Verständnis haben würde, war eine Geschichte von einer Liebschaft, von einer Freundin, die kurzfristig einen Urlaub an der See vorbereitet hatte. Diese Geschichte tischte ich meinem Okon auf und fand das erwartete Verständnis bei ihm.

»Dreh ihr nur nichts an«, damit erlaubte Okon meinen Pfingsturlaub.

Gleich nach der Arbeit traf ich mich mit Spinne auf der Charlottenburger Chaussee an der Stadtgrenze. Zwei Wanderer, mit Kletterweste bekleidet und Rucksack auf dem Buckel. Es dauerte nicht lange, bis ein Lastzug mit schwerem Anhänger einer Hamburger Speditionsfirma anhielt. Der Kraftfahrer war allein und freute sich offenbar über die Reisebegleitung. Bis Glindow, ein Ort hinter Werder, ging alles gut. Dann gab es die erste Reifenpanne. Bisher hatte ich nicht geahnt, wie schwer ein LKW-Rad ist. Jetzt wußte ich es. Der Kraftfahrer war froh, einen Gehilfen zu haben. Spinne machte sich mit der Stablampe nützlich. Vor einem Gasthof in Glindow gab es Panne Nummer zwei. Ein weiterer Reifen war hin. Als wir mit der Reparatur fertig waren, schlug es Mitternacht. Zwei müde Männer und ein munteres Mädchen beratschlagten, was jetzt zu tun war.

Im Gasthaus konnten wir beide nicht übernachten, weiterfahren mit einem übermüdeten Kraftfahrer aber auch nicht. Zu unserem Glück entschloß sich der Kraftfahrer zu bleiben. Er quartierte sich im Gasthaus für die Nacht ein. Spinne und ich nahmen in der geräumigen Fahrerkabine Platz. In Decken eingewickelt, schlief Spinne bald ein. Ich hing noch lange meinen Gedanken nach – das Mädchen neben mir betreffend. Natürlich neckte uns der Kraftfahrer am nächsten Morgen mit seinen Späßen, wie wir denn beide die Nacht verbracht hätten. Da Spinne redegewandter war als ich, überließ ich ihr die Antwort.

Hamburg erreichten wir dann ohne weitere Pannen zeitig genug. Dort trennten sich für Stunden unsere Wege. Spinne hatte ich sicher in die Hafenstadt begleitet. Mir oblag es dann, das Quartier aufzusuchen, wo wir unbehelligt übernachten konnten. Die Adresse, die mir Spinne genannt hatte, stimmte, nur der jüdische Wohnungsinhaber war angeblich plötzlich verreist. Diese Auskunft erhielt ich von der Nachbarin. Wieso er so plötzlich verreisen mußte, konnte sie mir nicht sagen. Das brachte uns in eine schlimme Lage. Übernachtung für zwei wie uns zu finden war kompliziert. Ein anderes sicheres Privatquartier hatten wir nicht. Hotels oder Jugendherbergen wurden von der Gestapo kontrolliert. Das Risiko, dort zu übernachten, konnten wir nicht eingehen.

Es war Freitag und in der Stadt herumzufragen nicht zweckmäßig. Die Nachbarin verwies mich an ein gewisses christliches Hospiz, ziemlich weit im Osten der Stadt. Sie meinte, dort könne man sicher für eine Nacht unterkommen. Die alte Dame sprach so freundlich mit mir, daß ich keinen Grund hatte, argwöhnisch zu sein. Spinne war mit der Übernachtung im christlichen Hospiz einverstanden. Wir machten uns also auf den Weg. Schließlich fanden wir ein weißgetünchtes mehrstöckiges

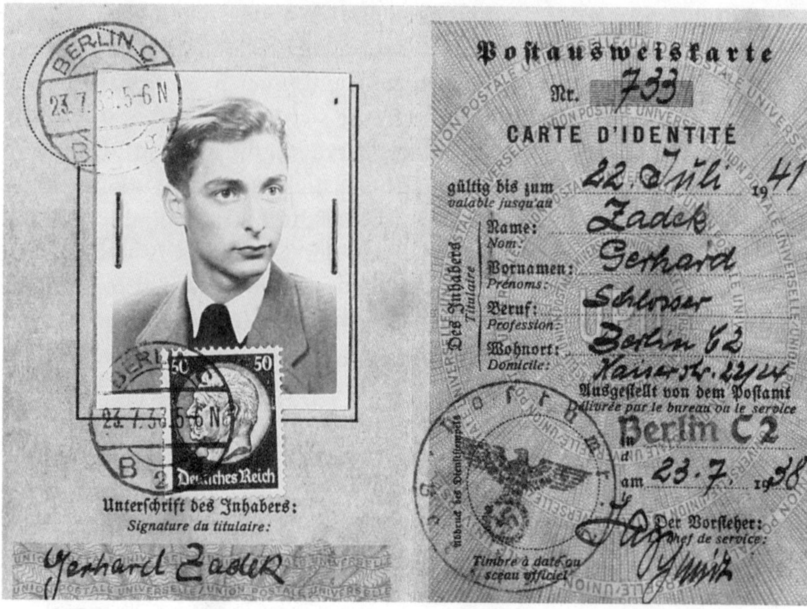

Postausweis vom Juli 1938, noch ohne diskriminierendes Kennzeichen »J«

Gebäude, kaum von außen als Hospiz erkennbar. In der Anmeldung empfing uns ein kleines zuvorkommendes Männchen. Er war bereit, uns für die Nacht aufzunehmen. Die Formalitäten bestanden nur in ein paar Fragen nach Gottgläubigkeit und Verwandtschaftsgrad zwischen uns beiden. Ich erzählte ihm, wir seien Geschwister. Das Übernachtungsgeld zahlte ich sicherheitshalber im voraus. Mein Postausweis genügte ihm offensichtlich.

Das Männchen führte uns in ein geräumiges, etwas kahles Zimmer. Viel Zeit, uns umzusehen, hatten wir nicht. Denn dann passierte etwas, womit wir beide nicht gerechnet hatten. Wenige Minuten später wurde das Zimmer von außen abgeschlossen. Wir saßen in einer Falle.

Jetzt zu orakeln, warum wir aufgefallen waren, war sinnlos. Wir mußten damit rechnen, daß das Männchen die Polizei rufen würde und uns eine Überprüfung drohte.

Die Tür eindrücken, das war mein erster Gedanke, aber vielleicht liefen wir der Polizei direkt in die Arme. Ich ging zum Fenster und sah hinaus. Zum Glück war etwa zwei Meter unter dem Fenster unseres Zimmers das Dach eines Schuppens. Rasch entschlossen, schoben wir ein Bett vor die Tür. Dann sprangen wir auch schon auf das rettende

Dach. Sprünge dieser Art hielt die Dachkonstruktion jedoch nicht aus. Das morsche Gebälk krachte mit uns und unserem Gepäck unter Getöse zusammen. Wir landeten zwischen überraschtem und laut gackerndem Federvieh in einem Hühnerstall. Ob dabei Hühner zu Schaden gekommen sind, weiß ich heute nicht mehr. Uns beiden war jedenfalls nichts passiert. Nur den Schreck mußten wir schnell überwinden. Ehe die Polizei oder sonstwer eintraf, entkamen wir über die niedrigen Zäune eines weiträumigen Laubengeländes.

Wir hatten genug von Hamburg. Darum entschlossen wir uns noch am späten Abend vor der Dunkelheit zur Heimfahrt. Als Pärchen nahm uns per Anhalter ein Pkw mit nach Berlin. Spinne war mit mir als Betreuer und Begleiter zufrieden.

Am ersten Werktag nach Pfingsten erzählte ich Okon eine hübsche Geschichte von meiner Fahrt an die See mit einem Mädel in der Art, wie er sie gerne hören wollte.

Aber, was Okon nicht wußte, ich hatte ja eine feste Freundin, Alice. Sie war schon zu einem Zeitpunkt meine heimliche Liebe, wo sie für mich nichts übrig zu haben schien. Immer hatte ich das Gefühl, daß sie mir aus dem Weg ging, obwohl wir dieselbe Schule besuchten und unsere Eltern befreundet waren. Ich versuchte, sie in Gespräche zu verwikkeln, wenn wir beide nach Schulschluß von der Großen Hamburger Straße in die Behrenstraße gingen, wo eine Bank für Arbeitslosenkinder einen Mittagstisch unterhielt.

Jedoch Andeutungen meiner Zuneigung zu ihr kamen offensichtlich nicht an. Da Alice groß, blond und blauäugig, ein hübsches Mädchen war, störte es mich überhaupt nicht, daß sie manchmal recht eigentümlich gekleidet war. Meine Klassenkameraden, die mehr als nur eine Schulfreundschaft vermuteten, frozzelten mich mit meiner Liebsten in Jungenstiefeln. Tatsächlich hatte sie eine Zeitlang grobe schwarze Schnürstiefel getragen, die so gar nicht zu ihren schlanken Beinen paßten. Vermutlich fehlte der Familie das Geld für neue Schuhe.

Mich beeindruckte vieles an Alice. Aber was mir damals nicht gelang, war, sie zu beeindrucken. Offensichtlich fehlten mir dazu Erfahrungen im Umgang mit Mädchen. Jedoch hatte ich viel Geduld und konnte warten. Wie man sieht, hat sich das Warten gelohnt.

ALICE ERZÄHLT:

Meine jüdisch-christliche Mischpoche

Noch nicht ganz vierzehnjährig, begann ich am 15. März 1935 meine dreijährige Lehrzeit als Expedientin in einem Berliner Konfektionsbetrieb. Eigentlich war der 1. April offizieller Lehrbeginn. Aber mein neuer Chef machte meinen Arbeitsbeginn schon zwei Wochen eher zur Bedingung für den Abschluß eines Lehrvertrages, denn Ende März war Ostern. Da wurde jede Arbeitskraft, zumal eine so billige wie ein Lehrling mit 25 Reichsmark Monatsgehalt, für den Versand gebraucht. Mein Schuldirektor in der jüdischen Volksschule Klopstockstraße, wohl wissend, wie schwierig es für ein jüdisches Mädchen war, überhaupt eine Lehrstelle zu finden, willigte ein. So wurde ich vorzeitig in das Berufsleben entlassen.

Ich habe zwei seltene Rekorde aufzuweisen. In acht Schuljahren besuchte ich sieben Schulen. Von meiner Geburt im Jahre 1921 bis zum Lehrbeginn hatten wir sieben Wohnungen. Selten erfolgten die Umzüge freiwillig, oft wurden wir exmittiert, weil wir die Miete nicht bezahlen konnten. Seit 1930 war mein Vater arbeitslos. Bei jedem Umzug wurde das Mobilar weniger. Alles nicht Lebensnotwendige war, vom Gerichtsvollzieher mit dem »Kuckuck« versehen, vom Vermieter zwecks Versteigerung einbehalten worden. Lebensnotwendig waren nur Bett, Schränke, Tisch und Stühle.

Wenn ich aber sagen sollte, daß meine Kindheit von den ewigen Geldsorgen überschattet wurde, wie das immer so heißt, dann wäre das nicht zutreffend.

Wir, Vater, Mutter und drei Kinder, waren eine lustige Familie. Deshalb kamen meine diversen Schulfreundinnen, häufig aus viel besser gestellten Familien, gern zu uns nach Hause. Meine Mutter hatte es immer verstanden, mit Wenigem eine behagliche und gemütliche Atmosphäre zu schaffen. Wenn wir nicht mehr wußten, woher das Essen für den nächsten Tag kommen sollte, schickte Mutter uns Kinder zu ihrer Mutter. Bei Großmutter gab es immer ein paar Mark, je nach Laune, denn Geld hatte Oma genug.

Die Eltern meines Vaters, Moritz und Johanna, kannte ich nur vom Erzählen. Mutter Johanna starb 1914, der Vater, als ich sechs Jahre alt war. Ich erinnere mich nur, daß der Großvater mir neben meinem immerhin 1,85 Meter großen Vater wie ein Riese vorkam.

Moritz, der 1858 in der Schumannstraße gegenüber der Charité geboren und aufgewachsen war, hatte als junger Mann eine Liebesaffäre mit einer dort tätigen Krankenschwester. Meinen jüdischen Urgroßeltern paßte weder die christliche Religion noch die Mittellosigkeit des Mädchens. So suchten sie eine Frau für Moritz in ihren Kreisen. Sie fanden eine Braut und er mußte Johanna Sänger aus Hohensalza, Provinz Posen, heute Polen, ehelichen. Über diese Verbindung waren beide nicht glücklich. Sie führten nach der Geburt ihres Sohnes Felix, meines Vaters, 1886 eine Ehe nebeneinander, wie ich sagen hörte. Johanna war keine Schönheit, aber gebildet. Moritz, blond und blauäugig wie sein Vater, war ein Naturbursche mit Bärenkräften und ein Pferdenarr.

Um die Jahrhundertwende, als die antisemitische Hetze des Hofpredigers Stöcker in Berlin Blüten trieb, beobachtete mein Vater, wie Moritz auf der Straße zwei Brauereikutscher an den Lederwämsen packte, sie hochstemmte und mit den Köpfen aneinanderstieß, weil beide abfällige Bemerkungen über Juden gemacht hatten.

Von der Religion hielt mein Großvater überhaupt nichts. Aber einmal im Jahr, zum jüdischen Versöhnungsfest, fastete er 24 Stunden. Das sei gut für die Gesundheit, meinte er. Durch die Inflation hatte Großvater Moritz seine Existenz verloren und sprach bis zu seinem Tode davon, daß er eigentlich den Hjalmar Schacht, Reichsbankpräsident in der Weimarer Republik, umbringen müßte. Der sei Schuld an der Inflation. Das hat mein Großvater natürlich nicht getan. Er hat sich aber als Pferdehändler auch nicht, dem Zug der Zeit folgend, auf den Handel mit Autos umgestellt. Dazu haßte er Autos und liebte Pferde zu sehr.

Die Eltern meiner Mutter lernten sich im Jahre 1896 in Erkner bei Berlin kennen. Großmutter Anna, in Hannover geboren, evangelisch-lutherisch, arbeitete in dem Berliner Vorort Erkner in einer Fabrikantenvilla als hochherrschaftliche Köchin. Dorthin kam der Schornsteinfegergeselle Karl Schneider, mein Großvater, aus Posen stammend, der Religion nach Calvinist. Er kehrte nicht nur den Schornstein gut, sondern verstand sich auch gut mit der Köchin des Hauses. Sie heirateten ein

Jahr später und zogen nach Osnabrück, wo meine Mutter 1898 das Licht der Welt erblickte.

Großmutter Anna war ehrgeizig, Ehemann Karl sollte die Meisterprüfung machen. In Berlin waren dafür die Bedingungen am günstigsten. Also zogen sie nach Berlin-Lichtenberg, in ein Haus, das heute noch steht und unter dem Namen »Gastronom« bekannt war. Dort lebten sie mit inzwischen drei Kindern bei 15,– Mark Wochenlohn des Großvaters in Stube und Küche.

Karl bestand die Meisterprüfung und erhielt im Jahre 1903 eine Anstellung als Bezirksschornsteinfegermeister – allerdings nicht in Berlin, sondern in Joachimsthal in der Uckermark. Zur Einrichtung eines Hauses dort mußte er einen erheblichen Kredit aufnehmen, denn das erste Gehalt war erst nach einem Vierteljahr fällig. Dieser Kredit war noch 20 Jahre später nicht ganz abbezahlt. Großmutter nahm Sommergäste auf, um den Schuldenberg mit abzuarbeiten. Die Familie zog 1912 wieder nach Berlin, weil mein Großvater in Pankow als Bezirksschornsteinfegermeister bessere Verdienstmöglichkeiten hatte. Meine Mutter besuchte ein Lyzeum und hat im Pankower Kirchenchor gesungen. Im ersten Kriegsjahr begann sie eine Ausbildung als Apothekenhelferin. Sie erzählte oft davon, daß sie in den Hungerjahren 1916 bis 1918 undefinierbare Sorten Öl aus der Apotheke mit nach Hause brachte, um damit Puffer zu braten; die Familie hat es überlebt.

Meine Eltern schlossen im Jahr 1919 eine standesamtliche Ehe. Bei der Geburt meiner älteren Schwester Johanna lebten sie noch im Hause der Großeltern. Die Geburt mußte beim Standesamt angemeldet werden. Das Antragsformular enthielt die Rubrik »Religion«. Darüber hatten sich meine Eltern offensichtlich vorher keine Gedanken gemacht. So entschied Großvater Karl: »Die Religion geht immer nach dem Vater – also mosaisch«, was dasselbe ist wie jüdisch. So wurden wir drei Kinder nach dem Machtwort unseres calvinistischen Großvaters Juden. Das schien damals eine völlig belanglose Nebensächlichkeit zu sein, hatte aber künftig auf unser Verhältnis zu den Großeltern betrübliche Auswirkungen.

Mein Großvater, der als Altgeselle – so etwas wie Interessenvertreter der Gesellen und Lehrlinge in seiner Innung – noch eine gewisse fortschrittliche Rolle gespielt hatte, war nunmehr Beamter, Mitglied des Kriegervereins und deutschnational. Er wurde nach der Machtübergabe an die Nazis Blockwart und vermutlich auch Mitglied der NSDAP. Wir haben ihn nie danach gefragt. Seine Einstellung meinem Vater gegenüber, den er bisher als »Frontsoldaten« des Weltkrieges und Unteroffizier geschätzt hatte, änderte sich schlagartig.

Als Großvater schwer erkrankte, bestand er, ein ausgemachter Katholikenfeind darauf, in ein katholisches Hospiz zu kommen, weil dort nach seiner Meinung die Pflege besser sei. Er starb 66jährig im April 1935. Damit hat er vermutlich unserer Familie ein völliges Zerwürfnis erspart.

Nicht wenige Sorgen hatten wir mit unserer Großmutter. Sie gehörte in den zwanziger Jahren zeitweilig der Sekte der »Siebentags-Adventisten« an. Diese christliche Sekte hält die jüdischen Speisegebote ein. Deshalb mußte ihr mein Vater immer koscheres Fleisch aus einer jüdischen Fleischerei besorgen. Auch die Großmutter hat sich nach 1933 angepaßt und landete bei den »Deutschen Christen«, bei denen der erzreaktionäre Preußengeneral Ludendorf und dessen Ehefrau Mathilde eine maßgebliche Rolle spielten. Zur Beisetzung meines Großvaters auf dem Schönholzer Friedhof in Pankow erschien »Frau Bezirksschornsteinfegermeister« zum Entsetzen der Pankower Honoratioren angetan mit einem weißen Halstuch, denn die deutschen Christen lehnen schwarz als Trauerfarbe ab. Der Grabstein, den sie dem Verblichenen setzen ließ, hatte folgende Inschrift:

Hier ruht der Bezirkskehrmeister
Karl Schneider 1869–1935
Er schuf mit seiner Hände Arbeit
für seine Sippe und sein Volk.

Ganz Pankow schmunzelte dann über den »Kehrmeistergrabstein«.

Arme Oma! Ich, ihre Lieblingsenkelin, habe ihr viel Kummer gemacht. Als wir, meine ältere Schwester und ich, sie mal besuchten, wollte sie uns mit wahrem Bekehrungseifer weismachen, daß Jesus Christus in der Uckermark geboren sei. Als meine gefügige Schwester zustimmend nickte, ich dagegen »So'n Quatsch«, sagte, sprach sie folgendes Urteil: »Die Hanne«, meine brünette Schwester, »hat das semitische Aussehen mit der arischen Seele, aber du«, zu mir gewandt, »du hast das arische Aussehen mit der semitischen Seele!«

Oma hat sich dennoch bis zu ihrem Tode Ende 1941 um Tochter, Schwiegersohn und Urenkelin gesorgt und sich in die »Judenwohnung« getraut, als schon der Stern mit dem großen »J« an der Tür angebracht wurde.

Mit dem Buchstaben »J« machte unsere Familie bereits 1929 unliebsame Erfahrungen. Mein Bruder, damals Schüler der 1. Klasse, hatte in

Alices »arische« Mutter

seinem Schreibheft folgende Übung zum »J« schreiben müssen: »Die bösen Juden haben Jesus getötet.« Das bedeckte eine ganze Heftseite.

Wutentbrannt ging meine Mutter anderntags zum Schuldirektor, um sich zu beschweren. Dieser versuchte, sie zu beruhigen und empfahl, sie sollte doch ihre Kinder in die »Weltliche Schule« schicken, dort käme so etwas sicherlich nicht vor. Das tat meine Mutter dann auch. Alle ihre drei Kinder wurden umgemeldet. Für mich begann damit mein schönstes Schuljahr. Wir hatten wunderbare Lehrer, kein bißchen von dem in der Weimarer Zeit vorherrschenden Paukertyp. Erinnern kann ich mich besonders an meinen Klassenleiter, Herrn Lachmann. Er kleidete sich sportlich, war humorvoll, nahm seine Schüler ernst und ermunterte uns ständig, Fragen zu stellen. So etwas kannte ich bisher nicht.

Leider zogen wir wieder um, von Wittenau nach Reinickendorf in einen Neubau zum »Trockenwohnen«, was im ersten Jahr eine Mietsminderung mit sich brachte. Dort gab es zu meinem Bedauern keine »Weltliche Schule«.

Meine neue Schule bereitete ein Weihnachtsspiel vor. Da ich die Größte in meiner 4. Klasse war, wurde ich ausgewählt, den Erzengel Gabriel zu spielen. Welches kleine Mädchen spielt nicht gerne Theater? Zu Hause erzählte ich stolz von meiner Rolle. Am nächsten Tag kam dann die Ernüchterung. Da ich nicht christlich sei, erklärte die Schulleitung, dürfe ich nicht den Erzengel spielen.

Diesmal ist meine Mutter nicht mehr gerannt, sich zu beschweren. Sicherlich wollte sie meine Chance, aufs Lyzeum zu kommen, nicht gefährden. Denn das ging nur, wenn der Antrag auf eine Freistelle genehmigt wird, weil die 20 Mark monatliches Schulgeld dann nicht zu zahlen wären, gute Leistungen natürlich vorausgesetzt. Anders wäre ein solcher Schulbesuch für mich gar nicht in Frage gekommen, denn Vater war bekanntlich arbeitslos. Ich bekam die Freistelle und besuchte ab 1. April 1931 das Reinickendorfer Lyzeum.

Nachdem das Jahr Trockenwohnen um war, sind wir 1932 wieder nach Berlin-Mitte gezogen, in die Elsässer Straße, heute Wilhelm-Pieck-Straße. Ich wurde in das Luisenlyzeum umgeschult und hatte jetzt Französisch statt Englisch als Fremdsprache. Mit Vaters Hilfe habe ich den Rückstand schnell aufholen können.

Felix, wie wir Kinder meinen Vater nennen durften, war ein sehr liebevoller und geduldiger Erzieher. Leider brachte er kaum Interesse für Politik auf, obwohl er einmal dem Reichsbanner der SPD angehört hatte. Meine Eltern wählten zwar immer Sozialdemokraten, aber sie waren jedoch wenig hellhörig, was die Tagespolitik anbelangte. Wenn irgendwo geschmiert stand »Juden raus«, dann bemerkte Vater lediglich: »Unnütze Hände beschmieren Tisch und Wände.«

Obwohl mein Vater immer hervorkehrte, daß sein Vater, frei von jeglichen Vorurteilen, mit Zigeunern, die sich gleich ihm mit Pferdehandel befaßten, eng befreundet war, brachte er es fertig, uns zu untersagen, mit den Kindern »polnischer Juden« zu spielen, worum ich mich allerdings nicht scherte.

Mein Vater-Idol kam bei mir bereits als Kind wegen eines weiteren Erlebnisses mächtig ins Wanken. Es war wieder einmal wegen der Wahlen im Sommer des Jahres 1932. Demonstrationszeit. Die SPD zog in langen Kolonnen durch die Elsässer Straße. An der Ecke Artilleriestraße, heute Tucholskystraße, stand ich am Straßenrand und schaute mir die Demonstration an – Fahnen, Plakate und Bilder. Plötzlich neben mir ein Arbeiter im blauen Kittel, stemmt die Hände in die Hüften, spuckt in hohem Bogen aus und schreit empört: »Pfui Deibel, erst habt ihr nicht verhindert, daß sie ermordet wurden, und jetzt führt ihr ihre Bilder mit!« Ich schaue und lese unter dem Männerkopf »Karl Liebknecht« und unter dem Frauenkopf »Rosa Luxemburg« und verstand mit meinen elf Jahren gar nichts. Zu Hause fragte ich: »Du, Vati, wer waren denn das, Liebknecht und Luxemburg?«

»Die Rosa war so eine polnische Jüdin, die für uns deutsche Juden viel Riches ausgelöst hatte.« Dieses Wort kommt aus dem hebräischen und ist bei den Juden ein Synonym für Judenhaß oder Antisemitismus. Über Liebknecht sagte er gar nichts.

Fortan war ich bei allen politischen Äußerungen meines Vaters sehr kritisch, weil er kein Wort des Bedauerns darüber fand, daß eine Frau ermordet wurde, wie es der Arbeiter doch gesagt hatte, dem ich mehr glaubte als meinem Vater.

Fünfzehn Jahre später korrigierte er sein Urteil über Rosa Luxemburg, aber nur »weil sie ja so eine gebildete Frau war, die hatte sogar einen Doktortitel«.

Bereits am 1. Februar 1933 lief ein neuer Direktor in unserer Schule, dem Luisenlyzeum, herum, in brauner SA-Uniform und Hakenkreuzbinde. Unsere geliebte Direktorin, Frau Dr. Abegg, SPD-Mitglied, wurde gemaßregelt. Unsere Französisch-Lehrerin, die noch vor kurzem die beiden BDM-Mädchen aus unserer Klasse gebeten hatte, doch in der Schule kein Hakenkreuz zu tragen, weil es eine Beleidigung für die jüdischen Mitschülerinnen wäre, konnte, von Weinkrämpfen geschüttelt, keinen Unterricht erteilen. Unser Klassenleiter, Herr Korn, bisher keinerlei nazistische Gesinnung zeigend, immer freundlich zu allen, wetterte plötzlich gegen die »jüdische Systemzeit der Weimarer Republik«, in der die Juden nur den Staat betrogen haben, was sich aber jetzt ändern werde.

Was wird jetzt aus uns jüdischen Schülerinnen, das war unsere große Sorge. Besonders aus denen, die gleich mir eine Freistelle hatten. Diese sollte uns allen gestrichen werden. Aber noch gab es Ausnahmen. Zuerst betraf dies die Schülerinnen mit nur einem jüdischen Elternteil. Diese Anzahl war aber der Schulbehörde zu hoch. Weitere Festlegung: Schüler, deren Väter 1914–1918 Frontsoldaten waren. Hier sollte der große Schnitt gemacht werden, denn bekanntlich wären ja, laut faschistischer Ideologie, alle Juden feige. Daraus wurde auch nichts, diese Zahl war ebenfalls zu hoch. Also gab es keinerlei Ausnahmen mehr.

Noch während meines Lyzeumsbesuches mußten sich alle Schülerinnen in der Aula den Film »Hitlerjunge Quex«, ein übles faschistisches Machwerk, ansehen, in dem zu meinem Entsetzen so bekannte Schauspieler wie Heinrich George und Rotraud Richter mitwirkten. Meine

Alices Klassenfoto 1934 aus der jüdischen Mittelschule Berlin, Große Hamburger Straße.
Viele der hier abgebildeten Mädchen überlebten den Holocaust nicht

Mitschülerin Ruth Kreuzahler, eine der beiden BDM-Mädchen, sagte zu mir nach dem Film: »Alice, du mußt dich vorsehen, so ein haßerfülltes Gesicht darfst du nicht noch mal zeigen, ich habe dich beobachtet.« Sie hatte mich richtig eingeschätzt.

Im Herbst 1933 mußte ich das Lyzeum verlassen und besuchte für ein Jahr die Jüdische Mittelschule in der Großen Hamburger Straße. In dieser Schule, die Mädchen- und Jungenklassen hatte, war unser Direktor, Heinemann Stern, wegen seiner Stupsnase »Bobby« genannt, bestrebt, mit preußischer Zucht und Ordnung zu regieren. Es gab damals so eine üble Redensart: »Hier ist ein Krach wie in einer Judenschule.« Bobby setzte seinen ganzen Ehrgeiz daran, diese Redensart ad absurdum zu führen. In den Pausen durften wir auf dem Schulhof nicht herumtollen oder auf den Bänken sitzen, sondern immer nur zu Vieren im Kreise gehen. Wehe, wenn ein Schüler dabei von ihm erwischt wurde, die Treppe herauf- oder herunterzupoltern, anstatt gesittet zu schreiten. Schon wurde er oder sie zur Ordnung gerufen.

Wie ich Jahre später erfahren konnte, gelang es Bobby, zu emigrieren und zu überleben. Er verfaßte ein Buch mit dem Titel: »Warum hassen sie uns eigentlich?« In dieser Fragestellung kommt die ganze Tragödie des deutschen bürgerlichen Judentums zum Ausdruck.

Mit tiefer Bewegung habe ich nach 1945 auch über das Leben und Wirken meiner ehemaligen Direktorin im Luisenlyzeum, Frau Dr. Abegg, erfahren. Obwohl selber als Gegnerin der Nazis gefährdet, hat sie sich selbstlos um jüdische Kinder gekümmert. Ihnen, die keine Schule mehr besuchen durften, in ihrer Tempelhofer Wohnung Unterricht erteilt, sie versteckt und persönlich finanzielle Opfer gebracht, um untergetauchten Juden zu helfen und dadurch Leben zu retten.

Im Ehrenhain von Yad Vachem in Israel wurde auch für diese mutige Frau ein Bäumchen gepflanzt. Man sollte sie auch in ihrem Heimatbezirk Tempelhof in angemessener Form, vielleicht durch einen Straßennamen, würdigen.

Unsere materielle Lage ließ es nicht zu, daß ich noch weitere drei Jahre zur Schule gehen konnte. So beendete ich das letzte von acht Schuljahren in einer siebenten, der jüdischen Volksschule Klopstockstraße in unserer Wohnnähe, die ich mit der 8. Klasse abgeschlossen habe. Das war dann auch das Ende meiner Kindheit.

Ottos Bibel und die Judenfrage

Nach einem halben Jahrhundert kann ich nicht mehr sagen, ob der siebzehn Monate ältere Gerhard damals mein Typ war. Ich kannte natürlich durch die Lehre und die deutsch-jüdische Jugendorganisation eine Reihe Jungen, die gerne mit mir gehen wollten, wie man damals sagte. Aber viel lieber, als mit Jungen gehen, die mir alle reichlich albern vorkamen, las ich Bücher. Gerhard, den ich zwei Jahre vorher noch an Körperhöhe überragte, hatte mich eingeholt, so daß wir jetzt gleich groß waren. An ihm gefiel mir besonders sein Ernst, der ihn wohltuend von jenen mir bekannten Jungs abhob, die nur Filme, Mode, Tanzmusik und Liebelei im Kopf hatten.

Durch die Freundschaft der Familien Zadek und Kronheim lernten wir beide uns Anfang der dreißiger Jahre kennen. Später gingen wir zeitweilig gemeinsam in die jüdische Mittelschule in die Große Hamburger Straße. Mehr als eine Kinderfreundschaft war es damals nicht. Sie fand durch Beginn unserer Berufsausbildung irgendwie ein ganz natürliches Ende.

Unsere Goldene Hochzeit im Jahre 1990 war schon ein in unserer Generation seltenes Jubiläum. Aber der Zeitpunkt des Entstehens unserer Zuneigung und Liebe liegt noch mehr als ein halbes Jahrhundert zurück.

Eines Tages bat mich meine Mutter, es muß im Januar 1936 gewesen sein, bei Zadeks vorbeizugehen, um wieder einmal einen gegenseitigen Familienbesuch vorzubereiten. Telefon hatte keine der Familien. Ehrlich gesagt, hatte ich keine große Lust, den Umweg über den Alexanderplatz zu machen, anstatt von der Arbeit direkt nach Hause zu kommen. Wie bedeutungsvoll für mein ganzes weiteres Leben dieser Umweg werden sollte, ahnte ich natürlich damals nicht. Mutter Zadek hielt sich allein in der Wohnung auf. Offensichtlich wurde bei Zadeks Schach gespielt, denn im Wohnzimmer auf dem Couchtisch befand sich ein aufgebautes Schachspiel. Ohne mir dabei viel zu denken, bemerkte ich, das sei ein geistreiches Spiel, das sich lohnen würde zu lernen. Ich kann es leider noch nicht.

Gerhard war mir eigentlich damals ziemlich gleichgültig. Aber er sah darin offensichtlich eine Möglichkeit, unsere Kinderfreundschaft wieder aufleben zu lassen, nur waren wir jetzt keine Kinder mehr.

Als ich zwei Tage später von der Arbeit kam, sagte meine Mutter: »Du, Gerhard hat dich zu sich eingeladen, um dir das Schachspielen beizubringen.«

Ich dachte an meine Bücher und wollte erst nicht gehen, aber meine Mutter redete mir zu: »Gerhard ist doch ein so netter Kerl. Ein wenig Abwechslung täte Dir auch ganz gut.«

An diese Worte mußte ich meine Mutter noch sehr oft erinnern, als ihr unsere Beziehung zu intensiv wurde. Sie konnte es nicht verhindern, daß sich sehr schnell eine feste Freundschaft und Liebe zwischen uns entwickelte, und wir uns öfter sahen, als es meiner Mutter lieb war. Sie ging sogar so weit, mich einzuschließen, aber durch das Fenster unserer Parterrewohnung entwischte ich.

Häufig mußte Gerhard unter der Normaluhr am S-Bahnhof Tiergarten auf mich warten, weil meine Mutter wieder etwas ausgeheckt hatte, um unser Rendezvous zu verhindern. Er hatte riesiges Vertrauen zu mir und wartete, denn er wußte, ich komme, wenn auch manchmal erst eine Stunde später. Gegen Liebe ist eben kein Kraut gewachsen. Am Ende gab meine Mutter auf. Ich hatte die besseren Nerven. Das einzige Zugeständnis, das sie mir abverlangte, war, Punkt zehn Uhr abends zu Hause zu sein. Ich weiß, solche Mütter und auch solche Töchter gibt es zu Tausenden auf der Welt. Aber aus meiner Liebe mit fünfzehn erwuchs ein langes, sinnvolles Leben.

Ich erlernte das Schachspiel durch Gerhard. Ohne daß ich es gewahr wurde, prüfte er mich dabei auf Herz und Nieren hinsichtlich meiner Aufrichtigkeit, Standhaftigkeit und meiner Auffassung vom Leben überhaupt, wie er mir später einmal gestanden hatte. Die Prüfung muß zu seiner Zufriedenheit ausgefallen sein, denn eines Tages machte er mir den Vorschlag, eine Broschüre gemeinsam zu lesen und unsere Gedanken darüber auszutauschen. Dieses schmale Büchlein, ein verbotenes, war von Karl Marx und hieß »Lohn, Preis und Profit«.

Da saß ich nun mit meiner recht lückenhaften, weil ständig wechselnden Acht-Klassen-Schulbildung und bemühte mich zu verstehen, was der Autor den Arbeitern im vorigen Jahrhundert mit seiner Mehrwerttheorie vermitteln wollte. Das erforderte gründliches Lesen und Durchdenken.

Gerhard, der die Broschüre schon kannte, gab sich redliche Mühe, mir an seinen und meinen Erfahrungen die Quelle des Unternehmerprofits deutlich zu machen, bis bei mir der Knoten platzte. Ich erhielt also meinen Lohn nicht für mein tägliches Quantum geleisteter Arbeit, sondern für meine Arbeitskraft. Mein Lohn hat also fast keine Beziehung zur Anzahl der Pakete, die ich täglich schnüre? Meine Arbeitskraft war weniger wert, als die meiner höher bezahlten älteren Kolleginnen trotz gleicher Leistung, weil deren Lebenshaltungskosten höher waren?

Zur nächsten Winterhilfsaktion der Nazis brachte ich meine neuen Kenntnisse gleich bei meinen Kollegen an. Wir 30 Arbeiter mußten zugunsten der »Winterhilfe« zwei unbezahlte Überstunden leisten. Der Chef »spendete« zwanzig Mark. Eigentlich, so meinte ich, hat der Chef gar nichts gespendet, denn diese zwanzig Mark haben wir Kollegen in den zwei Stunden für ihn mit erarbeitet. Das leuchtete allen ein. Sie gaben mir recht, ohne auch nur zu ahnen, daß es sich dabei um die wichtigste Erkentnis der Marx'schen politischen Ökonomie handelte.

Nach und nach lernte ich, scheinbar ganz zufällig, bei meinen Besuchen in der Kaiserstraße Gerhards Freundeskreis näher kennen. Da waren Spatz und Spinne, wenig älter als Gerhard, da kam auch manchmal ein sympathischer junger Mann, Mitte zwanzig, namens Martin, gutaussehend mit tiefschwarzem Haar und durchdringend blauen Augen. Es hieß, Martin sei ein Freund von irgendeinem Herbert. Wir führten häufig hitzige und intensive Unterhaltungen. Sehr bald merkte ich, daß besonders Martin, aber auch Spinne mit mir sehr offen über alles sprachen, was mich so in der Politik bewegte.

Zu Pfingsten 1936 wollten Gerhard und ich eigentlich eine Radtour machen, aber daraus wurde nichts, weil er mit Spinne irgendwo hinfahren sollte. Spinne dämpfte meinen Ärger: »Du hast wirklich keinen Grund zur Eifersucht, wir müssen aber beide außerhalb Berlins eine wichtige Angelegenheit erledigen.«

Dann sagte sie: »Wir haben Dich in den letzten Monaten als eine zuverlässige Freundin von Gerhard kennengelernt. Wir vertrauen dir und wollen dich in unsere Gruppe einbeziehen«, fuhr sie fort, »aber, du darfst keine Fragen stellen, die irgend jemanden, auch dich gefährden könnten.«

Ich war gerade etwas über fünfzehn Jahre alt, sehr beeindruckt von Spinnes Worten und auch ein bißchen stolz, in eine illegal tätige Gruppe aufgenommen zu werden.

Gar nicht sehr viel später wiederholte Martin in unserem Kreis den Vorschlag Herbert Baums, der uns glatt die Sprache verschlagen hatte. Wir sollten Mitglieder des »Haschomer Hazair« werden. Na, wenigstens die am weitesten links stehende zionistische Organisation.

»Als junge Sozialisten könnt ihr dort unsere Auffassungen darlegen«, meinte Martin. »Natürlich braucht ihr auch ein gewisses Gespür dafür, zu wem ihr wann und was sagen könnt. Auch sind in Berlin im Haschomer Hazair alle möglichen Radikalen untergetaucht, mit denen man sich nicht einlassen sollte. Übrigens gibt es noch einen Grund für euch, dort Mitglieder zu werden.«

Und dann erläuterte uns Martin, daß der Haschomer Hazair als legale, von den Faschisten zugelassene Jugendorganisation für unsere eigene politische Schulungsarbeit sehr nützlich sei, um im kleineren Kreis unverfänglicher zusammenzukommen.

Wir hatten anfangs viele Bedenken. Im Geiste sah ich schon die überraschten Gesichter meiner ehemaligen Mitschülerinnen, die mich damals vergeblich zum Zionismus bekehren wollten, und die ich dort jetzt unweigerlich antreffen werde.

Martin überzeugte uns mit viel Geduld, wir wurden Mitglieder dieser zionistischen Jugendorganisation.

Im Berliner Stadtbezirk Kreuzberg hatte der Haschomer Hazair in der Fürbringer Straße in einem alten leeren Fabrikgebäude sein Domizil. Dort traf ich Toni und Eva aus meiner Schulzeit, die mich mit einer gewissen Genugtuung begrüßten. Wir wurden Mitglieder mit allen Rechten und Pflichten und begannen, eine Art politisches Doppelleben zu führen.

Mit Martin kamen wir weiter in unserem Kreis zusammen, auch bei mir, in der Wohnung meiner Eltern. Meiner Mutter sagte ich, Martin leite unseren Englisch-Zirkel. Als sie 1943 auf dem roten Plakat an der Litfaßsäule lesen mußte: »Martin Kochmann zum Tode verurteilt ... ahnte meine Mutter, daß es sich damals nicht um einen Sprachzirkel handelte, den wir in ihrer Wohnung abgehalten hatten.

Martin war ein immer lustiger, temperamentvoller Kamerad, klug und belesen. In den Jahren 1936 bis 1939 war er verantwortlich für unsere politische Bildung. Wir informierten ihn über Meinungen und Stimmungen unter den jungen jüdischen Jugendlichen und erhielten bestimmte Aufträge, die die illegale Arbeit betrafen.

Mit Martin arbeiteten wir ein im Jahre 1931 von Otto Heller, einem österreichischen Historiker, veröffentlichtes Buch durch. Es behandelte die Judenfrage aus marxistischer Sicht, eines der wenigen zu diesem Thema in jener Zeit.

Heller vermeinte, in der sowjetischen Nationalitätenpolitik auch für die Judenfrage eine humanistische Lösung zu sehen, frei von den Widersprüchen der bürgerlichen Gesellschaftsordnung. »Der Untergang des Judentums«, so der polemische Titel seines Buches, könne nur durch die klassenlose Gesellschaft aufgehalten werden. Eine Alternative dazu gäbe es nicht. Das schien uns Jugendlichen entsprechend unseren damaligen Kenntnissen, Erfahrungen und gewissen Illusionen, die wir über die Sowjetunion hatten, einleuchtend. Dieses Buch machten wir uns zu eigen wie kein anderes. Wenn wir uns untereinander verständigen wollten, sprachen wir immer von »Ottos Bibel«.

Martin meinte, es wäre gut, wenn wir mit den Leitern im Haschomer Hazair einzelne Gespräche führten, um ihre Meinung kennenzulernen. »Vielleicht«, so meinte er, »sind ehemalige SAJ'ler oder Jungkommunisten unter ihnen, kann sogar der eine oder andere für uns gewonnen werden.«

Für mich bot sich unverhofft eine Möglichkeit, meine Kenntnisse aus »Ottos Bibel« bei der Leiterin unserer Ältestengruppe des Haschomer Hazair, Inge Seefeld, anzubringen. Inge, Anfang zwanzig, intelligent und aufgeschlossen, war Kunststudentin. Sie hatte mich gebeten, ihr Modell für eine Plastik zu sitzen, natürlich ohne Entgelt, denn sie war als Vollwaise fast mittellos. Ich besuchte sie ein paar Mal in ihrer kleinen Atelierwohnung im Berliner Westend, die ihr von einer wohlhabenden Gönnerin kostenlos zur Verfügung gestellt wurde.

Für mich ergab sich dadurch eine gute Gelegenheit, mit Inge über den Zionismus und die Judenfrage ausführlicher zu sprechen, als das bei unseren Heimabenden der Fall sein konnte. Ich begann mit der mich am meisten bewegenden Frage: »Wieso sprechen wir von einem jüdischen Volk, in das wir alle sechzehn Millionen auf der Welt lebenden Juden einbeziehen? Die können doch unmöglich alle nach dem kleinen Land Palästina auswandern, zumal die Bevölkerung überwiegend aus arabischen Palästinensern besteht? Und wie sollten sich die Juden dort zu einer einheitlichen Nation verschmelzen? Dazu müßten sie doch jahrhundertealte, entsprechend ihren Heimatländern unterschiedliche Traditionen, Kulturen, Sprachen, Sitten und Gebräuche überwinden – geht denn das überhaupt?

Inge antwortete mir ausweichend, daß meine Fragen noch nicht vom Vertrauen in die zionistische Lösung der Judenfrage zeugten.

»Aber«, meinte sie, »das wirst du schon noch begreifen lernen.«

»Die Judenfrage, wie ich sie verstehe, kann doch weltweit in erster Linie nur dadurch gelöst werden, daß der Antisemitismus überwunden wird. Den gibt es ja nicht nur in Deutschland, sondern in vielen anderen Ländern auch. Worin, Inge, siehst du denn die Ursachen?«

Wir mußten unser Gespräch abbrechen, denn es erschien der Inge betreuende Kunstprofessor, um ihre Arbeit zu begutachten. »Was, um Gottes Willen«, sagte er, »haben Sie denn da gemacht; das Mädchen hat doch einen Pferdehals, haben Sie denn das nicht beachtet?« Ich wollte schon protestieren, aber der Professor beruhigte mich: »Das, mein Fräulein, ist keine Beleidigung, sondern ein Kompliment.« Dann nahm er einen Klumpen Lehm, um meinem »Pferdehals« an der Plastik die richtige Form zu geben.

Eine Woche später war es wieder so weit. Meine Skulptur zeigte jetzt schon eine gewisse Ähnlichkeit mit mir. Inge schien in Gedanken versunken und ganz bei ihrer Arbeit zu sein.

»Na«, fragte ich sie, »hast du dir das mit den Ursachen des Antisemitismus überlegt?«

»Ja, weißt du«, begann sie, »ich fand unter den Büchern meines Vaters ein Buch von Karl Kautsky dazu.« Wer denn das ist, wollte ich wissen.

»Er war Jude und ein bedeutender Funktionär in der Sozialdemokratie. Kautsky hatte sich intensiv mit der Judenfrage befaßt. Er schlußfolgerte bereits im Jahre 1912, daß der Antisemitismus vom Imperialismus geschürt wird, um die Arbeiterklasse von ihren wirklichen Problemen abzulenken.«

Sie kommentierte Kautsky weiter: »Dessen Traum war eine vollendete sozialistische Gesellschaft, dann erst«, und sie zitierte Kautsky wörtlich, »kann diese dem Judentum volle Emanzipation bringen, an seinem Sieg ist das ganze Judentum interessiert, soweit es nicht am Kapitalismus hängt.«

»Und wie bringst du Kautsky mit dem Zionismus in Verbindung?« Sie antwortete, daß sie in einem jüdischen Lexikon aus dem Jahre 1929 auch etwas gefunden hat: »Der Zionismus ist der Versuch einer Teillösung der Judenfrage.«

»Meinst du wirklich«, entgegnete ich, »daß eine Teillösung der Judenfrage ausreicht?«

»Nein, das nicht, aber vielleicht als eine Lösung für die Juden in Hitlerdeutschland, die hier keine Perspektive mehr haben. Ich glaube, daß wir Zionisten uns zu Recht auf die britische Regierung berufen können, die schon vor zwanzig Jahren mit der Balfour-Deklaration den Juden eine Heimstatt in Palästina zugesagt hatte. Dann fuhr sie fort: »Was die Auffassung Kautskys zur Lösung der Judenfrage anbelangt, so weißt du, daß wir vom Haschomer Hazair in Palästina einen sozialistischen Staat aufbauen wollen, denn wir sind Marxisten.« Ich unterbrach sie. »Fändest du es dann nicht besser, wenn sich die Juden in ihren Heimatländern für eine sozialistische Gesellschaft einsetzten, anstatt einen jüdischen, doch unweigerlich kapitalistischen Staat aufzubauen? Das Geld für einen solchen Staat kommt doch vor allem von Geschäftsleuten und Unternehmern aus den USA und Westeuropa, die einen genossenschaftlichen oder gar sozialistischen Judenstaat kaum unterstützen würden.« Inge schwieg und schien ganz in ihre Arbeit vertieft.

Eine Weile später brach es aus ihr heraus: »Weil ich mich so heimatlos fühle, bin ich Zionistin geworden, obwohl ich überhaupt nicht religiös bin. Ob ich nach Palästina gehe, weiß ich noch nicht. Aber ich werde, egal wo ich bin, meine jüdische Abstammung nicht verleugnen. Ich käme mir wie eine Fahnenflüchtige vor, wenn ich jetzt, wo die Verfolgung der Juden in Deutschland immer schlimmer wird, mich von meiner jüdischen Herkunft lösen sollte.«

Bald darauf emigrierte Inge ins Ausland, sie erhielt einen Studienplatz in Schweden. Was aus der Plastik geworden ist, konnte ich nicht mehr erfahren, aber unsere Gespräche halfen mir und auch Gerhard, uns gründlicher als bisher mit der Jahrtausende alten Geschichte der Juden zu befassen.

GERHARD ERZÄHLT:
Ein Kibbuz in Sachsen

Hans Schwarz, unser Gruppenleiter im »Haschomer Hazair«, nannte sich Zwi Snee, weil das Hebräisch, wie er meinte, in Palästina besser klinge.

Eines Tages im Mai 1936 überraschte er uns auf einem unserer Heimabende in der Fürbringer Straße mit der Mitteilung, daß die Zentrale der »Hechaluz« irgendwo im Lande Sachsen für den Sommer ein Reichstreffen vorbereitete. Dieses Treffen, von der Gestapo genehmigt, solle der Ertüchtigung für die Landarbeit in Kibbuz und der Erholung dienen. Teilnahme sei Ehrensache für alle zu Delegierenden, soweit sie Urlaub von der Arbeit bekämen. Auch Alice und ich wurden von ihm vorgeschlagen. Natürlich freuten wir uns darüber, erstmals eine so lange Zeit gemeinsam verbringen zu können. Vor allem gab es uns Gelegenheit, unter den jüdischen Jugendlichen aus vielen Teilen Deutschlands Verbündete für unsere sozialistische Weltanschauung zu gewinnen. Um das Risiko wußten wir auch.

Der Zeitpunkt war allerdings günstig. Die Nazis bereiteten sich intensiv auf die Olympischen Sommerspiele 1936 in Berlin vor. Sie wollten sich der Welt als großzügige Gastgeber präsentieren. Verschwunden waren aus der Tagespresse die antisemitischen Hetzartikel, plötzlich schien alles normal zu sein, es wurden sogar jüdische Spitzensportler für die deutsche Nationalmannschaft nominiert. So unter anderem die mehrfache deutsche Meisterin im Florettfechten, Helene Mayer, die für Deutschland auch eine Silbermedaille errang.

Wir wollten aber über unsere Teilnahme an dem Lager nicht allein entscheiden und berieten mit Spinne. Es wurde entschieden, Alice und Gerhard nehmen an dem Reichstreffen teil. Genauen Ort und Zeitpunkt sollten wir zwar noch rechtzeitig, aber kurzfristig erfahren. Für diese Vorsicht hatten wir Verständnis, galt es doch, unliebsame »Besucher«, wie wir sie schon von unseren Heimabenden in Berlin her kannten, möglichst auszuschließen.

Selbst wenn die zuständige Judenabteilung der Gestapo-Zentrale dem zionistischen Jugendbund die Genehmigung für das Lager erteilt hatte, hieß es noch lange nicht, daß die örtliche Hitlerjugend nicht doch an den Judenkindern »Heldentaten« verüben konnte.

Endlich war es soweit. Gemeinsame Bahnfahrt entfiel, um unnötiges Aufsehen zu vermeiden. Eine größere Gruppe Jugendlicher auf Fahrt, nicht in Hitlerjugend-Kluft, war 1936 viel zu auffällig. Abhängig vom Portemonnaies der Eltern, wurde entweder die Bahn oder die Fahrt per Anhalter gewählt, um individuell ans Ziel zu gelangen.

Erst zwei Tage vor Beginn des Lagers wußten wir, daß dieses in Porschendorf, einem Dorf bei Pirna, durchgeführt werden sollte. Wir Berliner hatten noch nie von diesem Ort gehört, eine Landkarte mitzuführen war aber für uns auch nicht zweckmäßig. Bei bereits zwangsverpflichteten Vätern und eigenem kargen Lehrlingslohn, Alices betrug sechs und meiner neun Reichsmark die Woche, kam für uns beide nur Trampen oder Tippeln in Frage. Für den Start hatten wir allerdings einen heißen Tip – die BEHALA, der Berliner Einsatz- und Umschlagplatz für LKW-Transporte nahe der Oberbaumbrücke am Osthafen. Damals fuhren die meisten Laster um Mitternacht los, um am Ziel möglichst frühmorgens entladen zu können. Also begaben wir uns gegen 23 Uhr dorthin. Leider gab es keine Fracht nach Dresden, aber nach Leipzig, deshalb nahmen wir den Umweg in Kauf und hofften auf ein Weiterkommen. Die Fahrt nach Leipzig kostete uns eine Schachtel Reemtsma-Zigaretten. Die LKW-Fahrer entpuppten sich als vollendete Kavaliere. Während ich die Fahrt bis Leipzig auf gestapelten Kisten durchhalten mußte, durfte Alice vorn im Fahrerhaus Platz nehmen. Sie war ohnehin die gesprächigere von uns beiden, und ich versuchte, auf den Kisten zu schlafen. Die Weiterfahrt nach Dresden erfolgte in größeren und kleineren Teilstrekken. Alleinfahrende Autofahrer, zu jener Zeit zumeist übermüdete Vertreter, nahmen ganz gerne Tramper mit, weil sie sich dadurch munter hielten. So gelangten wir schließlich auf die Landstraße nach Pirna, wo uns unser Glück zu verlassen schien. Vor uns tippelte ein Junge, mit dem wir ins Gespräch kamen. Da auch er nach Porschendorf wollte, konnten wir durch vorsichtiges Fragen feststellen, daß wir das gleiche Ziel hatten. Er hatte eine weitaus längere Tramptour hinter sich, dieser Heinz Sajonz aus Bonn am Rhein, den wir im Lager dann als einen Gleichgesinnten besser kennenlernten.

Auf unser Winken hielt endlich ein PKW, es war ein Arzt mit Äskulapzeichen an der Frontscheibe seines Autos, der uns drei bis Porschendorf mitnehmen wollte. Er stellte alle möglichen, uns unangenehme Fragen, zur Tätigkeit der Eltern, unserer Zugehörigkeit zur Hitlerjugend, zu unseren Berufen. Das beste für uns war, mit unseren Antworten so nahe wie möglich bei der Wahrheit zu bleiben, ohne zugeben zu müssen, daß wir jüdischer Herkunft waren und nach den seit einem Jahr geltenden »Nürnberger Gesetzen« einer angeblich minderwertigen Rasse angehören sollten. Aber dieser Arzt wollte alles ganz genau wissen. Wie sich später herausstellte, wußte er als Einheimischer längst Bescheid über unser »Judenlager« in Porschendorf. Als wir uns bei einer Antwort verhaspelten, sagte er uns deshalb auf den Kopf zu, daß wir wohl Juden seien, bremste kurz und wies uns mit drohender Gebärde aus seinem Auto.

Auf den letzten Kilometern gab es dann keine Probleme, sondern für uns nur freundliche Sachsen, die uns mitnahmen, ohne groß Fragen zu stellen. Wir kamen zwar müde, aber pünktlich an. Im Dorf hatte es sich offensichtlich herumgesprochen, daß auf der großen Waldwiese zwischen Tannenforst und Sandsteinmassiv eines Baches ein Jugendlager errichtet wird.

Das Lager erwies sich als für unsere Zwecke außerhalb des Dorfes günstig gelegen, von der Landstraße her war es durch dichte Büsche gut abgeschirmt. Ein Vortrupp hatte schon große Schlafzelte aufgestellt. Eine Scheune und ein halber Pferdestall standen uns ebenfalls zur Verfügung. Im Stall befand sich auch unsere Kochstelle. Uns störten jedenfalls die beiden Ackergäule nicht. Nur die Gäule störte es später, wenn das Essen anzubrennen drohte. Ihr Wiehern war für uns das Alarmsignal.

Als Lagerleiter stellte sich uns Georg Schuster vor, Mitbegründer des Haschomer Hazair in Deutschland im Jahre 1931, groß, blond, blauäugig und schlank, Mitte zwanzig. Er entwickelte uns sein Programm. Ihm ging es darum, die zwei Wochen des Lagers zu nutzen, alle Teilnehmer auf ein Leben im Kibbuz in Palästina, oder »Erez-Israel«, wie die Zionisten es nannten, vorzubereiten. Er sprach von den Widrigkeiten des Lebens im Kibbuz, dem für Europäer ungewohnten Klima, der kargen Natur und dem Umgang mit der in der Mehrheit arabischen Bevölkerung des unter britischer Herrschaft stehenden Mandatsgebietes. Er schilderte uns, welche Pionierarbeit nach dem Weltkrieg vor allem von jungen polnischen Juden, die dem Terror des Piłsudski-Regimes entfliehen konnten, bei der Bearbeitung des kargen Bodens und der Trockenlegung der Sümpfe geleistet worden war und von den zahlreichen Opfern der

Malaria. Wahrheitsgemäß hätte er aber auch erwähnen müssen, daß arabische Großgrundbesitzer, die ihre Ländereien mit großem Gewinn an jüdische Organisationen verkauften, dadurch viele arme Fellachen, die palästinensischen Kleinpächter, um Land, Lohn und Brot brachten.

Das Programm und der Tagesablauf waren von der Zentrale des Haschomer Hazair vorgegeben. Natürlich gibt es auch Sport, bemerkte Georg bei seinem Einführungsvortrag abschließend. Er hatte als guter Psychologe an unseren ernüchternden Blicken ablesen können, daß er uns eine Ermunterung bieten mußte. Er schien vergessen zu haben, daß es schließlich unser Urlaub war, den wir hier verbringen wollten, und nicht irgendein Intensivstudium. Um uns mit dem Leben im Kibbuz vertraut zu machen, wurde vieles gleich am ersten Tage Hebräisch umbenannt. So hießen Küche und Vorratskammer nunmehr Machsan. Der obligatorische Morgenappell war der Mifkad und selbstverständlich hatten sich alle mit Chawer anzureden, zu deutsch Freund.

Georg Schusters Phantasie ging soweit, daß er die hohen sächsischen Tannen am liebsten in palästinensische Zypressen verwandelt und ein umgepflügtes Stück Ackerland zur Negew-Wüste erklärt hätte. »Wir sollten nur richtig hinschauen«, meinte er, »dann ist die Wüste hinter dem Wiesenzaun keine Fata Morgana.«

Am Ende des Treffens hatten wir nicht wenige Freunde um uns geschart, die diese Euphorie nicht mitmachten und die sächsischen Wiesen und Äcker und auch die Tannen dort ließen, wo sie waren.

Der Lagerleiter hatte für alles gut vorgesorgt. So fehlte auch nicht eine große Karte von Palästina, in der Scheune angebracht, auf der mit Stecknadeln und Fähnchen jeder Kibbuz des »Haschomer Hazair« markiert war. Eine große Fahne, weißblau mit Davidstern, wurde jeden Morgen feierlich gehißt und abends wieder eingeholt. Auch eine kleine Bibliothek wurde eingerichtet mit Fremdsprachenbüchern, darunter Hebräisch für Anfänger und Fortgeschrittene, Schriften von Theodor Herzl und Chaim Weitzmann sowie andere zionistische Bücher, die auf keiner Verbotsliste der Nazis zu finden waren, alle völlig legal.

Unsere Literatur mußten wir im Kopf haben, als Gepäck konnten wir weder das »Kommunistische Manifest« noch »Lohn, Preis, Profit« mitführen. Das hätte uns unnötig in Gefahr gebracht.

»Hauptsache unsere Weltanschauung ist im Oberstübchen gut vertäut«, meinte unser Bremer Kumpel, Herbert Sprey, den wir schon bald als Verbündeten erkennen konnten. Es war gar nicht so leicht, Gleichgesinnte, die unseren politischen Ansichten nahestanden, aufzuspüren.

Dieses Aufspüren setzte lange, geduldige Gespräche voraus. Bei den offiziellen Schulungen achteten wir sowohl darauf, wer welche Fragen stellte und wer welche Antworten gab, um Ansatzpunkte für weitere Diskussionen zu erkennen, die wir auf abendlichen Spaziergängen dann fortführen konnten. Nachdem die gegenseitige Prüfung positiv ausgefallen war, erzählte Herbert uns, wie er mit seinem Freundeskreis versuchte, jüdische Jugendliche in der Hansestadt Bremen, die wegen der politischen Zustände in Deutschland resignierten, von ihren teilweise sogar fatalistischen Auffassungen abzubringen, ihnen Mut zu machen. Zu aktivem antifaschistischen Handeln war es zwar noch nicht gekommen, aber erreicht hatten sie bereits, daß die Bremer Jungen nicht mehr unbedingt nach Brasilien oder Bolivien auswandern, sondern in Deutschland bleiben wollten.

Günter Hopp, ebenfalls aus Bremen, dachte und handelte wie Herbert. Beide trafen sich oft, tauschten ihre Meinungen aus, aber wirkten getrennt voneinander in ihren jeweiligen Gruppen. Jeder hatte einen kleinen Kreis von Freunden und Vertrauten um sich geschart, die als Handwerker in den Zulieferbetrieben für die Werften, in Büros oder Handelshäusern bzw. in den Läden der Innenstadt als Lehrlinge arbeiteten. Etwaige Träume, ein Studium aufzunehmen, waren 1936 für diese jüdischen Jugendlichen nahezu illusorisch.

Jetzt waren wir also schon vier. Alice, Gerhard, Herbert und Günter, alles Lehrlinge im 2. oder 3. Lehrjahr mit gewissen Lebens- und Berufserfahrungen sowie mit notwendigen Grundregeln der konspirativen Arbeit vertraut. Wir vier hatten im Lager Kontakte zu einzelnen Freunden aufgenommen, von denen wir annehmen konnten, daß sie zumindest zu aktiven Antifaschisten Kontakte hatten – vielleicht sogar aus der eigenen Familie. Über unser weiteres gemeinsames Vorgehen wollten wir uns ausführlich beraten. Die Lichtung im naheliegenden Wald war sowohl zum Pilzesuchen wie zum Gedankenaustausch bestens geeignet.

Damit kein Mißverständnis über unseren Auftrag aufkommen konnte, erklärte ich unseren Standpunkt, wie wir ihn in Berlin zuvor mit Spinne eingehend beraten hatten. So sollten wir nicht gegen eine »Jugend-Allijah« auftreten. Das war eine von der Reichsvertretung der Juden in Deutschland und dem Palästinaamt geschaffene Möglichkeit, Kindern und Jugendlichen zwischen 13 und 16 Jahren eine Auswanderung, zumeist über Drittländer, nach Palästina zu ermöglichen. Diese Kinder, die es ja noch waren, allein in die Fremde zu schicken, brachte natürlich seelische Belastungen für die Familien. Aber letztlich konnten viele dadurch dem Holocaust entgehen. Was wir erreichen sollten, und so lautete unser Auftrag, einerseits keine Illusionen über Palästina zuzulassen und andererseits solche Jugendlichen, die uns geeignet erschienen, zum aktiven Widerstand an der Seite von antifaschistischen Kräften gegen Hitler-Deutschland zu gewinnen. Dieses Lager mit Kindern und Jugendlichen aus allen Teilen des deutschen Reiches bot uns diese einmalige Gelegenheit.

Georg legte am dritten Lagertag selbstherrlich fest, daß wir fortan mehrere Stunden täglich Hebräisch lernen müssen. Das sympathische an der uns schwerfallenden Sprache bestand darin, daß sie keine Groß- und Kleinschreibung kennt, was uns in unserer Muttersprache Deutsch oftmals Schwierigkeiten bereitete.

Die hebräischen Lieder sangen wir mit Begeisterung wegen ihrer schönen, allerdings eher slawisch als orientalisch klingenden Weisen. Die Melodie der späteren Nationalhymne des Staates Israel, die »Hatikwa«, ist der Moldau-Suite von Smetana entnommen. Der ebenfalls mit Begeisterung getanzte Rundtanz Hora war nicht nur rumänischen Ursprungs, sondern wurde auch im hebräischen so genannt. Wir alle hatten unseren Spaß beim Singen und beim Hora-Tanzen.

Die Melodien waren stimmungsvoll, und wenn unsere Gesänge in das sächsische Land klangen, konnte man, Schusters Phantasie folgend, meinen, nicht mehr in Nazideutschland des Jahres 1936 zu sein, sondern unter den Zypressenhainen von Nazareth. Eines der Lieder endete mit dem Wort »Chazak«, das heißt »Sei stark!«. Und das mußte man wirklich sein, um sich keinen Illusionen hinzugeben.

Jede der vier Gruppen im Lager erhielt den Namen eines Kibbuz des »Haschomer Hazair« in Palästina. Wenn ich mich recht erinnere, waren das die Kibbuzim (Mehrzahl von Kibbuz) »Petach Tikwa«, »Richon de Lion«, »Benjamina« und »Giwat-Schumel«.

Zu jedem Morgenappell trat dann ganz diszipliniert der Gruppenführer einen Schritt vor und meldete dem Lagerleiter sowie dem diensthabenden Chawer den Namen der Gruppe des »Kibbuz« sowie »Angetreten und alles gesund«.

Natürlich gab es gleich beim ersten Mal ein Gelächter, als der letzte Gruppenführer sich als »Giwat-Schmuhl« aus Kaffeesachsen vorstellte und versicherte: »Alles gesund und keiner zum Schmusen oder Schmulen bereit.«

Diese Auflockerung des Morgenappells fand überhaupt nicht Georg Schusters Billigung. Er ermahnte uns ernsthaft, diese feierliche Zeremonie nicht durch alberne Scherze zu entweihen. Aber wenige Tage später war alles vergessen, und es gab erneut bei dem ansonsten sehr eintönig verlaufenden Morgenappell einen Zwischenfall.

Der Tagesablauf wurde bekanntgegeben, es folgten jede Menge Ermahnungen. Der Beste des Vortages durfte den Speer mit dem Lagerwimpel in der Mitte des Appellplatzes halten. Einmal merkte Hans Hanauer, häufig unser Bester, nicht, daß statt des Wimpels zum Gaudium aller eine sehr kleine Dreieck-Badehose am Speer hing, eine solche, wie sie im Jahre 1932, in der Zeit des Innenministers Bracht, in Deutschland wegen Unsittlichkeit verboten war. Nur Badehosen mit Zwickel im Schritt durften getragen werden. Nun hing die Badehose am Speer, und wir mußten uns das Lachen verkneifen, weil Georg gerade so ernsthaft zu uns über »Zurückhaltung bei Freundschaften zwischen den Geschlechtern« sprach, sein Versuch, sich anbahnende natürliche Beziehungen zu umschreiben.

Unser Treffen in Porschendorf näherte sich dem Ende. Jeder von uns Vieren hatte ein oder zwei weitere Freunde, Gleichgesinnte gewonnen. Wir hatten auch jede Gelegenheit genutzt, manchmal bis tief in die Nacht hinein, um zu zweit oder zu dritt, am Wiesenrand schlendernd, unseren Standpunkt zu erläutern, daß es nämlich einem Deutschen, ob jüdischer oder nicht jüdischer Herkunft, ob religiös gebunden oder nicht, keinesfalls gleichgültig sein durfte, was derzeitig in Deutschland geschieht. Wir waren vier, Alice mit eingeschlossen und ich, als wir in Porschendorf ankamen. Jetzt waren wir schon neun junge »Kampfgefährten«. Dazu gekommen waren in diesen Tagen Heinz Sajonz aus Bonn, unser Tippelbruder auf dem Hinweg, Hein Jonas, genannt Hajo, aus der Nähe von Nürnberg, der bullige nimmersatte Specksack aus Essen, dessen Familiennamen wir weder aussprechen noch behalten konnten, sowie unser Lagervorbild, der aus Bayern stammende Berliner Hans Hanauer, und der schüchterne, aber scheinbar alles wissende Kurt Berliner.

Als naheliegendsten Ort für einen würdigen Abschied wählten wir eine Waldlichtung, weit genug vom Lager entfernt. Der Abendhimmel war sternenklar, wie geschaffen für stimmungsvolle Romantik. Schade, daß wir kein Lagerfeuer machen durften. Als Ersatz diente uns eine mit einem Tuch abgedeckte Stallaterne. Mit genügend Abstand voneinander pirschten wir zum Treff. Wir kamen uns vor wie Kiplings Gestalten im asiatischen Dschungel auf Schleichwegen.

Morgenappell im Ferienlager des zionistischen Jugendbundes »Haschomer Hazair« im Sommer 1936

Auf dem Weg zur Abschiedsfeier wäre beinahe alles schief gelaufen. Ausgerechnet mir mit meiner Stallaterne, der ich als letzter über die Wiese ging, mußte es passieren, Georg Schuster in die Arme zu laufen. Natürlich wollte er von mir wissen, was ich denn hier um diese Zeit mit einer Laterne suchen würde. Diese Frage gab mir ein Stichwort, wie ich mich herausreden und meinen Weg ungehindert fortsetzen könnte. Natürlich suchte ich etwas, nämlich eines von den schlachtreifen Hühnern, die wir gerade eingekauft hatten. Es ist aus dem kleinen Gehege entflohen, und ich muß es wiederfinden. »Na, dann viel Glück«, sagte er und ging seiner Wege. Das ist nochmal gut gegangen.

Die ganze Sache hatte ein insofern komisches Nachspiel, als Georg am nächsten Morgen stolz verkündete, er eigne sich wohl zum Hühnereinfangen besser als ich, denn er habe das Huhn gefunden!

Wir hatten uns also alle neun in der Waldlichtung eingefunden. Großer Reden und Treueschwüre bedurfte es nicht. Wir gaben uns, wie es Jugendlichen in unserem Alter zukommt, einmal so richtig ausgelassen, erzählten uns politische Witze, die die Naziführer lächerlich machten. Damals konnten wir noch herzhaft darüber lachen.

Meine Laterne spendete ein bescheidenes Licht und der Nadelwald bot uns die schon vertraute Kulisse. Zum Ende unseres Abschiedstreffs stellte sich doch eine elegische Stimmung ein. Jeder von uns hatte in der einen oder anderen Form schon seine unliebsamen Erfahrungen mit den Nazis gemacht, was manch blaues Auge, und in meinem Fall sogar einen ausgeschlagenen Schneidezahn, gekostet hatte.

Obwohl wir uns noch nicht lange kannten, verband uns schon etwas sehr wichtiges, unser gemeinsamer Wille, dem Leben einen Sinn zu geben. So endete auch unsere Nacht in der Lichtung mit verhalten gesummten Arbeiterkampfliedern, wie der »Rote Wedding« und das »Solidaritätslied«.

Am anderen Morgen, es war der 25. Juli 1936, wurden die Zelte abgebrochen. Wir machten uns in aller Frühe auf den Weg.

Auf Landstraßen im Dritten Reich

In jenen Jahren wurde es für uns immer riskanter, zu trampen. Nicht so sehr deshalb, weil wir jüdischer Herkunft waren. Das konnte sowieso niemand erkennen. Aber zu erkennen war, daß wir offensichtlich nicht der Hitlerjugend angehörten, sonst hätten wir die entsprechende Kleidung oder wenigstens eines der uns verhaßten Hakenkreuzsymbole tragen müssen. Sollten wir an einen Nazi geraten, machten wir uns schon deshalb verdächtig. Denn jeder deutsche Jugendliche mußte in der HJ sein. Unsere Kletterwesten waren nicht braun, sondern grau oder schwarz, ohne Abzeichen. Im allgemeinen kamen wir ganz gut von Ort zu Ort, überwiegend per Lastauto, denn private PKW gab es noch nicht so viele.

Ein weiteres Problem war für uns stets die Übernachtung, das sichere Quartier, um vor unliebsamen Überraschungen seitens der Polizei gefeit zu sein. Hotels, auch niedrigster Kategorie, sofern sie überhaupt noch Juden aufnahmen, kamen für uns aus finanziellen Gründen nicht in Frage, auch war es für uns nicht angebracht, Meldezettel auszufüllen. Die Jugendherbergen hatte die Hitlerjugend mit Beschlag belegt, ein Zelt mitzuschleppen, dünkte uns zu beschwerlich. Ein Quartier auf Stroh beim Bauern in der Scheune gab es dagegen fast immer. Achten mußten wir allerdings darauf, nicht gerade beim NS-Ortsbauernführer anzuklopfen. Zum Glück wies der sich durch ein am Gehöft angebrachtes Emailleschild aus, eine von ihm bestimmt nicht beabsichtigte Warnung für uns.

Von Porschendorf brachen wir beide, wie bereits erwähnt, schon im Morgengrauen auf. Unser Ziel war Nürnberg. Dort hatte ich einen Treff mit Hajo vereinbart. In Nürnberg gab es jüdische Jugendliche wie wir, alle mit den gleichen Sorgen die Zukunft betreffend.

Für die 160 Kilometer nach Plauen brauchten wir fast einen ganzen Tag. Aber was machte das aus, noch hatten wir Zeit. Wichtig für uns war, vor Büroschluß bei der Jüdischen Gemeinde der Stadt einzutreffen. Das erwies sich für uns immer als der sicherste Anlaufpunkt, eine Adresse für ein Quartier zu erhalten. Um unangenehmen Fragen aus dem Weg zu gehen, gaben wir uns als Geschwister aus, die unterschiedlichen Familiennamen erklärten wir mit den angeblich zwei Ehen unserer Mutter.

Im Büro der Plauener Gemeinde trafen wir nur einen älteren Herrn an, der gerade im Begriff war, die Räume abzuschließen. Es schien ihn aber nicht zu stören, so kurz vor Feierabend noch behelligt zu werden. Wie sich herausstellte, war es der Kantor der Plauener Jüdischen Gemeinde, der uns Platz in vornehmen ledernen Klubsesseln anbot. Er ließ uns dann auch bei sich übernachten. Natürlich mußten wir ihm erst einige Fragen nach dem Woher und Wohin beantworten. In seiner Wohnung unterhielten wir uns bis in die späte Nacht hinein weiter.

Unser Gastgeber war gut über die sozialen Probleme in der Stadt und in seiner Gemeinde informiert. Er war ein gläubiger Jude, realistisch und lebensbejahend. Er verwahrte sich dagegen, daß die Juden, wie die Nazis behaupten, ein auserwähltes und überhebliches Volk seien.

»Auserwählt, ja«, sagte er, »aber nur in dem Sinne, die bekannten Zehn Gebote, die Moses auf dem Berge Sinai von Gott empfangen hat, auf Erden zu verwirklichen. Diese seien als erste, umfassend formulierte Sittengesetze in der Geschichte der Menschheit von Juden verkündet worden. Diese Lehre zu verbreiten, dazu sind die Juden auserwählt. Aber nicht, um sie anderen Völkern aufzuzwingen oder ein Vorrecht gegenüber Andersgläubigen zu erwirken.«

Diese Auffassung teilt auch ein ihm gut bekannter Pfarrer der bekennenden Kirche, der deswegen gemaßregelt wurde, weil er gegen die Einführung des sogenannten »Arierparagraphen« für die Geistlichen durch die Evangelische Kirche offen aufgetreten ist.

Alice wollte von unserem Gastgeber wissen, welche Rolle denn nun Gott spiele, nachdem die Schöpfungsgeschichte doch nur eine schöne Legende, und weiter nichts sei.

»Wir legen unser Schicksal nach dem Tode vertrauensvoll in Gottes Hand, aber kümmern müssen wir uns um das Wohl und Wehe der Menschen hier auf Erden.«

Heinrich Heines schönes Zitat aus dem »Wintermärchen« im Sinn, sagte er: »In Hitlers und Himmlers Reich ist hier auf Erden kein Himmelreich zu errichten, das ist Illusion, aber die Menschen auf das Jenseits zu vertrösten bedeutet, Passivität zu predigen, das ist weder für Juden noch Christen ein Ausweg aus der faschistischen Misere.«

Unser Gastgeber war auch für weltliche Gespräche sehr aufgeschlossen. Von ihm erfuhren wir, daß Plauen in der Zeit der Weltwirtschaftskrise für traurige Rekorde bekannt war. Von den 45000 Arbeitsfähigen waren 1932 mehr als die Hälfte, darunter viele Jugendliche, arbeitslos. Das war auch ein Nährboden für die Faschisten, um Teile der Jugend mit demagogischen Versprechungen für sich zu gewinnen.

Die Notlage der jüdischen Jugendlichen war zu dieser Zeit in keiner Weise anders als die aller anderen Werktätigen. Daß sie sich in einer Vielzahl der revolutionären Arbeiterjugend anschlossen, auch diejenigen, die der jüdischen Religionsgemeinschaft angehörten, war verständlich. Der Kantor der Gemeinde kannte viele von ihnen. Einzelheiten darüber erfuhren wir Jahre später vom Genossen Wilhelm Bamberger aus Plauen, mit dem wir viele Jahre in der Emigration verbrachten.

Aus diesem Kreis von Jugendlichen soll hier nur stellvertretend Kurt Kohn genannt sein, der als Mitglied des KJVD schon am 29. April 1933 verhaftet, in die Hände der SA-Schergen fiel. Er hatte in der Bodenkammer des Hauses seiner Eltern ohne deren Wissen Flugblätter hergestellt. Seiner Umsicht war es zu verdanken, daß die Schreibmaschine, auf der die Matrizen geschrieben wurden, Stunden vorher von einer jungen Genossin direkt vor der Nase der SA-Leute weggebracht wurde. Sie wurde in einem Kinderwagen zu einem Sportlerheim gebracht, obenauf das Baby der Genossin, unter dem Kind, gut verpackt, die alte »Mercedes«, was bei dem Hohlraum der damals gebräuchlichen Kinderwagen noch möglich war.

Von der »Stadt der Spitzen und Stickereien«, wie man Plauen nannte, haben wir nicht viel gesehen, aber mehr erfahren als erwartet.

Ein LKW-Fahrer aus der Stadt, der uns mitnahm, erzählte uns von dem Lehrlingsstreik in der VOMAG (Voigtländische Maschinen AG), an dem er selbst teilgenommen hatte. Damals, im Jahre 1932, ging es um die Erhöhung der äußerst geringen Lehrlingslöhne. Anteil an der Organisierung dieses Streiks hatten die Metallarbeitergewerkschaft und auch die Arbeiterjugendverbände. Der Streik endete zwar erfolgreich, aber die Organisatoren wurden sofort nach Lehrabschluß auf die Straße gesetzt, darunter auch unser LKW-Fahrer.

Damals, als es noch keine Autobahn nach Nürnberg gab, konnte man die Fahrt durch den schönen Frankenwald, vorbei an malerischen Quellflüssen des Mains, unbeschwert genießen.

Auf Alices Winken hin quietschten Bremsen und neben uns hielt ein großes, sechssitziges Kabriolet mit aufgeklapptem Verdeck und SS-Standarten-Wimpel. Diese Sorte schwarzer Mercedes löste bei jedem Antifaschisten Schrecken aus, und nun stand ein solcher neben uns.

Ich hatte diesen gefährlichen »Gastgeber« bereits von einiger Entfernung erkannt, aber meine warnenden Zeichen waren bei Alice offensichtlich nicht angekommen. Wir wurden schneller, als wir denken konnten, auf die beiden Hintersitze plaziert, und ab ging es. Es mußte sich um zwei außerordentlich hohe SS-Würdenträger handeln. Ihre Dienstgrade kannte ich nicht, da ich mich nie mit Rangabzeichen befaßt hatte. Aber diese beiden vor uns mit schwarzer Schirmmütze und Totenkopf trugen mehrere Sterne am Kragenspiegel. Durch den Fahrtwind in dem offenen Auto zog es hinten erheblich. Also reichte der eine SS-Mann uns zwei Windschutzkappen mit dem NSKK-Zeichen nach hinten. »Unsere Tarnung« war perfekt. Zwei Judenkinder mit Nazi-Kappen. Wir bedankten uns freundlich lächelnd, obwohl uns das Herz bis zum Halse klopfte.

Unser Reiseziel hatten wir schnell verkürzt und nannten auf Befragung die Festspielstadt Bayreuth statt Nürnberg, um nicht zu lange die Gastfreundschaft der beiden SS-Männer in Anspruch zu nehmen. Zu unserem Glück war der Ranghöhere selbst sehr redefreudig, so daß wir schweigen konnten. Er stellte uns in Bayreuth einen einmaligen Empfang in Aussicht. Wir wüßten doch sicherlich, daß höchste Persönlichkeiten in Bayreuth die Wagner-Festspiele eröffnen würden. »Ihr habt Glück«, erklärte er uns, »wir fahren direkt bis Bayreuth.« Ich dachte bloß: Wie kommen wir beide hier wieder heraus und schnell weg?

Nun wurde der höchste Rang auch noch kulturpolitisch. »Nur der Führer und die NSDAP«, hörten wir vom Vordersitz, »verstehen die Leistungen des großen Meisters Wagner richtig zu würdigen und Werke, wie die Götterdämmerung zu schätzen.«

Ausgerechnet einen solchen Tag müssen wir uns aussuchen, wo im Bayreuther Festspielhaus die Nazis eine Wagner-Huldigung veranstalten wollen, dachte ich auf meinem Rücksitz. Aber lächeln, lächeln und dankbar dafür sein, daß wir so bequem durch die schöne Landschaft Nordbayerns gefahren werden. Noch waren wir nicht am Ziel.

Endlich hatten wir die Stadtgrenze erreicht. Die üblichen Nazifahnen und Wimpel an allen Häusern. In der Nähe des Festspielhauses stand ein Spalier für die Ehrengäste. Wir im SS-Mercedes fuhren an einer braunen Menschenkette entlang, alle hatten die Arme zum Hitlergruß erhoben. Auch eine Militärkapelle spielte zu unserem Empfang.

Eine für uns makabre Situation! Charlie Chaplin hätte diese Szene nicht besser für einen Filmgag erfinden können. Zu unserem Glück gab es für uns aber keine »Götterdämmerung«.

Den Nazigöttern dämmerte es bis zum Schluß nicht, wen sie mitgenommen hatten. Uns blieb nach diesem einzigartigen Empfang nur noch übrig, unsere Rucksäcke zu schnappen, die Kappen ins Auto zu werfen und die Beine in die Hand zu nehmen. Wir haben Bayreuth, diese Nazikulturhochburg, keines Blickes mehr gewürdigt. Uns verging bei diesem Hakenkreuzfahnenwald in der Altstadt die Lust auf einen Stadtbummel.

Erstmals auf unserer langen Tour lösten wir am Hauptbahnhof Fahrkarten, um einige Stationen in Richtung Nürnberg mit der Reichsbahn zu fahren. Die restlichen Kilometer zwischen Fränkischer Schweiz und Fränkischer Alb legten wir im Lastwagen zurück, diesmal zwischen Milchkannen, Zentrifuge und anderem Molkereigerät.

Es gab für uns beide ausreichend Gesprächsstoff und Gelegenheit, von dem Bayreuther Abenteuer etwas Abstand zu gewinnen. Wir hatten alles in allem wieder einmal unverschämtes Glück gehabt und, was Verhalten in gefährlichen Situationen betrifft, etwas dazugelernt.

Unser LKW-Fahrer machte es uns bequem; er hatte sein Fahrzeug über die malerische Pegnitz hinweg durch die engen Gassen der Altstadt von Nürnberg kutschiert. Nun hielt er für uns wenige Schritte vor der ehrwürdigen Sebaldus-Kirche unweit des Rathauses, beide Bauten stammten noch aus dem 14. Jahrhundert. Den Stadtkern bildeten mittelalterliche Kornhäuser, Zeug- und Zunfthäuser sowie historische Wohnhäuser, farblich schön gestaltet restauriert.

Auf dem historischen Hauptmarkt der Stadt lasen wir die Verse Hans Sachs' »... das Volk und die Kunst gleich blüh' und wachs ... verachtet mir die Meister nicht«.

Da stand der »Schöne Brunnen« mit einem eingelassenen, scheinbar losen Goldring, etwa zehn Zentimeter im Durchmesser. Jeder konnte ihn berühren und das Geheimnis der Schmiedekunst bewundern, aber entfernen ließ sich der Ring nicht.

Wir beide waren nur Acht-Klassen-Schüler mit einer sehr einseitigen Schulbildung und das erste Mal in Nürnberg. Aber auch wir hatten schon von der Frauenkirche, dem dahinterliegenden Hans-Sachs-Haus und dem Gänsemännchenbrunnen gehört und konnten jetzt die Kunst der Nürnberger Handwerker bewundern. Über, aber dennoch inmitten

Stürmerkasten in Nürnberg

der Stadt, erhob sich die Kaiserburg, auch aus dem 14. Jahrhundert. Alles dies gehört zu unserer schönen deutschen Heimat, die wir uns von den Nazis nicht rauben lassen wollten.

Hier lebten seit Jahrhunderten Christen und Juden nebeneinander und miteinander. Bei einer Führung durch das Germanische Nationalmuseum der Stadt stellten wir fest, daß große Teile Bayerns vor 2000 Jahren von Slawen besiedelt und bei der Eroberung durch die Römer auch Juden mit ihren Familien in diesen Landstrichen siedelten.

Aber immer wieder gab es auch Judenvertreibungen. Die letzte lag über 400 Jahre zurück. Das war, wie der Museumsführer erklärte, genau am 20. Februar 1499, als den Juden »feierlich« die Schlüssel zu ihren Häusern im Rathaus abgenommen wurden, ehe man sie aus der Stadt vertrieb.

Auf dem Alten Markt wurden wir dann auch schon wieder mit der Gegenwart konfrontiert. Hier hatte der berüchtigte Gauleiter der NSDAP Frankens, Streicher, wie anderenorts auch einen »Stürmer«-Kasten für sein antisemitisch-pornographisches Wochenblatt aufgestellt. Jeder, dem das Geld für diese Hetzschrift zu schade war, konnte dort nachlesen, was Streichers Journaille wieder an jüdischen Schandtaten erfunden hatte. Stereotyp auf der Titelseite, und immer wieder auf den Innenseiten, war zu lesen: DIE JUDEN SIND UNSER UNGLÜCK!

Für dieses Schandblatt lieferte die Gestapo die Informationen. So wurden Juden wegen »Rassenschande«, ihre Partnerinnen als »Judenhuren« angeprangert, denn bekanntlich war Intimverkehr zwischen Juden und Nichtjuden durch die Nürnberger Gesetze seit 1935 unter Zuchthausstrafe gestellt. Auch Ritualmord-Märchen wurden den Lesern aufgetischt, wie im Mittelalter, wobei den Juden unterstellt wird, aus religiösen Gründen Christenkinder zu töten.

Verleumdet wurden nicht nur die Juden, sondern auch andere Mitbürger aus allen Schichten des Volkes, die sich schützend vor die Juden stellten, wie fortschrittliche Arbeiter, Kaufleute oder Rechtsanwälte, die Streicher unbequem waren und von dem Blatt als »Weiße Juden« angeprangert wurden. Bis zum Erbrechen wurde die irrsinnige Losung wiederholt von der jüdischen, von Moskau gelenkten Weltverschwörung, um Juden wie Kommunisten gleichermaßen zu diffamieren.

Wir wollten als junge Touristen alles Schöne und Interessante dieser Stadt genießen, denn als solche durften wir uns im Moment einmal fühlen. Wir besuchten auch den Friedhof, auf dem Albrecht Dürer, Hans Sachs, Veit Stoss und weitere historische Persönlichkeiten des alten Nürnberg ihre letzte Ruhestätte gefunden hatten und natürlich auch den alten jüdischen Friedhof. Dort entdeckten wir einen Grabstein aus dem Mittelalter mit der bezeichnenden Inschrift: »Siehe, der Stein schreit aus der Mauer«, der von der jahrhundertealten Kultur und Geschichte der Juden dieser Stadt zeugt.

Wieder einmal konnten wir durch Vermittlung der jüdischen Gemeinde eine Unterkunft finden. Den Zettel mit der Adresse, eine Straße unterhalb der Burg, in der Hand, gingen wir los. Wir fanden bald das entsprechende Haus.

Eine Frau, ganz in schwarz gekleidet, in mittleren Jahren öffnete. Wir wurden bereits erwartet. Damals durften Juden noch ein Telefon besitzen, und so war unser Kommen angekündigt. Sie sagte uns, daß sie sich über jeden Gast in diesen Zeiten freue. Als Witwe konnte sie jede zusätzliche Mark gebrauchen. Am Abend erzählte sie uns von ihrem schweren Schicksal.

»Wir hatten in der Stadt ein gutgehendes Textil- und Konfektionsgeschäft, das aber jetzt arisiert ist. Mein Mann wurde gezwungen, es zu verschleudern. Das Geschäft war vom Großvater an den Vater, dann an ihn vererbt worden. Mein Mann starb an Herzversagen, wie der Arzt feststellte, aber für mich starb er aus Gram.

Für die Übernachtung wollte sie drei Mark für das Zimmer. Das war für sie wenig, aber für uns, wegen unserer geringen Mittel, viel Geld. Um sie nicht in Verlegenheit zu bringen, waren wir natürlich wieder Bruder und Schwester. Dafür hatten wir erstmalig in diesem Urlaub ein ganzes Schlafzimmer mit weichem Doppelbett für uns allein ...

Etwas ungewöhnlich in diesem Zimmer war der große Eichentisch am Fenster. Jeder Quadratzentimeter Fläche war genutzt und mit Blattpflanzen vollgestellt, vor allem mit sogenannten Schlächterpalmen. Später klärte sie uns darüber auf. Auch das war ein kleiner, aber notwendiger Nebenverdienst für sie. Besonders die Schlächterpalmen ließen sich schnell vermehren und pro Pflanze gab es 30 Pfennige.

Solche Nebenverdienste wurden für viele jüdische Familien in dieser Stadt eine Lebensnotwendigkeit, denn hier verarmten sie noch schneller als anderswo. Dafür sorgte Streicher, der in diesem Frankengau für ganz Deutschland ein Beispielregime des Terrors gegen die jüdische Bevölkerung, wie zuvor gegen alles, was deutsch-liberal, demokratisch und vor allem kommunistisch war, errichtet hatte. Selbst der Windhauch eines Protestes gegen sein Regime war Streicher zuviel. Und dabei war Nürnberg eine Stadt mit vielfältigen revolutionären Traditionen der Arbeiterklasse.

Beim Durchstöbern der Bibliothek unserer Gastgeberin fanden wir, schon leicht vergilbt, eine Art Fremdenführer von Nürnberg, der kurz nach der Jahrhundertwende herausgegeben wurde. Darin fanden wir u. a:

Im Jahre 1868 auf dem »Nürnberger Vereinstag« erfolgte die Vereinigung des »Verbandes der deutschen Arbeitervereine«, organisiert von August Bebel und Wilhelm Liebknecht. Danach waren dort 93 solcher Vereine vertreten, die bereits 13000 Mitglieder zählten.

Im Jahre 1908 hat ein sozialdemokratischer Parteitag in Nürnberg stattgefunden.

Und jetzt war ausgerechnet Nürnberg von den Faschisten dazu auserkoren, für immer und ewig, zumindest für die nächsten tausend Jahre, nach ihrem Sprachgebrauch, die Stadt der Reichsparteitage zu sein. Dafür wurde mit großem Aufwand ein riesiges Gelände mit monströsen Betonklötzen nahe der Stadt hergerichtet. Dort spielten sich dann gigantische militaristische Übungen ab. Nürnberg mußte als Beispiel für alles herhalten.

Die Nürnberger Synagoge im Sommer 1936

Während im Reich die große »Arisierungswelle« erst 1938 einsetzte, sicherte Streicher in Franken schon viel eher einen entsprechenden Vorlauf. Zur militärischen Stütze erkor er sich die SA. Da es ihm gelang, die örtlichen SA-Führer nach der Rhöm-Affäre vor der wilden Erschießungswut Hitlers zu retten, waren diese zu jeder Gegenleistung bereit und seine treuesten Diener.

Später erfuhren wir auch über das Schicksal der Synagoge, an der wir für den heutigen Tag ein Treffen mit Hajo vereinbart hatten. Auch mit dieser Synagoge probte Streicher den Novemberpogrom im voraus. So teilte er der Jüdischen Gemeinde bereits im Juni 1938 mit, daß er diese abreißen ließe. Am 10. August veranstaltete Streicher vor dem Gotteshaus eine Kundgebung, bei der alle Nazigrößen und -verbände von Franken Zeuge sein mußten, wie er den Befehl für den Abriß dieses Bauwerkes mit Spitzhacke und Dynamit persönlich erteilte. Drohend brüllte er: »Es kommt die Zeit, in der einmal die Judenfrage in der ganzen Welt radikal gelöst sein wird, weil die Menschheit keinen anderen Ausweg mehr findet. Heute brechen wir hier eine Synagoge ab und niemals wieder wird eine neue errichtet.«

Der alliierte Militärgerichtshof in Nürnberg verurteilte diesen Kriegsverbrecher 1946 zum Tode durch den Strang.

Noch aber stand das jüdische Gotteshaus und Streicher lebte noch. Wir waren beeindruckt von diesem schönen Bauwerk, das, obwohl in orientalisch-maurischen Stil errichtet, sich gut in die Struktur dieser Stadt einordnete. Es glich mit seinem zentralen runden Kuppelaufbau und den beiden seitlichen flankierenden Türmen einer kleineren Reproduktion der Berliner großen Synagoge in der Oranienburger Straße.

Hajo, einer der wenigen noch zum Realgymnasium zugelassenen jüdischen Schüler, gegenwärtig in der Unterprima, hatte sehr gute Noten in Sprachen und Geschichte, er war schreibgewandt und wollte Journalist werden. Soviel wußten wir von ihm, auch, daß er sich mit seinen Eltern im Kriegszustand befand, die lieber einen zukünftigen Naturwissenschaftler zum Sohne gehabt hätten. Gegen seine Mitgliedschaft im Haschomer Hazair und gegen die Fahrt nach Porschendorf hatten sie ebenfalls Einwände. Aber Hajo berührte das alles wenig, er blieb Mitglied.

An diesem und am folgenden Vormittag warteten wir vor der Synagoge auf Hajo vergebens. Wegen seiner Eltern, die immer mißtrauisch waren, durften wir ihn nicht zu Hause besuchen. Wir konnten jedoch seine Adresse im Telefonbuch finden und riefen von einer Telefonzelle an.

»Nein, Hajo ist nicht zu Hause, er ist noch verreist«, kam nicht sehr überzeugend und ängstlich klingend die Antwort einer Frauenstimme durch den Draht.

Das beunruhigte uns nun doch. Wir konnten nur hoffen, daß irgendein Umstand ihn veranlaßt hatte, seinen ursprünglichen Plan zu verwirklichen. Er wollte, wie er einmal angedeutet hatte, »über die grüne Grenze«, wie die Flucht aus Deutschland unter Umgehung von Grenzstationen damals genannt wurde, in die Schweiz. Ob er sein Ziel erreicht hatte, haben wir nie erfahren. Für uns blieb er, wie so viele, unbekannt im »Dritten Reich« verschollen.

Nichts hielt uns mehr in Nürnberg zurück. Wir hatten keine weiteren Kontakte. Das Ende des Urlaubs nahte, die Zeit drängte. Berlin war für zwei Wanderer ohne Geld weit. Aber Nürnberg zu verlassen, ganz ohne etwas in unserem Sinne getan zu haben, schien uns direkt feige. Streichers Nürnberg, und das, was wir gesehen und gehört hatten, versetzte uns in eine zornige Stimmung.

»Nicht leichtsinnig werden«, höre ich noch heute Spinnes uns ermahnende Stimme. Aber wir wurden leichtsinnig. Alice hatte die Idee. Wenn wir im Morgengrauen die Stadt verlassen würden, sollte wenigstens der Stürmerkasten in der Straße, wo wir wohnten, unser Siegel aufgedrückt bekommen. Dazu konnte ein Stempelkissen, offensichtlich nie benutzt, aber noch farbenfrisch ausreichen. Wir fanden es in einer Schublade des Pflanzenzuchttisches unserer Wirtin. Mit diesem Stempelkissen wollten wir die Losung an dem Stürmerkasten überdecken. Das hörte sich einfach an, die Straße schien menschenleer. Als wir gerade zwei Buchstaben »U« und »N« schwarz bestempelt hatten, kamen die ersten Passanten die Straße herunter, und wir mußten von unserem Tun schleunigst ablassen. Damit erreichten wir eine völlig neue, von uns eigentlich so nicht beabsichtigte »Stürmerlosung«. DIE JUDEN SIND UNSER GLÜCK!

Das war nicht gerade eine Heldentat, und im Nachhinein machten wir uns Vorwürfe, doch unvorsichtig gewesen zu sein. Aber sich immer und zu jeder Zeit zu zügeln, das beherrschten wir in dem Alter noch nicht. Bewährungsprobe also noch nicht bestanden!

Hand in Hand standen wir wieder beide auf derselben Landstraße, wo wir vor Tagen angekommen waren, bis der erste Kraftfahrer anhielt. Nur die Richtung war diesmal Norden und geradeaus nach Berlin.

ALICE ERZÄHLT:

Meine Kollegen und die Rassengesetze

Im Berliner Konfektionsviertel im Zentrum der Stadt, um den Hausvogteiplatz gelegen, gab es bis zum Jahre 1938 viele gut florierende Firmen, zumeist mit jüdischen Inhabern. Die Fabrikation erfolgte, wie damals typisch, über Zwischenmeister, die, wie Vater Zadek vor seiner Pleite, Heimarbeiterinnen für die Näharbeiten beschäftigten. Die Firma S. Schlesinger und Sohn, Kleider- und Blusenfabrikation, in der ich als Lehrling und danach als Expedientin tätig war, hatte ebenfalls jüdische Inhaber.

In der Saison wurden bis zu 300 Schneider und Näherinnen überwiegend in Heimarbeit beschäftigt, obwohl nur dreißig Kollegen im Betrieb angestellt waren. Durch diese Fertigungsweise gestalteten sich für die Firma die Gesamtkosten der Produktion sehr niedrig. Außerhalb der Saison hatten die Heimarbeiter wenig zu tun und ein entsprechend geringes oder gar kein Einkommen.

Unsere Firma belieferte die großen Warenhauskonzerne in ganz Deutschland mit Blusen und Kleidern und hatte auch einen beachtlichen Export nach Holland und Dänemark, der wegen der Deviseneinnahme für das Nazi-Reich von Interesse war. Auch aus diesem Grund ließen die Wirtschaftsführer bisher die jüdischen Exportfirmen fast unbehelligt, weil Devisen jeder Art für die Rüstung benötigt wurden.

Das große Geschäft für die Konfektionsbetriebe und die Warenhauskonzerne brachte der sogenannte Ausverkauf. Zweimal im Jahr wurden dafür Erzeugnisse speziell billig gefertigt. Die Kunden glaubten, preisgesenkte Waren zu kaufen, aber in Wirklichkeit wurden sie ganz schön übers Ohr gehauen.

Meine jüdischen Chefs fühlten sich trotz Nürnberger Gesetze noch sicher im faschistischen Deutschland. Ihren Urlaub verbrachten sie immer im belgischen Ostende. Es störte sie deshalb nicht, daß in den deutschen Seebädern »Juden unerwünscht« waren. Bezeichnend für ihre po-

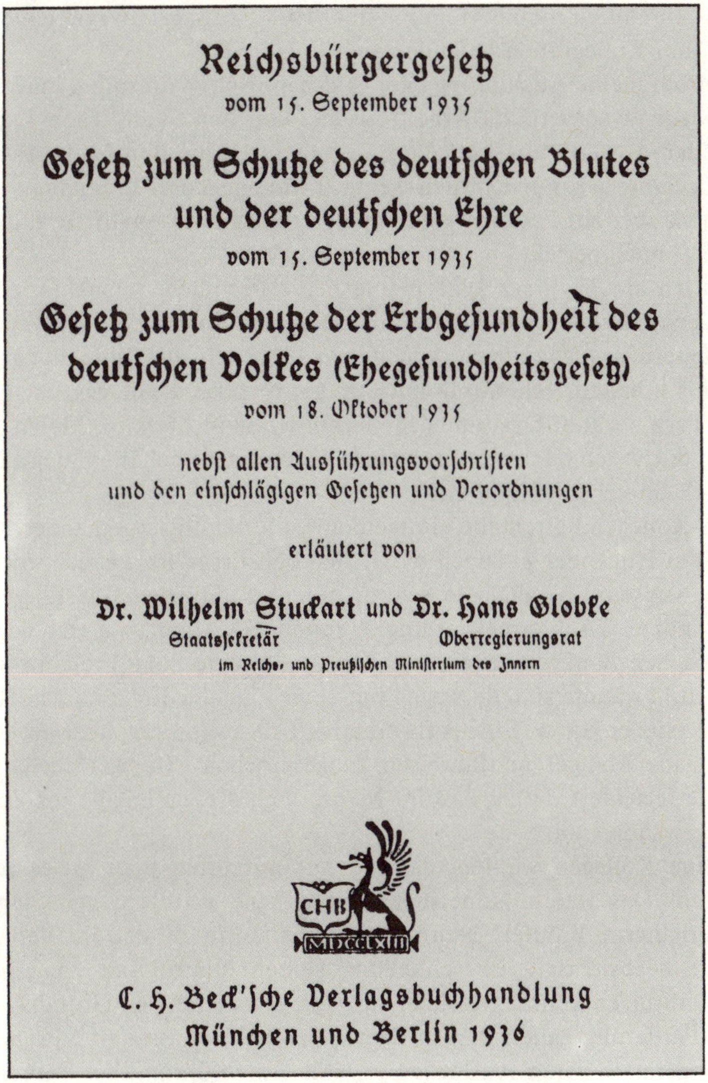

Reichsbürgergesetz

vom 15. September 1935

Gesetz zum Schutze des deutschen Blutes und der deutschen Ehre

vom 15. September 1935

Gesetz zum Schutze der Erbgesundheit des deutschen Volkes (Ehegesundheitsgesetz)

vom 18. Oktober 1935

nebst allen Ausführungsvorschriften
und den einschlägigen Gesetzen und Verordnungen

erläutert von

Dr. Wilhelm Stuckart und Dr. Hans Globke
Staatssekretär — Oberregierungsrat
im Reichs- und Preußischen Ministerium des Innern

C. H. Beck'sche Verlagsbuchhandlung
München und Berlin 1936

Titelblatt zum Kommentar der berüchtigten Nürnberger Gesetze

litische Einstellung war eine Bemerkung, die der Juniorchef machte, als im Jahre 1937 im spanischen Bürgerkrieg der Angriff Francos auf Madrid zurückgeschlagen wurde.

»Oh je, das sieht ja ganz so aus, als ob die Kommunisten gewinnen würden. Da ist mir Hitler schon lieber, der läßt mir wenigstens mein

Geld.« Ihm offen meine Meinung über Hitler zu sagen, wagte ich nicht, denn fünf Kolleginnen befanden sich in Hörweite.

Obwohl meine Ausbildung eine kaufmännische sein sollte, mußte ich überwiegend körperliche Arbeit leisten. Von der eigentlichen Expedition, der Ausfertigung von Versandpapieren dem Berufsbild entsprechend, lernte ich nur herzlich wenig. In meinen drei Lehrjahren hatte ich mich aber zur Packerin und Paketeverschnürerin qualifiziert, da bin ich jetzt noch perfekt.

Als ich am 31. März 1938 meine Lehre beendete, versuchte ich gar nicht erst bei der NS-Industrie- und Handelskammer eine Kaufmannsgehilfenprüfung abzulegen, von denen hätte ich als Jüdin doch kein Zeugnis erhalten. Ich wurde auch so als tüchtige Kraft geschätzt und nach Tarif bezahlt. Das waren immerhin Hundert Mark im Monat. Von denen durfte ich aber nur ein kleines Taschengeld behalten, denn Mutter hielt immer die Hand auf.

Wir Kollegen hatten alle ein recht gutes Verhältnis zueinander, sogar mit Frau Hunt, der einzigen wirklichen »Nazisse« im Betrieb. Sie war keine Antisemitin, aber sie schwor auf den »Führer«. Ihr Ehemann, selbständiger Tischlermeister und strammer SA-Mann, war in einen betrügerischen Bankrott verwickelt, ihm drohte eine hohe Freiheitsstrafe. Frau Hunt wandte sich deswegen mit einer Eingabe direkt an den Herrn Reichskanzler Hitler. Eine Antwort erhielt sie zwar nicht, aber ihr Mann wurde aus Mangel an Beweisen freigesprochen. Sie war seelig und glaubte felsenfest daran, daß ihr Mann ohne diese Eingabe ins Zuchthaus gewandert wäre.

Meine Kollegen wußten, daß sie mit mir offen über vieles reden konnten. Das waren zumeist scheinbar ganz private Dinge. Unsere Musternäherin, Fräulein Naumann, vertraute mir an, daß ihr Verlobter für die beabsichtigte Eheschließung keinen lückenlosen »Ariernachweis« erbringen konnte, worüber sie ganz verzweifelt sei. Grundlage für diese Forderung gaben die im September 1935 erlassenen Nürnberger Rassengesetze, deren Auslegung jetzt in Durchführungsbestimmungen voll wirksam wurde. Diese menschenfeindlichen Gesetze sollten die »Reinheit des deutschen Blutes« wahren. Damit diskriminierten sie »Fremdrassige« wie Juden, Zigeuner und Neger und erklärten den Intimverkehr »Deutschblütiger« mit diesen Menschen zum Verbrechen. Das Delikt hieß »Rassenschande« und wurde mit langjährigen Zuchthausstrafen geahndet.

Fräulein Naumann hatte sich den sogenannten Kommentar zu die-

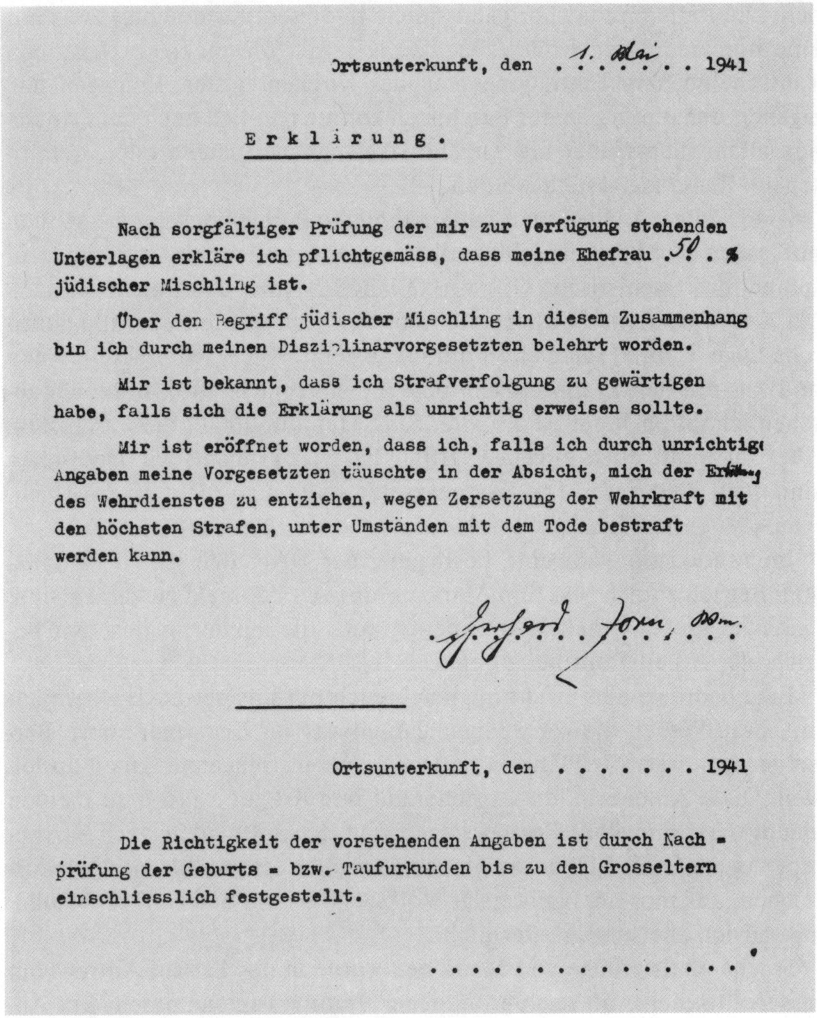

Ortsunterkunft, den 1. Mai 1941

Erklärung.

Nach sorgfältiger Prüfung der mir zur Verfügung stehenden Unterlagen erkläre ich pflichtgemäss, dass meine Ehefrau 50 % jüdischer Mischling ist.

Über den Begriff jüdischer Mischling in diesem Zusammenhang bin ich durch meinen Disziplinarvorgesetzten belehrt worden.

Mir ist bekannt, dass ich Strafverfolgung zu gewärtigen habe, falls sich die Erklärung als unrichtig erweisen sollte.

Mir ist eröffnet worden, dass ich, falls ich durch unrichtige Angaben meine Vorgesetzten täuschte in der Absicht, mich der Erfüllung des Wehrdienstes zu entziehen, wegen Zersetzung der Wehrkraft mit den höchsten Strafen, unter Umständen mit dem Tode bestraft werden kann.

Gerhard Zorn, [illegible]

Ortsunterkunft, den 1941

Die Richtigkeit der vorstehenden Angaben ist durch Nach = prüfung der Geburts = bzw. Taufurkunden bis zu den Grosseltern einschliesslich festgestellt.

. . . .

Erklärung des Soldaten Gerhard Zorn, der die »Halbjüdin« Gisela, Gerhards Cousine, heiraten durfte

sem Gesetz beschafft, den der spätere Leiter des Bundeskanzleramtes der BRD, Globke, verfaßt hatte. In ihm wurde dargelegt, wer als Jude zu gelten hat. Meine Kollegin empörte sich darüber, daß von ihr und ihrem Verlobten beim Aufgebot ein solcher »Ariernachweis« verlangt wurde. Dazu mußten Urkunden bis zu vier Generationen zurück erbracht werden. Die Religionszugehörigkeit spielte in diesem Kommentar zwar nur eine untergeordnete Rolle, aber häufig waren die einzigen Urkunden Taufscheine bzw. Eintragungen in das Kirchenregister. Entgegen den eigenen Behauptungen der Faschisten konnte nämlich nach dem Aussehen allein nichts über die Zugehörigkeit zur »arischen« oder »semitischen« Rasse festgestellt werden.

Zwei weitere Kolleginnen hatten ähnliche Probleme. Aber sie klagten nur, sahen ihre Lage als schicksalhaft an, von Auflehnung war nichts zu spüren, das faschistische Gift wirkte langsam, aber es wirkte.

Unser Hausdiener Walter unterhielt sich gern mit mir über die politische Lage. Einmal sagte er zu mir: »Du weißt, Alice, ich bin kein Nazi, und was mit den Kommunisten und Juden gemacht wird, finde ich abscheulich. Mein Vater ist ein alter SPD-Mann und haßt die Faschisten. Aber du mußt doch zugeben, Hitler hat viel erreicht, wir Deutschen sind doch wieder wer. Die Rassengesetze sollte man nicht zu ernst nehmen.«

Im Jahre 1937 kam eine Festlegung der DAF, daß jedem Mitglied vom Betrieb zum 1. Mai fünf Mark als eine Art Zehrgeld zu zahlen sind. Das fand großen Anklang und bewog auch die letzten in unserem Betrieb, der Arbeitsfront beizutreten.

Eine bedrückende Erfahrung machte ich mit unserer DAF-Obermännin, Frau Weber, die vor wenigen Jahren aus der Uckermark nach Berlin gezogen war. Als Plätterin hatte sie eine anstrengende Arbeit zu leisten. Diese Arbeiterin, die es sicher auf ihre Art gut mit mir zu meinen glaubte, hat mir allen Ernstes angetragen, ich solle mich doch »arisieren« lassen. Groß, blond und blauäugig wie ich sei, mußte das doch ausreichen, aus mir eine vollwertige Volksgenossin zu machen. So blauäugig war ich aber nun wieder nicht.

Solche »Arisierung« von Menschen wurde in der Tat auf Antrag vom rassepolitischen Amt nach gründlicher Prüfung vorgenommen. Der Antragsteller mußte sich mit Vorlage von Ganzfotos, »en face« und im Profil, entsprechenden Schädelmessungen und Gutachten über nordische Gesamterscheinung einer insgesamt entwürdigenden Prozedur unterziehen, ehe dem Antrag, wenn überhaupt, stattgegeben wurde. Eine meiner nahen Verwandten hatte das am eigenen Leibe erfahren.

»Wenn ich meinen Verlobten nicht so sehr liebte und vorher gewußt hätte, was die mit mir anstellen, wäre ich nicht dahin gegangen«, meinte sie danach zu mir.

Eigentlich konnte ich nur von einer meiner Kolleginnen sagen, daß sie eine wirkliche Nazi-Gegnerin war, Grete Storbeck, damals so um die dreißig. Ihre Bemerkungen zum politischen Geschehen trafen immer den Nagel auf den Kopf. Als ich ihr von dem »Arisierungsversuch« unserer DAF-Obmännin erzählte, meinte sie: »Diese Frau Weber ist auf dem Lande großgeworden und nie so mit Politik wie wir Berliner in Berührung gekommen. Sie kann wohl gar nicht so richtig begreifen, wie schändlich diese »Nürnberger Gesetze« sind. Wer nicht davon betroffen ist, denkt eben nicht darüber nach.«

Dann kam sie auf die Bemerkung unseres Chefs zu Hitler und Spanien zurück, die sie auch gehört hatte. Wir waren beide allein im Lager.

»Wenn sogar unser Chef mehr von Hitler hält als von den Kommunisten, brauchst du dich über Frau Weber und Frau Hunt nicht zu wundern.« Dann gab sie mir noch den Rat, nicht so offen mit dem Hausdiener Walter über politische Fragen zu reden. Walter ist zwar ein lieber Kerl, aber ein großes Quatschmaul.

Während meiner Lehrzeit mußte ich die Berufsschule besuchen, dort wurde auch das Fach Rassenkunde unterrichtet. Die an sich sehr nette junge Biologielehrerin hatte es mit diesem Stoff nicht leicht. Von dreißig Mädchen in der Klasse gab es nur zwei echte, ungebleichte Blondinen, und ausgerechnet diese beiden waren Jüdinnen, eine davon ich. Als die Lehrerin nun begann, dem Lehrplan entsprechend die Rassemerkmale der Juden als kleinwüchsig, krummnasig und krummbeinig aufzuzählen, kroch eine Wut in mir hoch. Ich meldete mich und sagte: »Mein Vater ist Jude, er ist 1,85 m groß und hat lange, kerzengerade Beine.« Die Lehrerin errötete bis unter die Haarwurzeln und erwiderte nur: »Na ja, Ausnahmen bestätigen die Regel.«

Wie es sich für künftige deutsche Hausfrauen geziemt, mußten wir auch in der Kochkunst und der Säuglingspflege unterrichtet werden. Zu letzterer gehörte es natürlich, über den Vorrang der Muttermilch gegenüber jeder künstlichen Ernährung aufgeklärt zu werden, wogegen an sich nichts einzuwenden war. Aber als leuchtendes Beispiel einer solchen bewußt denkenden deutschen Mutter nannte uns die Lehrerin die Frau des deutschen Botschafters in Rom. Diese pumpe jeden Tag ihre Muttermilch ab, die dann täglich von Rom nach Berlin geflogen werde, denn das liebe Kleine sei bei den Großeltern geblieben. Ein solcher Blödsinn wurde uns Sechzehnjährigen ernsthaft serviert.

Nach Unterrichtsschluß machten wir ausgiebig Witze darüber, von welchem Flugplatz aus wir unseren künftigen Kindern die Milch nach Hause schicken würden.

Ich war froh, als der Berufsschulbesuch endete. Nicht wegen meiner Mitschülerinnen, die verhielten sich ausnahmslos kameradschaftlich zu mir, sondern wegen der Lehrpläne, die das nazistische Gift verbreiten halfen.

Am Morgen des 10. November 1938, dem Tag des Judenpogroms, standen meine Kolleginnen und ich fassungslos auf der unserem Betrieb gegenüberliegenden Straßenseite. Keiner traute sich hinein, denn alles lag in Scherben, und noch war kein Ende abzusehen. Wieder flog eine Schreibmaschine aus dem zweiten Stock auf die Straße. Ein neben mir stehender etwa 40jähriger Mann machte seinem Unmut mit folgender eigentümlicher Bemerkung Luft:

»Na, so weit braucht man doch nicht zu gehen, man sollte doch die Schreibmaschine lieber einem deutschen Mädel geben, anstatt sie zu zerstören.« Das war vermutlich so eine Art Edelnazi. Jetzt sagte ausgerechnet Frau Hunt, die mit dem SA-Ehemann, zu mir:

»Alice, kannst du nicht mal rübergehen und nachschauen, ob die Chefs oben sind. Dir kann das doch keiner verübeln, falls du angehalten wirst.«

Angesichts der noch immer wütenden Meute wagte ich mich in die Höhle des Löwen und lief in die dritte Etage, unangefochten von den jetzt die Treppe herunterstürmenden Randalierern. Eine Erklärung hatte ich mir schon zurechtgelegt, falls mich jemand aufhalten sollte. Ich wollte mein Portemonnaie holen, das ich gestern in meiner Kittelschürze vergessen hatte.

Die Eingangstür war offen. Ich durchsuchte die Betriebsräume und stellte fest, daß zwar alles verwüstet war, sich aber niemand mehr in den Räumen aufhielt. Der hintere Ausgang war unverschlossen. Aus dem ist in der Tat der Juniorchef geflüchtet, wie ich später erzählen hörte. Über die Dächer soll er von der Markgrafenstraße durch eine offene Dachluke in die Jerusalemer Straße entkommen sein. Ob er immer noch dachte, daß die Nazis besser sind ...?

Unsere Firma wurde nicht »arisiert«, sondern zum Jahresende aufgelöst. Damit war meine fast vierjährige Tätigkeit beendet. Alle meine nichtjüdischen Kollegen fanden Arbeit in ihrem Beruf. Ich war ab 1. Januar 1939 arbeitslos.

GERHARD ERZÄHLT:

Die Pogromnacht und das Jahr 1939

Seitdem Priebe mich zum Gesellen befördert hatte – der nazistischen Handwerkskammer zum Trotz – arbeitete ich in der Dreherei wieder bei Meister Niehaus. Schon von Beginn des Jahres 1938 an wurden Abteilungen und Bereiche auf für uns ungewöhnliche Produktion von Einzelteilen umgestellt.

Mit der Rüstung einher ging auch der Terror gegen die Antifaschisten und die Repressalien gegen die Menschen jüdischer Herkunft in Deutschland. Im April begann auch die forcierte Zwangsarisierung jüdischer Handwerksbetriebe, Geschäfte und Unternehmen, die bis Jahresende abzuschließen war. Der Kaufpreis mußte gemäß eines Erlasses vom Reichsinnenminister auf ein Sperrkonto der Deutschen Reichsbank überwiesen werden. Es war ein glatter Raub, den das deutsche Kapital an der jüdischen Konkurrenz betrieb. Auch die Firma Georg Herrmann wurde davon betroffen. Wir haben nicht erfahren, wer der neue Inhaber des Betriebes war. Priebe blieb jedenfalls Betriebsführer. Da die Firma bei den Kunden bekannt war als solides und leistungsfähiges Unternehmen, wurde der Firmenname beibehalten.

Alles schien so wie bisher, nur, wie Lischka sagte, daß wir den Juden rausgesetzt haben.

Im Sommer 1938 wurden jene schändlichen Gesetze erlassen, die alle jüdischen Bürger ab dem 15. Lebensjahr verpflichteten, bis zum 31. Dezember eine polizeiliche Kennkarte mit dem Aufdruck »J« für Jude zu beantragen und ab 1. Januar 1939 die Vornamen »Israel« oder »Sara« zu führen. Eine Vielzahl von Berufen durften Bürger jüdischer Herkunft nicht mehr ausüben. Überall konnte man lesen: »Juden unerwünscht«. In ihrer eigenen Heimat wurden sie unzähligen Erniedrigungen ausgesetzt.

Meine »Judenkennkarte« verbarg ich nicht. Jedem meiner Kollegen, der diese Infamie sehen wollte, zeigte ich sie. Mit den Fingerabdrücken und der Art des Fotos auf der Kennkarte war ich wie ein Schwerverbre-

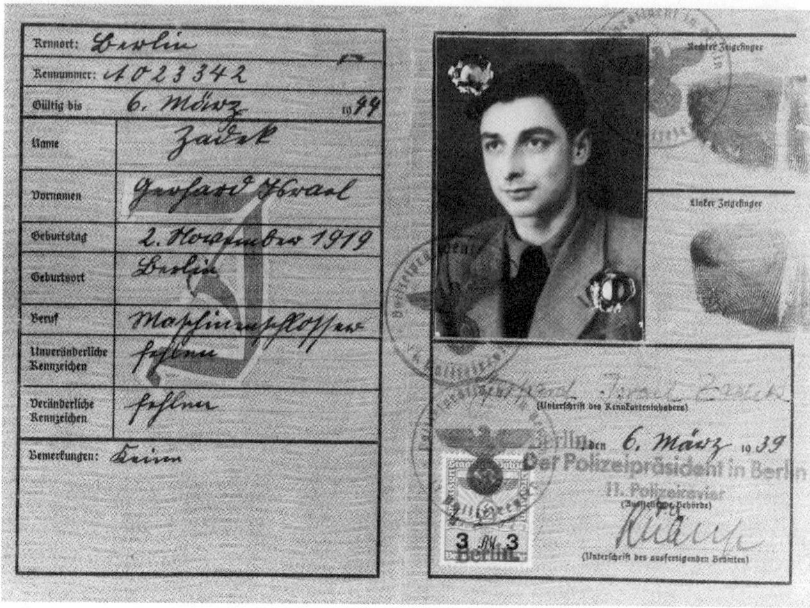

Kennort: Berlin
Kennnummer: A 023342
Gültig bis 6. März 1944
Name: Zadek
Vornamen: Gerhard Israel
Geburtstag: 2. November 1919
Geburtsort: Berlin
Beruf: Maschinenschlosser
Unveränderliche Kennzeichen: fehlen
Veränderliche Kennzeichen: fehlen
Bemerkungen: keine

Rechter Zeigefinger
Linker Zeigefinger
(Unterschrift des Kennkarteninhabers)
Berlin, den 6. März 1939
Der Polizeipräsident in Berlin
11. Polizeirevier
(Ausstellende Behörde)
(Unterschrift des ausfertigenden Beamten)

Gerhards Judenkennkarte

cher registriert und markiert. Für diese Diskriminierung hatten meine Kollegen kein Verständnis und nicht wenige äußerten sich ablehnend. Auch Lischka wollte die Kennkarte sehen. Eine ironische Bemerkung konnte er sich jedoch nicht verkneifen. »Schön siehst du auf dem Foto gerade nicht aus, aber dafür sind die Fingerabdrücke um so schöner.«

Noch gab es für die Beschäftigung jüdischer Werktätiger, ob Arbeiter oder Angestellter, keine Sonderregelung. Von der Zweihundert-Mann-Belegschaft war ich auch im Jahre 1938 nach wie vor der einzige Jude. Mein Spitzname »Judenjunge«, wie man mich noch als Stift nannte, war irgendwie in den letzten Monaten abhanden gekommen. Natürlich war mir bedeutend lieber, bei meinem Vornamen gerufen zu werden. Ich hatte den Eindruck, daß meine Kollegen die antijüdischen Maßnahmen der Faschisten nicht zur Kenntnis nehmen wollten. Es betraf sie ja nicht persönlich. Mit mir sprach keiner von sich aus darüber. »Peinlichkeiten geht man aus dem Wege«, dachte ich.

Die wenigen Nazis im Betrieb, die mit Abzeichen, waren vielleicht ein bißchen zurückhaltender als zuvor, während die Mehrheit meiner Kollegen kollegial und freundlich wie bisher zu mir blieb.

Auslandssender wurden von mir weiter gehört. Vorsichtiger war ich

Gerhards Mutter wenige Tage vor der Pogromnacht, im Hintergrund das Polizeipräsidium

mit der Weitergabe dessen, was ich hörte. Der Kreis der Kollegen, mit denen ich darüber sprechen konnte, wurde aber nicht viel kleiner. Das Interesse, über Tagesgeschehen und Weltpolitik zu sprechen, war in dem ereignisreichen Jahr 1938 unvermindert groß. Die Einverleibung Österreichs am 13. März nach der Besetzung durch die deutsche Wehrmacht, SS und Polizei, die Schaffung eines »Großdeutschen Reiches« wurde im Betrieb durch Rundfunk übertragen und mit Beifall aufgenommen. Nur wenige machten sich damals über die Annexion Österreichs, die die Nazis Anschluß nannten, Gedanken.

Am 1. Oktober begann der Einmarsch der Wehrmacht in die Grenzgebiete der ČSR. Zuvor war von den Nazis eine maßlose Hetze gegen Tschechen und Böhmen entfesselt worden, die von vielen Sudetendeutschen in der ČSR gefördert und unterstützt wurde. Herbert Baum fragte mich nach dem Bekanntwerden des Überfalls auf den Nachbarstaat über die Stimmung im Werk, vor allem, was die Arbeiter denken würden. Für mich war Okon so etwas wie ein Stimmungsbarometer der Kollegen. Als Reparaturschlosser kam er in alle Werksbereiche und machte gern ein Schwätzchen. Er vertraute fest auf den Führer, wie jetzt in verschiedenen Variationen auch die Mehrheit meiner Kollegen. Seine Meinung war jedenfalls die: »Wenn Hitler droht, werden die im Westen immer butterweich, damit hat sich die Aufrüstung doch gelohnt. Hitler war selbst Soldat, der kennt den Krieg und will keinen.«

Wogegen sich mein Drehermeister Niehaus, der ehemalige Sozialdemokrat, jetzt weitaus skeptischer äußerte. Vielleicht hatte ich ihn in der Vergangenheit doch nicht ernst genommen wegen seiner Laubenpieperei. Was er sagte, stimmte mit meiner Meinung überein.

»Waffen werden produziert, um damit zu schießen, die (das Wort »Nazi« sprach er nie aus) lassen nichts verrosten. Ich wette«, sagte er weiter, »nach der Tschechei kommt Danzig, dann der polnische Korridor und danach ganz Polen.« Er sollte leider recht behalten.

Am 9. und 10. November folgte eine Aktion, von der Führungsspitze ausgeheckt und langfristig vorbereitet, um die deutsche Bevölkerung kriegsreif zu machen. Zum Anlaß wurde die Verzweiflungstat eines 17jährigen polnischen Juden genommen, der in Paris einen Mitarbeiter der deutschen Botschaft erschossen hatte. Vorbereitet wurde die Aktion bereits im Sommer 1938. Alle jüdischen Geschäftsinhaber wurden aufgefordert, an ihren Läden deutlich sichtbar mit weißer Farbe ihre Namen anzubringen. Die Nazis nannten ihre Aktion hinterher irreführend und verharmlosend »Die Kristallnacht«; es war ein Pogrom an einem Teil des deutschen Volkes. Die Umstände sind bekannt. Ich möchte mich auf das beschränken, was ich selbst erlebt habe.

Wir wohnten noch immer in der fünften Etage des Eckhauses in der Kaiserstraße am Alexanderplatz. Der 9. November war Vaters 48. Geburtstag; wir feierten ihn in engstem Familienkreis. Zum Feiern blieb uns nur der Abend, denn Vater kam abgerackert vom Bau, wohin er als Abrißarbeiter von den Behörden zwangsverpflichtet wurde. Vater war nicht unterzukriegen. Selbst mit der harten Arbeit war er zufrieden, denn dadurch kam wieder regelmäßig Geld in die Familienkasse. Die Schulden aus seiner Pleite waren längst beglichen.

Was kann uns noch passieren, schlimmer als jetzt wird es schon nicht werden, war die allgemeine Rede an diesem Geburtstagsabend.

Sehr lange blieb von den Gästen keiner, denn es war ein gewöhnlicher Werktag und jeder mußte wie immer am nächsten Tag früh zur Arbeit.

Für uns schien es ein ganz normaler Abend. Selbst als ich in der elften Stunde den letzten Gast aus der Haustür entließ und hinterher abschloß fiel mir nicht weiter auf, daß sich in der SA-Kneipe beim dicken Dörfer mehr Leute aufhielten und größeren Krach machten als üblich.

Zerstörung von Synagogen in der Pogromnacht vom 9. zum 10. November 1938

Daran erinnerte ich mich erst wieder, als die Nacht vorbei war und der schreckliche Morgen graute.

Diese Nacht war für uns kurz. Der Novembermorgen war fahl und grau, als wir vom Gebrüll antisemitischer Losungen geweckt wurden. Von unserem Balkon aus sahen wir, wie erst die Schule auf der anderen Straßenseite und dann die Synagoge, die sich dahinter befand, in Brand gesetzt wurden. Mit dem Gebrüll »Juda verrecke« wurden unsere jüdischen Mitbürger aus den unteren Etagen zur Haustür herausgezerrt und in die SA-Kneipe verschleppt. Vom Balkon aus sahen wir, wie die Polizei vorsorglich die Kaiserstraße zur Alexanderstraße hin abgeriegelt hatte, aber nicht eingriff und dem Geschehen freien Lauf ließ. Die Flammen hatten inzwischen den Dachstuhl der Synagoge erfaßt, die lichterloh brannte. Während wir auf dem Balkon vor Schrecken erstarrt waren, erschien keine Feuerwehr, obwohl sich die nächste Wache nur 200 Meter entfernt in der Elisabethstraße befand. Denn alles spielte sich im dicht besiedelten Wohngebiet ab.

Vater und ich wollten nicht abwarten, bis die Horden auch in unsere oberste Etage gelangten. Deshalb flüchteten wir über die Hintertreppe des Hauses durch den Kellergang in die Seitenstraße, die zu unserem Glück nicht von der Polizei gesperrt war. Mein Vater lief in Richtung S-Bahn und ich machte mich mit meinem Fahrrad auf den langen Weg vom Alexanderplatz zu meiner Arbeitsstelle nach Niederschönhausen. Diese etwa 15 Kilometer mit dem Fahrrad quer durch Berlin am Morgen des 10. November, dem Tag, der in die Geschichte als der Tag des faschistischen Judenpogroms eingegangen ist, werde ich mein Leben lang nicht vergessen.

Mein Weg führte mich durch die Münzstraße über den Bülowplatz, die Schönhauser Allee entlang über Pankow zum Betrieb. Der braune Mob hatte ganze Arbeit geleistet.

Hunderte Schaufenster der Geschäfte jüdischer Inhaber waren zerschlagen – die Auslagen auf die Straße geworfen. Glassplitter lagen bis auf den Fahrdamm der Straßenbahnschienen. Autos fuhren langsam und versuchten, die Scherbenberge zu umfahren. Jüdische Ladenbesitzer, die versuchten, zu retten, was zu retten war, wurden weggeprügelt und mißhandelt.

Den meisten Menschen auf den Straßen, die zur Arbeit gingen, war Betroffenheit anzumerken. Kaum einer getraute sich aber stehenzubleiben. Nur bei wenigen konnte ich Genugtuung oder Schadenfreude erkennen. Von dem angeblich »kochenden Volkszorn«, als den die Faschisten in Presse und Rundfunk den Pogrom deklarierten, konnte ich nichts bemerken.

Im Betrieb angekommen, erschöpft und fassungslos von dem, was ich in den letzten Stunden erlebt hatte, befragten mich sofort meine Kollegen, was mit den Juden in Berlin los sei. Die meisten wohnten in den Siedlungsgebieten rund um und in Niederschönhausen und hatten nichts mitbekommen.

Nachdem ich meine Erlebnisse im Wohnhaus und auf den Weg zum Betrieb Niehaus, Willi und den anderen Kollegen der Dreherei, einschließlich des neuen Obmann von der Arbeitsfront, erzählt hatte, zeigte sich bei vielen tiefe Besorgnis. Selbst Okon, der den Faschisten auf den Leim gekrochen war, sagte nichts, schüttelte nur den Kopf wie zum Protest über das, was er von mir gehört hatte. Lischka kam an diesem Tag nicht in den Betrieb. Priebe, der nach ihm fragte, vermutete wie alle anderen, daß der draußen mitmischte.

Rotkopp, Negus und einige andere befürchteten, daß mich vielleicht die Gestapo aus dem Betrieb holen würde. »Lischka ist alles zuzutrauen«, meinten sie, »du mußt sofort verschwinden.«

Mit der größten Selbstverständlichkeit wurde mir Quartier für die nächsten Tage angeboten. In Reinickendorf bei einer Tochter von Negus kam ich dann auch unter.

In dieser einzigen Pogromnacht der Faschisten wurden in Berlin und im ganzen »Großdeutschen Reich« fast alle jüdischen Gotteshäuser in Brand gesteckt und vernichtet. Die amtliche Zahl war mit 283 angegeben. Nicht gesagt wurde, daß 30000 Bürger von verrohten SS- und SA-Schlägern zusammengetrieben und 27000 von ihnen in Konzentrationslager verschleppt wurden. 91 Menschen überlebten diese Nacht nicht. Sie wurden von enthemmten Horden erschossen, erschlagen, kaltblütig ermordet. Wie viele Selbstmorde oder Tod durch Herzattacken – Herr Kaufmann aus dem ersten Stock unseres Hauses erlag einer – es als Folge der Pogromnacht gab, ist nie erfaßt worden.

Am 11. November schien der ganze schreckliche Spuk für den nichtbetroffenen Beobachter vorbei zu sein. Ich kehrte in den Betrieb am folgenden Tag an meinen Arbeitsplatz unbehelligt zurück. Abends las ich in der Zeitung mit Verwunderung eine Verordnung, die sich »Wiederherstellung des Straßenbildes bei jüdischen Gewerbebetrieben« nannte.

Bei Strafandrohung im Unterlassungsfall wurden die Juden verpflichtet, ihre beschädigten oder zerstörten Geschäfte bzw. Wohnungen selbst wieder instandsetzen zu lassen. Wie zum Hohn wurde festgelegt, daß Versicherungsleistungen nicht in Anspruch genommen werden durften, sondern die in Millionenhöhe entstandenen Kosten selbst zu tragen sind.

Dabei ließ es aber der NS-Staat nicht bewenden. Es wurde eine »Kontribution« in Höhe von einer Milliarde Reichsmark den Juden deutscher Staatsangehörigkeit auferlegt. Die Verordnung, unterzeichnet von Generalfeldmarschall Göring, damals auch der »Beauftragte für den Vierjahres(Aufrüstungs)plan«, umfaßte lediglich ganze sieben Zeilen. Sie wurde mit den zynischen Worten eingeleitet: »Die feindliche Haltung des Judentums gegenüber dem deutschen Volk und Reich ... erfordert harte Sühne.«

Ein Heer von Finanzbeamten und Spitzeln wurde eingesetzt, um bei den Juden Werte aufzuspüren, Banknoten, Sparguthaben, Auslandskonten oder Immobilien zu berechnen und einzutreiben. Von dieser Aktion waren weder Alices noch meine Familie betroffen. Sie besaßen ohnehin nur das Lebensnotwendigste.

Die Zahlung von Sühneleistungen war der Auftakt zu einem skrupellosen Raubzug an jüdischem Besitz, an dem sich die Eigentümer der Großkonzerne, aber auch verhetzte Kleinbürger beteiligt hatten. Damit trieb das NS-Regime nach dem Motto »Nicht der Mörder, der Ermordete ist schuldig« die Perversion auf die Spitze.

Niehaus schien nach der Pogromnacht mir gegenüber aufgeschlossener zu sein. Das Glashaus, in das er versucht hatte, sich zurückzuziehen, schien einen Sprung bekommen zu haben.

Eines Tages zeigte Niehaus mir sein Taschenbuch für deutsche Laubenbesitzer und Kleintierzüchter. Darin wurde auf das Reichstierschutzgesetz verwiesen und betont, daß es auf persönliche Initiative des Kanzlers und Führers hin erlassen worden war. Das Büchlein enthielt einen bezeichnenden Merkspruch, den Niehaus in der Dreherei laut verlas:

»Grausamkeiten gegen Tiere ist eines der kennzeichnendsten Laster eines niedrigen und unedlen Volkes, Alexander von Humboldt.« Alle sahen auf mich und verstanden, warum Niehaus an das Gesetz erinnerte.

Auch unter den erschwerten Bedingungen versuchten wir von der Gruppe um Herbert Baum, die illegale Arbeit im Betrieb wie in den jüdischen Jugendorganisationen fortzusetzen. Eine Sternstunde war die Mitte November über den Moskauer Rundfunk uns zur Kenntnis gelangte Verurteilung der faschistischen Ausschreitungen durch das Zentralkomitee der Kommunistischen Partei Deutschlands. Eine von Wilhelm Pieck verfaßte Erklärung »gegen die Schmach der Judenpogrome« gab uns Mut, mit unserer illegalen Arbeit fortzufahren. Darin wurde nicht nur das Geschehen verurteilt, sondern es gab zugleich eine Analyse der Ursachen. Sie stellte fest, daß die Judenpogrome von der gesamten Menschheit die Ehre des deutschen Volkes mit tiefster Schmach bedeckt haben, daß es eine elende Lüge ist, die Pogrome als Ausdruck des Volkszorns zu bezeichnen.

Wie wir später erfuhren, hat sich auch die SPD in ihrem Organ »Neuer Vorwärts« vom 20. November 1939 zu dem Pogrom geäußert: »Was sich in Deutschland vollzieht, ist eine Menschheitsschmach, an die nachfolgende Generationen sich nicht mehr erinnern wollen, weil ihnen sonst die Weltgeschichte als eine Kette sinnloser Greuel erscheinen könnte.«

Es waren prophetische Worte, vier Jahre vor dem Holocaust! Heute werden wir wenigen, die überlebten, auf Schritt und Tritt damit konfrontiert, wie dieses Kapitel deutscher Geschichte verdrängt, verfälscht, vergessen oder gar ausgelöscht werden soll.

Diese Novembertage blieben uns allen in schrecklicher Erinnerung. Der große Raub nach der Pogromnacht zum Auffüllen der Rüstungskasse des NS-Regimes sollte erst noch kommen. Deshalb blieb es nicht bei der Milliarde Bußgeld.

Angekündigt am 12. November 1938 von Göring, wurde in dessen Namen eine Verordnung erlassen, die den Zwangsverkauf jüdischen Eigentums der Unternehmer und kleinen Warenproduzenten, der städtischen land- und forstwirtschaftlichen Grundstücke bestimmte und regelte.

Zwar war meine Familie auch davon nicht betroffen, aber über diese Verordnung erfuhren wir nicht nur aus der Zeitung, sondern auch von Nachbarn, die bis jetzt ihre kleinen Handwerksbetriebe über die Jahre retten konnten.

Einer von ihnen war Herr David Wolf aus dem Nachbarhaus. Wir Jugendlichen der Kaiserstraße nannten ihn Opa Wolf. Als Herrenschneidermeister fertigte er uns gut und billig die damals modischen Knickerbockerhosen an. Sein Hobby war das Sammeln von jüdischen Witzen, von denen er uns manchmal in seiner lustigen Art etwas zum Besten gab. So meinte er eines Tages: »Es geht uns schon recht mies auf dieser Welt. Nu, dafür wird es uns im Jenseits umso besser gehen … Gelacht hätt' ich aber, wenn sich herausstellen würde, daß es das gar nicht gibt, das Jenseits.«

David Wolf kam kurz nach der Pogromnacht bestürzt zu uns in die Wohnung. Ihm mußte Übles wiederfahren sein. Der sonst immer zu Scherzen aufgelegte Mann schien um Jahre gealtert. Er zeigte meinem Vater ein Schreiben eines von den Nazis für seine Werkstatt eingesetzten Treuhänders. In diesem wurde er verpflichtet, seine Werkstatt zu veräußern. Es war eine Zwangsveräußerung, die im offiziellen Sprachgebrauch »Arisierung« genannt wurde. Der in dem Schreiben genannte Verkaufspreis für die Werkstatt war einfach lächerlich, lediglich die Näh- und Zuschneidemaschinen waren dort mit Pfennigbeträgen aufgeführt. Daß sich David Wolf einen festen Kundenkreis über die Jahre aufgebaut hatte, Juden wie Nichtjuden gleichermaßen, interessierte den Treuhänder überhaupt nicht. Die Werkstatt war Ernährungsquelle für Wolfs große Familie. Ab 1. Januar 1939 hatte die Werkstatt einen Arier als neuen Eigentümer.

Das alles entsprach bürgerlichem Recht, an dem Makler, Versicherungsagenten und Rechtsanwälte verdienten, und die entsprechend den festgelegten Zahlungsmodalitäten Urkunden anfertigten. Alles, um der Sache einen legalen Anstrich zu geben.

Daß es sich um getarnten Raub handelte, war auch den neuen Eigentümern bewußt. Sie hatten die Einsparung des letztlich erpresserisch zustande gekommenen Geschäfts an die Reichsstaatskasse abzuführen. Diese Verfahrensweise der Zwangsarisierung betraf unterschiedslos den kleinen Schneidermeister ebenso wie die großen Konzerne, darunter Warenhausketten.

Treuhänderisch »arisiert« – welch schreckliches Wort – wurde schon unmittelbar nach dem Machtantritt der Nazis im Jahre 1933. So hat auch das große Warenhaus Hermann Tietz seine Geschichte. Es war eines von mehreren Berliner Kaufhäusern mit jüdischen Eigentümern. Durch Ausschaltung des Großhandels und Direktbezug bei den Produzenten waren die Waren billiger als in kleineren Einzelhandelsläden. Uns Kinder lockten die bunten Auslagen in der Spielwarenabteilung, besonders in den Weihnachtswochen, oder die Verkostung von Maggis Suppen und Oetkers Pudding, Gründe, uns oft stundenlang in diesem Riesenhaus aufzuhalten. Außerdem war es im Winter dort wärmer als bei uns zu Hause.

Bereits am 31. März 1933, dem Vortag des von Goebbels, dem NS-Gauleiter Berlins, angekündigten Boykotts »wider den jüdischen Geist«, kam es vor dem Kaufhaus Tietz zu blutigen Zusammenstößen zwischen einer SA-Meute und Mitarbeitern des Warenhauses. Die Angestellten hatten frühmorgens im »Angriff« als Begründung für den Aufruf zum Boykott lesen können, daß durch jüdische Raffgier »... Tausende ehrliche deutsche Existenzen vernichtet worden sind«. Sie befürchteten deshalb zu recht den Verlust ihrer Arbeitsplätze, wenn die Existenz des Warenhauses auf dem Spiel stand; denn in Berlin gab es bereits 300000 Arbeitslose. Maxie und ich konnten von weitem beobachten, wie die Schaufensterscheiben bei Tietz krachten, die Auslagen auf die Straße flogen, zertrampelt oder auch gestohlen wurden.

Die kleinen Händler, Gewerbetreibende und Angehörige des Mittelstandes frohlockten. Endlich löst Hitler sein Wahlversprechen ein, dem »raffenden jüdischen Kapital« wird der Garaus gemacht, und lästige Konkurrenten verschwinden. Das schien auch so zu sein, denn Ende Juni 1933 war Hermann Tietz Pleite.

Aber, es kam alles ganz anders. Die Firma Hermann Tietz wurde »arisiert«. Die neue Firma hieß jetzt Hertie-Kaufhausbeteiligungs GmbH. Der neue Name zierte die riesige Weltkugel auf dem Dach des Warenhauses. Später gehörte Hertie zur Kaufhof AG. Vater las in seinem Abendblatt, daß der neue »arische« Chef zugleich auch Direktor der Alliance-Versicherung sei.

Zur Sanierung des nunmehr Hertie-Kaufhauses halfen Hitlers Wirtschaftsministerien, die Dresdner Bank und andere Geldinstitute mit Millionen-Krediten aus. Die Arbeitsplätze waren gesichert, nur die jüdischen Angestellten flogen auf die Straße.

Genarrt wurden die kleinen Gewerbetreibenden, denen es keineswegs besser ging, denn die Warenhäuser florierten wie eh und je. An die Bevölkerung appellierte jetzt der »Völkische Beobachter«, das Amtsblatt der Nazis, ja um Gottes Willen vom arbeitsplatzgefährdenden Warenhaus-Boykott abzulassen. Die Gewinne machten jetzt die »arischen« Aktionäre, insbesondere die Banken und der NS-Staat.

Die Angehörigen der Familie Tietz hatten sich rechtzeitig durch Flucht ins Ausland drohenden Verfolgungen entzogen. Wie wir erfahren konnten, überlebte die Kaufhof AG und steigerte nach 1945 wieder recht schnell die Umsätze. Die wenigen Überlebenden der Familie Tietz wurden von der Kaufhof-AG mit einer kulanten Summe Wiedergutmachung abgefunden.

Der Schneider David Wolf aus der Kaiserstraße, der seit 1939 David Israel Wolf heißen mußte, hatte nicht Glück und Geld, rechtzeitig zu emigrieren. Er soll im Jahre 1942 in das KZ-Theresienstadt deportiert worden sein. Schwiegermutter erzählte, daß sich von seiner Familie nach Ende des Krieges niemand mehr gemeldet habe.

Bald erfuhren wir auch, daß schon am Tage der Pogromnacht Hitler die Zeit für gegeben hielt, seine wahren Absichten zu enthüllen. Seine bisherigen Friedensbeteuerungen entlarvte er selbst als Demagogie. Mit brutaler Offenheit erklärte er vor Vertretern der deutschen Presse am 10. November 1938: »Die Umstände haben mich gezwungen, jahrzehntelang fast nur vom Frieden zu reden. Es war nunmehr notwendig, das deutsche Volk psychologisch umzustellen und ihm langsam klarzumachen, daß es Dinge gibt, die, wenn sie nicht mit friedlichen Mitteln durchgesetzt werden können, mit Mitteln der Gewalt durchgesetzt werden müssen.«

Daß Hitler Vorbereitungen zum Aufbau einer gigantischen Kriegsmaschinerie traf, verspürten wir bis hinein in unseren relativ kleinen Betrieb in Niederschönhausen. Eilaufträge mit Schlüsselnummer und Aktenzeichen, die keiner zu deuten wußte, häuften sich. Es wurde Schichtbetrieb eingerichtet. Sonderschichten erzwungen, die Überstunden nahmen einem das freie Wochenende.

Besonders in der Dreherei war Hochbetrieb. Die alten, noch mit Treibriemen angetriebenen Drehbänke gaben die geforderten hohen Maßgenauigkeiten kaum noch her.

»Dreher sind keine Künstler«, meinte Niehaus zu Lischka, als der eine Partie Spindeln wegen nicht eingehaltener Toleranzen bemängelte. Ich mußte besonders vorsichtig sein und Qualitätsarbeit leisten, um nicht von diesem frechen Lumpen als Saboteur hingestellt zu werden. In diesem Zusammenhang wurde mein Verbleib im Betrieb immer kritischer. Noch eine Überlegung reifte in mir, um möglichst bald den Betrieb zu verlassen.

Für Hitlers Rüstung zu arbeiten war mir zuwider. Die Gefahr bestand, daß auch unser Betrieb wie bereits viele andere Berliner Betriebe, die mit Rüstungsaufträgen auf Hochtouren liefen, mit strikter Arbeitsplatzbindung beauflagt wurde, der sich dann niemand mehr entziehen konnte.

Meine Nerven wurden täglich aufs äußerste strapaziert. Kein Werkstück zu vermauern, Qualitätsarbeit zu leisten, Meister Niehaus bei komplizierten Einzelanfertigungen zu helfen, und die lange Arbeitszeit kosteten viel Kraft. Und das ohne warme Mahlzeit und nur mit den üblichen Stullen. Noch mehr Nerven aber kostete mich im Januar, was Negus mir über Rotkopps Verschwinden erzählte. Ich habe den Schweißer vorher noch nie so betroffen und ernst gesehen. Wir saßen an dem Tage allein in einer Ecke der Kantine, außer Hörweite von anderen. Hin und wieder trafen sich Negus und Rotkopp frühmorgens irgendwo in Pankow mit dem Fahrrad und fuhren den Rest des Weges gemeinsam zum Betrieb. Manchmal wartete der eine auf den anderen. Gelegentlich stieß ich am Friedensplatz in Pankow zu ihnen.

Seit einer Woche fehlt von Rotkopp jede Spur. Mir war sein Fehlen überhaupt noch nicht aufgefallen. »Um der Sache auf den Grund zu gehen«, sagte Negus, »war ich in seinem Haus und hab an die Wohnungstür geklopft, aber alles verriegelt und verrammelt.«

Mir fuhr bei dieser Erzählung ein Schreck durch die Glieder. »Das hätte ordentlich schief gehen können, mein Lieber«, sagte ich ihm offen. »Nee, eine sichere Geschichte von gepumpten zwanzig Mark, die ich zurückholen wollte, hatte ich mir schon im Notfall zurechtgelegt«, antwortete Negus verschmitzt.

Einige Tage nach dem Gespräch ließ Lischka im Betrieb kursieren, »daß Rotkopp von der Polizei auf längeren Urlaub geschickt worden sei«. Das durfte ich nicht für mich behalten. Wenn die Verhaftung von Rotkopp nicht bekannt war, mußten die Genossen das schnell erfahren. Schon am nächsten Abend traf ich mich mit Herbert Baum am Alex und berichtete ihm alles, was ich wußte – auch die Geschichte von Negus. Herberts Meinung war für mich maßgebend.

»Äußerste Zurückhaltung gegenüber allen Kollegen und nur noch Gespräche führen, die die unmittelbare Arbeit betreffen. Lischka wartet nur darauf, dich bei einem Gespräch über Politik zu schnappen«, warnte er mich. »Das nächste ist dann, deinen Rückzug von der Betriebsfront einzuleiten, ohne etwas zu überstürzen. Dein Verlassen des Betriebes darf nicht in Zusammenhang mit Rotkopps Verhaftung gebracht werden.«

Das war also weiterhin eine Belastung für meine Nerven. Zu meinem Glück waren die ganz schön stabil. »Hebbi« zeigte sich nicht nur einverstanden, daß ich den Betrieb zu verlassen gedenke, sondern wollte mir auch bei unserer nächsten Zusammenkunft Vorschläge für meine weitere politische Arbeit machen.

Alles war für jüdische Bürger mit Beginn des neuen Jahres 1939 komplizierter geworden. Der Reichsführer der SS und Chef der Deutschen Polizei, Himmler, wies an, daß alle jüdischen Organisationen, wie der Centralverein deutscher Staatsbürger jüdischen Glaubens, der Reichsbund jüdischer Frontsoldaten sowie alle zionistischen Vereinigungen in Deutschland, darunter auch der Haschomer Hazair, aufgelöst und eine Tätigkeit in ihrem Sinne strafrechtlich verfolgt werde. Damit wurde uns, die wir im Auftrag unserer Gruppe im »Haschomer Hazair« politisch tätig waren, die legale Basis genommen. An eine illegale Arbeit in Deutschland, gemeinsam mit dem aktiven politischen Kern der Mitglieder der »Haschomer Hazair«, war zu diesem Zeitpunkt nicht zu denken.

Bis zur Fortsetzung meiner politischen Arbeit mußte ich mich noch einige Monate in der Niederschönhausener Firma gedulden.

Vorsorglich machte ich Priebe mit dem Gedanken vertraut, den Betrieb zu verlassen. Einen Onkel in den USA brachte ich ins Spiel, der sich angeblich um meine Auswanderung oder »Emigration in die Staaten« bemühen würde. Ich machte alles so glaubhaft wie möglich, bat ihn um ein »Vorzeugnis«, das ich auch umgehend erhielt. Allein mit diesem Vorzeugnis hatte sich Priebe strafbar gemacht, denn er unterließ es, meinen neuen Zwangsvornamen »Israel« einzufügen. Als ich ihn darauf aufmerksam machte, lachte er nur und meinte, in Amerika spiele dieser Vorname wohl kaum eine Rolle.

Als sich im Lauf der nächsten Wochen im Betrieb herumgesprochen hatte, daß der einzige »Judenjunge« auswandern wollte, hatte ich mehr Gesprächspartner als mir lieb war. Die schlimmsten waren die, die ebenfalls meinten, Verwandte in den USA zu haben. Erstaunlich war, wer so alles eine solche Adresse hatte, mit der ich, einmal in den USA, in Verbindung treten sollte. Selbst der neue DAF-Funktionär, der jetzt die »soziale Betreuung« übernahm, hatte entfernte Verwandte in den Staaten.

Plötzlich gab es auch viele, die mindestens einen guten Juden in ihrem Umfeld kannten und den sie, wie mir, nur Gutes wünschten. Natürlich solle ich aus Amerika schreiben. Ich versprach, alles zu tun und auszurichten in dem Moment, wo ich das Land der angeblich unbegrenzten Möglichkeiten betreten würde.

Noch mehr überraschte mich allerdings, was meinen Kollegen alles in den letzten Monaten bekannt wurde über Regelungen und Verbote, die Juden betrafen. Meist erzählten sie mir mit dem größten Bedauern oder ernst gemeintem Befremden von ihren Entdeckungen. Es waren Verbote, die selbst in jüdischen Familien nicht alle bekannt waren, denn wer von uns Betroffenen las schon regelmäßig die amtlichen Verordnungsblätter?

So beklagte ein Kollege, daß sein jüdischer Rechtsanwalt, dem er vor Monaten seinen Scheidungsprozeß anvertraut hatte, nicht mehr tätig sein durfte. Einer aus der Verwaltung schwor auf einen jüdischen Masseur, ein anderer war seit Jahren bei einem jüdischen Heilgymnastiker in Behandlung, der seine Praxis seit dem 28. September 1938 nicht mehr ausüben durfte. Nach dem 9. November hagelte es weitere Verbote.

So wurde Waffenbesitz für Juden am 11. November verboten. Dieses

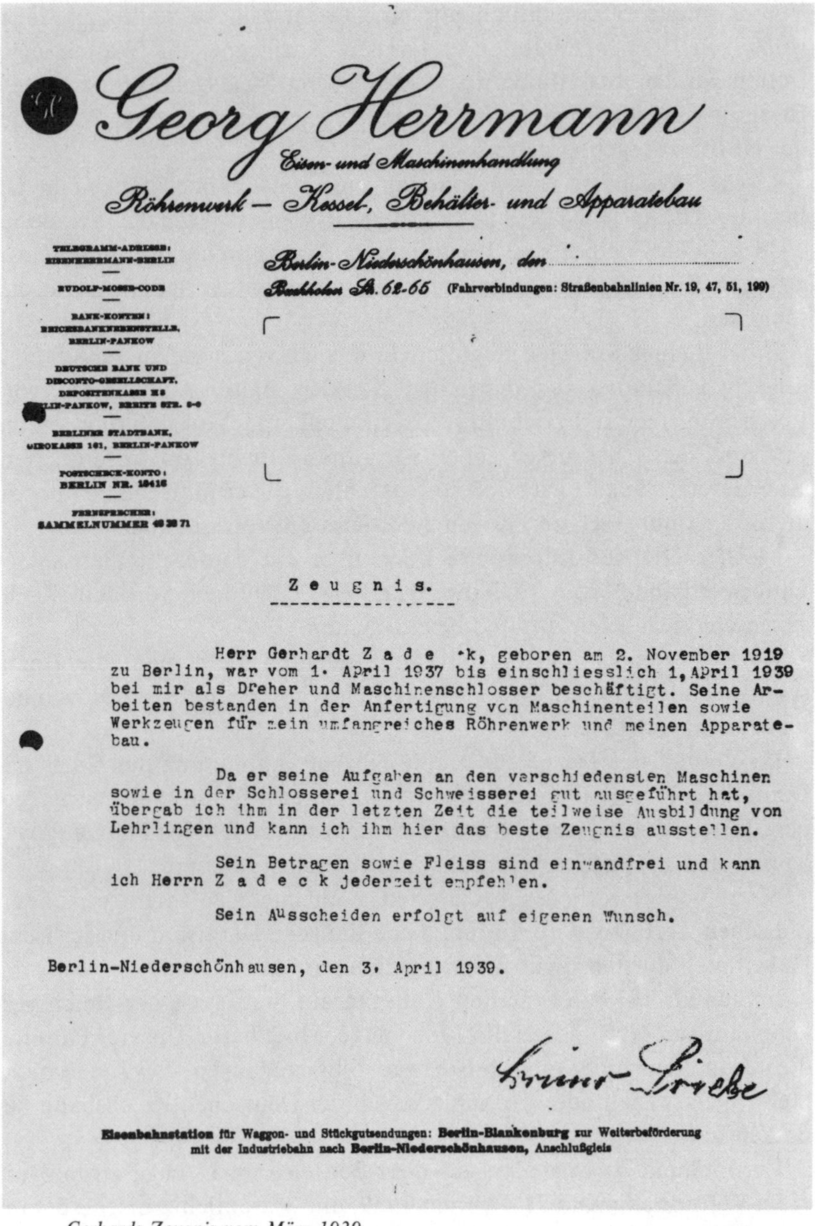

Georg Herrmann

Eisen- und Maschinenhandlung

Röhrenwerk – Kessel-, Behälter- und Apparatebau

TELEGRAMM-ADRESSE:
EISENHERRMANN-BERLIN

RUDOLF-MOSSE-CODE

BANK-KONTEN:
REICHSBANKNEBENSTELLE,
BERLIN-PANKOW

DEUTSCHE BANK UND
DISCONTO-GESELLSCHAFT,
DEPOSITENKASSE H 3
[illegible]LIN-PANKOW, BREITE STR. 8-9

BERLINER STADTBANK,
GIROKASSE 161, BERLIN-PANKOW

POSTSCHECK-KONTO:
BERLIN NR. 18416

FERNSPRECHER:
SAMMELNUMMER 48 38 71

Berlin-Niederschönhausen, den ....

Buchholzer Str. 62-65 (Fahrverbindungen: Straßenbahnlinien Nr. 19, 47, 51, 199)

Z e u g n i s.

Herr Gerhardt Z a d e c k, geboren am 2. November 1919 zu Berlin, war vom 1. April 1937 bis einschliesslich 1. April 1939 bei mir als Dreher und Maschinenschlosser beschäftigt. Seine Arbeiten bestanden in der Anfertigung von Maschinenteilen sowie Werkzeugen für mein umfangreiches Röhrenwerk und meinen Apparatebau.

Da er seine Aufgaben an den verschiedensten Maschinen sowie in der Schlosserei und Schweisserei gut ausgeführt hat, übergab ich ihm in der letzten Zeit die teilweise Ausbildung von Lehrlingen und kann ich ihm hier das beste Zeugnis ausstellen.

Sein Betragen sowie Fleiss sind einwandfrei und kann ich Herrn Z a d e c k jederzeit empfehlen.

Sein Ausscheiden erfolgt auf eigenen Wunsch.

Berlin-Niederschönhausen, den 3. April 1939.

Eisenbahnstation für Waggon- und Stückgutsendungen: **Berlin-Blankenburg** zur Weiterbeförderung mit der Industriebahn nach **Berlin-Niederschönhausen,** Anschlußgleis

Gerhards Zeugnis vom März 1939

Verbot mußte offensichtlich nur eine Gesetzeslücke schließen. Jeder wußte seit 1933, wenn Juden und andere Nazigegner mit Waffen angetroffen wurden, was ihnen an Strafen wegen Staatsgefährdung blühte. Ironisch gemeint, fragte mich jemand, ob ich schon meine Waffe bei der NSBO abgegeben hätte.

Lischka bedauerte es scheinheilig, wie immer, mich nicht mehr am Berliner Theaterleben teilhaben lassen zu können. Vom 12. November 1938 galt das Verbot des Theater- und Kinobesuches für Juden. Am gleichen Tag wurden Juden aus Genossenschaften jeder Art ausgeschlossen.

Einer meiner Kollegen fragte mich, was ich von dem Ausschluß aller jüdischen Schüler aus deutschen Schulen halte. Auch diese vom Reichsminister für Erziehung, Wissenschaft und Volksbildung, einem gewissen Rust, herausgebrachte Verordnung diente im wesentlichen, eine Gesetzeslücke zu schließen. Tatsächlich gab es jüdische Schüler zu dieser Zeit nur noch an einigen Acht-Klassen-Volksschulen.

Meister Niehaus informierte mich über ein Rundschreiben seines Laubenverbandes vom 29. November 1938, daß Juden von dem Recht ausgeschlossen seien, Brieftauben zu halten.

Ab 8. Dezember durften jüdische Studenten nicht mehr die Hochschulgebäude betreten. Das war praktisch schon nach dem 9. November nicht mehr möglich.

Im Verlauf des Dezember mußte ich laut Anordnung des Chefs der Deutschen Polizei meinen gerade erworbenen Führerschein zurückgeben. Hätte ich ein Kraftfahrzeug besessen, würde ich das Fahrzeug verkaufen und die Papiere ebenfalls zurückreichen müssen.

Nicht wenige Kollegen bedauerten, nicht mehr zu ihrem vertrauten jüdischen Arzt gehen zu dürfen. Auch jüdische Dentisten und jüdische Hebammen durften nicht mehr praktizieren.

Im Januar 1939 fiel meinen Kollegen auf, daß auch der Reichsverkehrsminister etwas gegen die Juden angeordnet hatte. Unserer Familie, die schon lange nicht mehr reiste, war völlig entgangen, daß Juden nicht mehr Speisewagen oder gar Schlafwagen der Deutschen Reichsbahn benutzen durften.

Vor meinem Ausscheiden aus dem Betrieb kam Lischka zu mir mit einer Verordnung vom 21. Februar 1939, und wies mich grinsend darauf hin, dafür zu sorgen, daß unsere Familie alle Gegenstände aus Gold oder Platin, Edelsteine und Perlen an den Staat zu verkaufen hätte. Die Aufkaufpreise seien zu akzeptieren, hieß es in dem Amtspapier. Lischka wußte genau, daß es solche Schätze bei uns wie bei den meisten noch in Berlin wohnenden jüdischen Familien nicht gab. Aber Lischka war Nazi durch und durch, er drohte:

»Wir werden nachsehen kommen.« Ausgerechnet mit dieser, mich überhaupt nicht betreffenden Verordnung ließ Lischka mich nicht in Ruhe. Er entfernte sich mit den Worten: »Denke daran, der letzte Termin für den Verkauf eurer Wertsachen ist der 31. März 1939.«

Ein letzter Termin, das stimmte wirklich, aber nicht für den Verkauf nicht vorhandener Wertsachen. Es sollte nach fünfjähriger Tätigkeit mein letzter Arbeitstag bei der Firma Georg Herrmann sein. Das Firmenschild mit dem Namen des ehemaligen jüdischen Inhabers blieb, auch als es niemanden mehr mit diesem Namen gab.

Hachschara in der Mark Brandenburg

Das war eine etwas seltsame Form der Arbeitsvermittlung. Im Büro der »Reichsvertretung der Juden in Deutschland« in der Oranienburger Straße erfolgte meine Einstellung als Handwerker und Berufsausbilder für das Umschulungslager »Gut Winkel« mit Handschlag und einem Zettel mit Angaben darüber, wo ich mich wann zur Abfahrt einzufinden hatte. Verantwortlich für diese Ausbildungsstätte zeichnete der zionistische Jugendverband »Habonim«. Die Jugendlichen sollten auf die Auswanderung nach Palästina vorbereitet werden. Auf meine Frage über eine Entlohnung, gab es nur ein Schulterzucken von dem, der mir die Hand drückte.

Seit der Pogromnacht 1938 waren die Kassen der Jüdischen Gemeinde leer, weil die Anzahl der Sozialfälle erheblich angewachsen ist. Diejenigen, die früher Spenden gaben, wurden zum größten Teil ihr Geld durch die von den Juden in Milliardenhöhe zu zahlende »Entschädigung« los.

Für die Unterkunft und Verpflegung sei gesorgt, und hin und wieder werde schon mal ein Taschengeld herausspringen, wurde mir versichert. Ich dachte mir, das werden wir schon sehen.

Solche Ausbildungsstätten, von jüdischen Besitzern der Reichsvertretung der Juden in Deutschland zur Verfügung gestellt, gab es in vielen Teilen Deutschlands. Die ältesten lagen in Gut Groß-Breesen in Schlesien und Gut Winkel bei Spreenhagen in der Mark Brandenburg. Junge Menschen aller Klassen und Schichten, unterschiedlichster Schulbildung und Altersgruppen, wurden hier ziemlich willkürlich, nur nach vorgesehener fachlicher Ausbildung zu Gruppen zusammengefaßt.

Das Ausbildungsziel bestand darin, den Jugendlichen handwerkliche, landwirtschaftliche und hauswirtschaftliche Fähigkeiten zu vermitteln. Die Reichsvertretung war darum bemüht, diesen heranwachsenden jungen Juden bessere Möglichkeiten für ein selbständiges Leben zu bieten, gleich, wohin sie das Schicksal verschlagen würde.

Einige Jugendliche befanden sich schon Monate vor uns in Gut Winkel, blieben dadurch vom November-Pogrom verschont und empfanden diese Einrichtung, die als einzige in Deutschland bis 1941 weiter bestehen durfte, als schützende Insel in einer nazistischen Umgebung. Das traf besonders auf jene Jugendlichen zu, die aus kleineren Städten kamen. Wir Berliner lebten in der Anonymität der Großstadt noch einigermaßen unbehelligt. Trotz guter Leistungen in der Schule konnten nur wenige jüdische Jugendliche einen Beruf erlernen, weil nur Firmen mit jüdischen Inhabern jüdische Lehrlinge einstellten. Diejenigen, die ihren zumeist mittellosen Eltern nicht auf der Tasche liegen wollten, bemühten sich, über die Reichsvertretung oder das Palästina-Amt um einen »Ausbildungs-Platz«, um mit der Jugend-Alija nach Palästina zu gelangen.

So gingen junge Juden auf »Hachschara«, um in Gut Winkel vor allem eine landwirtschaftliche Ausbildung zu bekommen. Besonders die Städter konnten sich zuerst nicht gerade begeistern, dachten an die ungewohnte Feldarbeit, Erdbeeeren jäten, Stall ausmisten, Spargelstechen. Aber alles war besser als gar kein Beruf.

Wir waren ein Dutzend gutgelaunter Leute, Jungen und Mädchen, halbe-halbe, wie wir lachend feststellten – als wir uns erstmals auf dem Vorplatz des Bahnhofs Fangschleuse am 6. April 1939 trafen.

Hans und »Munki« (Ursel), Alice und ich kamen in Absprache mit Herbert Baum nicht nur zur Ausbildung nach Gut Winkel.

Unsere fachlichen Fähigkeiten ausnutzend, Hans war Tischler und ich bekanntlich Schlosser und Werkzeugmacher, wollten wir unsere politische Arbeit fortsetzen; Alice und Munki, zwei kontaktfreudige Mädchen, standen uns dabei zur Seite.

Da Gut Winkel als Ausbildungsstätte weiterbestehen durfte, genehmigte das zuständige Sicherheitshauptamt die Vergrößerung der Ausbildungskapazität sicherlich auch, um die Juden besser unter Kontrolle zu haben. Diese Erweiterung machte die Errichtung von Baracken und sanitären Anlagen sowie die Vergrößerung der Küchenkapazität erforderlich.

Wir zwölf vor dem Bahnhof Fangschleuse waren so etwas wie ein Vorkommando der Handwerker für die Neubauten. Wir sollten abgeholt werden und erwarteten einen LKW, deshalb nahmen wir einen großen Leiterwagen, bespannt mit zwei großen Brauereipferden, der hinter der Bahnschranke stand, nicht für voll. Erst als ein Kutscher mit der Peitsche knallte und auf sein Gefährt wies, wurde uns klar, daß uns eine

Morgendlicher Appell in Gut Winkel

Fahrt mit dem Heuwagen bevorstand. Es folgte eine gemütliche Fahrt durch dichten Wald zu dem 10 Kilometer entfernten Gut Winkel bei Spreenhagen.

Noch im Verlaufe des Tages wurden wir vom Gutsdirektor Gerson, einem Landwirtschaftsexperten, eingewiesen. Wie sich herausstellte, war er auch ein erfahrener, aber strenger Pädagoge. Er wohnte mit seiner Frau und drei reizenden kleinen Töchtern im Gutshaus.

Sein Stellvertreter, Guggenheim, »kurz und klein«, wie wir ihn heimlich nannten, nachdem wir ihn besser kennengelernt hatten, setzte seinen ganzen Ehrgeiz daran, nach Habitus und Auftreten wie ein preußischer Gutsvogt zu wirken. Bei den morgendlichen Arbeitsappellen trug er besonders dick auf. Er stellte sich in das Karree der »Chawerim« und »Chaweroth«, zu deutsch Freunde und Freundinnen, mit auf Hochglanz polierten Schaftstiefeln, grasgrünen Breeches und Lodenhut und verkündete im Befehlston die Arbeitseinsätze des Tages, die Zusammensetzung der Brigaden, die Abfahrtszeiten zur Feldarbeit auf die weiter entfernten Äcker. Die Art der Verpflegung, ob kalt oder warm, und die Länge des Arbeitstages waren abhängig von der Feldarbeit und natürlich vom Wetter. Im Grunde genommen war Guggenheim ein gutmütiger, freundlicher Mann, wenigstens nach Feierabend.

Wir Handwerker trafen es relativ gut. Unser Polier Hanne, Zimmermann mit Fachschulabschluß war einer der letzten jüngeren Juden, die noch diese Ausbildung beenden konnten. Bei ihm erlernten wir den Barackenbau von der Pike auf. Wir alle arbeiteten hart, meist bis Sonnenuntergang, denn die Zeit drängte. Ausschachten, Betonieren, Isolieren, nur mit Schippe und Spaten, das kostete Kraft. Pinsel, Wasserwaage, Rohrzange mußten wir als unser eigenes Werkzeug mitbringen. Lohn gab es wirklich nicht, aber in Hannes anerkennenden Worten, die er, der selbst mitarbeitete, nach Arbeitsschluß niemals vergaß, wenn wir besonders gut vorangekommen waren, sahen wir unsere Entlohnung.

Sobald die Sanitätsbaracke stand, wurde ich wie von selbst Vorarbeiter der Schlosser- und Klempnerbrigade, von meinem Trupp liebevoll bis spöttisch »Meister« gerufen. Meine vielseitige Berufsausbildung zahlte sich jetzt gut aus. Hans avancierte zum Tischler-Polier und ein Dritter von uns leitete die Malerbrigade. Wir Facharbeiter betätigten uns dabei zugleich auch als Berufsausbilder, um aus den jungen Menschen zumindest gute Angelernte zu machen. Jeder war bestrebt, sich fachlich zu qualifizieren. Natürlich ersparten wir unseren Lehrlingen nicht den üblichen Unsinn, dem wir als Stifte auch ausgesetzt waren, wie das »verchromte Augenmaß« oder die »Feinspülung für das WC« zu holen. Soweit Fachbücher vorhanden waren, wurden sie eifrig gelesen, um die fehlende Berufsschule zu ersetzen.

Für die Viehpfleger erteilte Direktor Gerson Lektionen, um zu sichern, daß die Tiere richtig behandelt werden. Zum Thema Viehaufzucht wurde er einmal gefragt, ob die Möglichkeit bestünde, Einfluß auf das Geschlecht des Tieres bei der Besamung nehmen zu können. Dies verneinte er sehr trocken mit der bissigen Bemerkung: »Wenn das möglich wäre, hätte ich bestimmt nicht drei Töchter.«

Erstaunlich war, wie sich unsere Großstadtpflanzen, besonders die Mädchen, im Kuhstall und im Hühnerstall mit dem Rhythmus der Versorgung des Viehs und der Reinigung der Ställe einarbeiteten, obwohl ihnen diese Arbeit ungewohnt war. Alice wurde von Guggenheim aus unerfindlichen Gründen zuerst in die alte Gutsküche und dann zur »Spezialausbildung« in die neue koschere Küche abkommandiert. Koscher bedeutete hier völlig fleischlose Kost. Sonst hätten Geschirr und Besteck sowie Töpfe und Pfannen doppelt vorhanden sein müssen. Da-

Umlernen in Gut Winkel

für waren Mittel und Möglichkeiten nicht gegeben. Aber vierzig von den etwa zweihundert Praktikanten bestanden auf koscher zubereitete Speisen und fanden sich mit dem fleischlosen Küchenzettel ab. Alice machte es nichts aus, in dieser Küche, die abseits vom Gut lag, zu arbeiten. Die Wirtschaftsleiterin, Fräulein Wobser, kam gelegentlich zur Kontrolle, um zu sehen, ob alle satt wurden und ob die Kalkulation stimmte; für das Mittagessen durfte die Summe von 48 Pfennigen pro Person nicht überschritten werden. Fräulein Wobser, eine ausgebildete Hauswirtschaftslehrerin, etwa vierzig Jahre alt, beinahe schüchtern zu nennen, hatte es sehr schwer, sich in Gut Winkel einzugewöhnen. Vermutlich hat sie bis zur Einführung der faschistischen Rassengesetze kaum etwas vom Judentum und sicher gar nichts über den Zionismus gewußt. Sie gehörte zu dem nicht kleinen Kreis deutscher Bürger, die erst durch den für ihre Tätigkeit an einer städtischen Hauswirtschaftsschule erforderlichen »Ariernachweis« feststellen mußte, daß sie, die gläubige Christin, jüdischer Herkunft war. Im Jahre 1935 wurde sie entlassen und war froh, nach jahrelanger Gelegenheitsarbeit hier in Gut Winkel ihrer Ausbildung entsprechend tätig werden zu können.

In dieser kleinen Gruppe Küchenfrauen ließ es sich gut diskutieren, wovon Alice vieles zu berichten wußte. Da sowohl die anderen Küchenmädel und auch die Essenteilnehmer aus orthodoxen Elternhäusern kamen, waren sie fast alle keine Zionisten; denn nur Gott bestimmt, wann der Messias kommt. Erst danach können Juden das gelobte Land erwarten. Die Kehrseite der Medaille bestand jedoch darin, daß sie sich meistens keinerlei Gedanken über das Wesen des Faschismus gemacht hatten und den Sozialismus ablehnten, weil dieser atheistisch sei. Leider konnten wir nie feststellen, ob diese Diskussionen damals einen kleinen Spalt der Tür zu neuen Erkenntnissen geöffnet haben; wir konnten es nur hoffen.

Direktor Gerson, der einmal unverhofft die koschere Küche inspizierte, fand Alice allein vor einem Berg Kartoffeln. Wißbegierig, wie meine Freundin Alice nun einmal war, wollte sie von Gerson wissen, warum gerade hier, vom Gut so weit entfernt, diese Küche eingerichtet worden sei. Die Frage war dem Direktor ein bißchen peinlich. Da er aber wußte, daß Alice nicht aus orthodoxem Elternhaus kommt, gab er ihr das große Geheimnis preis, sich vorher vergewissernd, daß niemand weiter in Hörnähe war. Er erzählte Alice, daß dieses Gebäude einmal als Futterküche für die Schweine gedient habe und das einzige Objekt gewesen sei, wo ohne bauliche Veränderungen eine solche Küche eingerichtet werden konnte. Gerson versicherte, daß vorher alles gründlich gereinigt, desinfiziert und gemalert sowie natürlich nach allen rabbinischen Vorschriften koscher gemacht wurde.

Bei unseren orthodoxen Jugendlichen, denen der Verzehr von Schweinefleisch als unrein untersagt war, hätte die Kenntnis von der ehemaligen Nutzung der Küche möglicherweise Protest ausgelöst.

Die Mehrzahl der Praktikanten wurde von der alten Gutsküche aus verpflegt. Wir waren wirklich nicht verwöhnt, aber ärgerten uns doch darüber, mit welcher Lieblosigkeit der Koch, Herr Kowalski, oft das Essen zubereitet hatte. Bereits nach zwei Wochen brach der Sturm im Essensaal los. Da ich offenbar die größte Lippe riskiert hatte, bestanden die Empörer darauf, »Geza«, wie mein Spitzname lautete, in einen neu zu bildenden »Waad« zu wählen, was hier soviel wie Lagerrat bedeutete und dem Direktor als beratendes Gremium zur Seite stand. »Munki« und ich wurden gewählt. Uns beiden ging es nicht nur um die Verpflegung. Vor allem wollten wir die Freizeitgestaltung, den Schulungsplan und die Kulturveranstaltungen in unserem Sinne beeinflussen.

Die Nazis hatten den 1. Mai, den Internationalen Kampf- und Feiertag der Arbeiterbewegung, bereits 1933 entehrt. Wegen ihres angeblich nationalen Sozialismus, mit dem sie Teile der deutschen Arbeiterklasse irreführten, wagten sie nicht, den Tag völlig zu ignorieren. So hatten sie den 1. Mai umgefälscht in den »Tag der deutschen Arbeit«.

Auch das Gut hatte am 1. Mai arbeitsfrei. Der obligatorische Morgenappell wurde nur durchgeführt, um die Versorgung von Gutsbewohnern und Vieh zu sichern. Seitens der Leitung war nichts weiter vorgesehen. Deshalb wählten wir den Vormittag für eine Maifeier, weil wir annehmen konnten, zu diesem Zeitpunkt nicht vom Landjäger gestört zu werden. Dieser mußte wahrscheinlich bei der Ortsveranstaltung, einige Kilometer entfernt von uns anwesend sein. Der Dachboden unserer großen Heuscheune eignete sich vortrefflich für unser Vorhaben. Wir konnten weit ins Land sehen und wurden selber nicht gesehen. Eingeladen hatten wir die Baubrigaden mit ihren »Lehrlingen« sowie einige Jugendliche, zu denen wir schon guten Kontakt hatten.

Über einen Tisch in der Mitte des Raumes hatten wir ein rotes Tuch gebreitet und Blumen hingestellt. Wir hatten alles so hergerichtet, daß es schnell verschwinden konnte. Ich hielt eine kurze Ansprache, meine erste zu einem solchen Anlaß.

Etwas aufgeregt und mit leiser Stimme erinnerte ich daran, wie und warum die Nazis seit 1933 den 1. Mai mißbrauchen, daß zur gleichen Zeit nicht nur in der Sowjetunion und den kapitalistischen Staaten, sondern gewiß auch Menschen in deutschen Zuchthäusern und Konzentrationslagern an diesen Tag denken würden.

Mein Wort richtete ich vor allem an jene, die beabsichtigten, mit der »Alijah« nach Palästina zu gehen. Ich ermutigte sie, gemeinsam mit den Palästinensern gegen die Unterdrückung aller fortschrittlichen Kräfte durch die britische Mandatsmacht und gegen extreme Zionisten zu kämpfen, die jegliche Zusammenarbeit von Juden und Arabern ablehnen. »Ich bin sicher, daß dort auch am heutigen Tag in diesem Sinne der 1. Mai gefeiert wird«, sagte ich zum Abschluß.

Zwei Arbeiter auf dem Gut waren keine Juden. Da beide aus Oberschlesien stammten, sind sie vermutlich katholisch gewesen. Als kleine Kinder waren sie mit den Eltern, die sich als polnische Schnitter, wie viele ihrer Landsleute, im Tagelohn zur Erntezeit auf den ostelbischen Gütern verdingten, nach Deutschland gekommen. Bei Beginn des Weltkrieges 1914 blieben sie in Spreenhagen, heirateten später und gründeten Familien. Zwar lebten sie nicht mehr in einer Schnitterkaserne, aber ihre kleinen Katen waren mehr als bescheiden. Ohne diese beiden, Willi hieß der eine, Paul der andere, lief auf dem Gut gar nichts, hätte der Betrieb nicht aufrecht erhalten werden können. Sie fuhren unseren LKW, die Elektrokarren und Traktoren, denn seit November 1938 durfte kein »Rassejude« mehr ein kraftstoffbetriebenes Fahrzeug führen. Beide zogen es jedoch vor, mit dem Pferdegespann zu fahren. Deshalb machten sie eine Reihenfolge für die LKW-Fahrten unter sich aus. Heute Willi, morgen Paul, dann wieder Willi, der doch mehr als Paul an den beiden Gäulen hing.

»Von der Wehrmacht lasse ich mir die nicht ausspannen«, sagte er mir einmal, als es schon brenzlich wurde. Solange ich auf dem Gut war, blieben auch seine »Ostpreußen« dort, nur nicht mehr Willi, der wurde Mitte August zur Wehrmacht eingezogen.

Mit Willi bin ich oft unterwegs gewesen. Einmal hatte ich einen »Brief« nach Stettin zu bringen. Bald ergab sich eine günstige Gelegenheit, weil Willi von dort Sanitärausrüstungen holen und ich ihn begleiten sollte.

Wir besaßen von »Ottos Bibel« nur ein einziges, sorgsam gehütetes Exemplar, aus dem wir wichtige Auszüge mit der Schreibmaschine angefertigt hatten. Einer unserer Kumpel bat mich, seiner Schwester in Stettin, die zu einem Kreis politisch aufgeschlossener junger Juden gehörte, diese vier eng beschriebenen Schreibmaschinenseiten zu überbringen, da der Postweg ausgeschlossen war. Das ganze wurde wie ein Brief aufgemacht, mit erfundenem Namen und Adresse, fiktiver Anrede und Unterschrift, um mich im Falle eines Falles abzusichern. Er übergab mir auch mit der Adresse des Kurzwarenladens, in dem seine Schwester tätig war, ein Foto von ihr, da ich sie nicht persönlich kannte. Darauf war ein etwas pummeliges, pausbäckiges, sehr junges Mädchen abgebildet.

In Stettin angekommen, mußten wir zuerst Kisten für einen Kindertransport nach Palästina verladen. Auf dem Weg zum Rohrlager setzte mich Willi in der Altstadt ab. Er sollte mich von dort auch wieder abholen.

Das Kurzwarengeschäft fand ich schnell, aber was sollte ich zu der schönen jungen Verkäuferin sagen, denn von Erika, so hieß das Mädchen auf dem Foto, war weit und breit keine Spur.

»Was wünschen der Herr?« fragte sie mich. Es war zu spät, mit ihr ein Gespräch anzufangen, denn nun kamen Kunden, die wirklich etwas kaufen wollten. Also erstand ich drei Rollen Nähgarn und fragte nach Fräulein Erika. »Fräulein Erika?« fragte sie zurück, und plötzlich, nachdem sie mich in meiner Monteurkluft eingehend gemustert hatte, sagte sie: »Ja, Erika kenne ich gut, lassen Sie mich erst die Kunden bedienen, dann werde ich Sie mit Erika bekannt machen.«

Nun, nachdem wir wieder allein in dem Laden waren, dämmerte es mir ... Das war Erika, die da lachend vor mir stand. Mir war ein Stein vom Herzen gefallen.

Beinahe wäre durch ein dämliches Foto alles schief gegangen. Schnell verschwand das Kouvert unter dem Ladentisch und ich aus dem Laden.

Es ist heute sicherlich schwer verständlich, warum dieser Brieftransport überhaupt Erwähnung findet. Wäre dieser Brief mit den Passagen aus einem verbotenen Buch in die falschen Hände geraten, hätte das verhängnisvolle Folgen haben können. Was wäre alles aufgeboten worden, um Absender und Empfänger ausfindig zu machen. Schließlich mußte jeder, der hochverräterische Schriften anfertigt oder vertreibt, mit hohen Zuchthausstrafen oder sogar mit dem Tode rechnen. In jenen Jahren mußte aber immer wieder die Frage gestellt werden: Lohnt sich das Risiko? Einen Garantieschein gab es nie, aber schlimm wäre es, deshalb tatenlos zu bleiben.

Die verlorene Brieftasche

Meine beiden Cousinen, Hanna und Ruth, bildhübsche, zierliche Zwillinge, hingen an mir wie an einem älteren Bruder. Nachdem sie die Mittelschule beendet hatten, sollte Ende Mai eine kleine Schulabschlußfeier ganz in Familie stattfinden. Für sie beide war vorgesehen, Ausbildungsmöglichkeiten im Ausland zu finden. Ihre Eltern hofften, daß alles schnell vonstatten ginge. Deshalb sollte diese Feier zugleich Abschiedsfest sein, obwohl über einen Ausreisetermin noch nichts bekannt war.

Meine Mutter hatte mich schon vor Abfahrt nach Gut Winkel gedrängt, unbedingt zu dieser Feier zu kommen, egal, wo ich mich gerade mit Alice herumdrücken würde. Ich dachte gar nicht daran, mich zu drücken. Mir war es nur peinlich, nach gerade sechs Wochen auf dem Gut schon Urlaub zu beantragen. Von Spreenhagen nach Berlin-Neukölln in die Schierker Straße zu gelangen kam damals einer kleinen Weltreise gleich. Ich brauchte mindestens zwei Tage frei. Unser gestrenger Herr Guggenheim war gnädig und bewilligte mir die beiden Tage.

Es war ein Abschied für immer von den Zwillingen und von deren Eltern, Onkel Siegfried und Tante Hulda. Sie konnten doch nicht mehr, wie vorgesehen, ins Ausland gelangen. Die Familie wurde mit dem ersten Judentransport Ende 1941 von der Großen Hamburger Straße Berlin direkt ins Warschauer Ghetto geschickt. Wenige Wochen später schrieb Onkel Siegfried eine Postkarte aus Warschau mit dem einen einzigen, allessagenden Satz: »Heute wurden Hulda und die Mädels zum Entlausen abgeholt.« Weitere Post kam nicht mehr.

Ich machte mich also Ende Mai auf den Weg nach Berlin. Um Zeit zu gewinnen, war ich schon am Vorabend nach Arbeitsschluß mit dem Fahrrad von Spreenhagen abgefahren, bei scheußlichem Wetter im strömenden Regen. Mein Ziel war Bahnhof Fangschleuse, zehn Kilometer durch den Grünheider Wald. Auf halbem Weg war ich schon völlig vom Regen durchnäßt. So stieg ich erst einmal vom Rad und suchte unter den Bäumen Schutz. Dabei geschah vermutlich das, was Alices und mein Schicksal so entscheidend beeinflußt hat.

Beim Herausziehen des Taschentuchs muß, von mir unbemerkt, meine Brieftasche mit Papieren, Ausweisen und Fotografien aus der Hosentasche gefallen sein. Diesen Verlust stellte ich erst bei der Familienfeier in Neukölln fest, als ich meinen Cousinen ein Foto schenken wollte, das ich von ihnen gemacht hatte. Die Freude an der Feier war für mich hin, so sehr ich mir auch Mühe gab, die fröhliche Stimmung nicht zu stören.

Zurückgekehrt nach Gut Winkel beichtete ich zuerst alles meiner Alice. Was könnte mich belasten, wenn die Brieftasche gefunden wurde; Was war alles darin? Das Foto der Zwillinge, belanglos, meine Judenkarte mit Namen und Fingerabdrücken, dem Kennwort: Berlin sowie die Kennummer A 023 342, eine Fotokopie des an die Polizei zurückgegebenen Führerscheins? Auch belanglos. Juden war bekanntlich schon längst das Führen von Kraftfahrzeugen aller Art verboten. Für die Rückgabe dieses Dokuments hatte ich sogar eine Quittung erhalten. Nach bestandener Fahrprüfung im Sommer 1938 bin ich überhaupt nur ein einziges Mal selber Auto gefahren, nach Magdeburg, der Heimatstadt meines Vaters und zurück mit meinen Eltern und Alice.

Aber der gefährlichste Inhalt der Brieftasche schien mir die Durchschrift eines Briefes, datiert vom 15. April 1939, adressiert an Seine Exellenz Hermann Göring. Diesen Brief hatte Günter Hopp, einer meiner Freunde, kurz vor seiner Ausreise nach Schanghai geschrieben. Günter bat Göring, sich für die Freilassung eines siebzehnjährigen Juden aus dem KZ Buchenwald einzusetzen. Welche Illusion!

Aber unter der jüdischen Bevölkerung kursierte das Gerücht, daß einzelne Nazigrößen, darunter Göring, angeblich hier und da, aus welchen Gründen auch immer, die Freilassung dieses oder jenes Juden erwirkt haben sollen.

Es handelte sich um unseren Kampfgefährten Herbert Sprey, dessen tragische Geschichte mir Günter erzählte, als er mir diese Briefkopie übergab.

Herbert war Mitte 1939 über die »Grüne Grenze« in die Tschechoslowakei abgehauen. Er schlug sich bis Dečin irgendwie illegal durch, denn er hatte, weil er staatenlos war, weder Papiere noch eine Aufenthaltsgenehmigung. Tschechische Polizisten nahmen ihn bei einer Ausweiskontrolle fest. Da er ein Tagebuch mit stenografischen Eintragungen bei sich trug, mit dem die Polizei nichts anzufangen wußte, wurde er als vermeintlicher deutscher Spion verhaftet, nach Prag gebracht und in ein Gefängnis gesteckt. Einen Tag bevor die Nazis die tschechoslowakische Hauptstadt besetzten, ließ man ihn frei. Auf abenteuerliche Weise kehrte er nach Bremen, seiner Heimatstadt, zurück, er fand die Wohnung seiner Eltern ausgeräumt. Vater und Mutter waren verschwunden. Keiner wußte, wann und wohin.

Günter Hopp wurde gerade kurz zuvor mit seinem Vater aus dem KZ Sachsenhausen entlassen, wohin beide in der Pogromnacht verschleppt wurden. Sie konnten sich von dort freikaufen mit Geld und Schiffskarten nach Schanghai. Das war zu diesem Zeitpunkt der einzige Hafen der Welt, wo man ohne Visum landen durfte. Jetzt stand, kurz vor ihrer Abreise, unverhofft Herbert Sprey vor ihrer Tür und bat um Unterkunft, Rat und Hilfe.

Der Vater versprach Unterstützung und gab ihm auch Unterkunft. Um sich nicht selbst zu gefährden, stellte er allerdings die Bedingung, daß Herbert sich am nächsten Morgen ordnungsgemäß bei der Polizei anmelden solle. Vater Hopp hat sicherlich nichts davon gewußt, daß jegliche Rückkehr von jüdischen Emigranten in das Deutsche Reich unerwünscht war und sofortige Einlieferung in ein KZ zur Folge hatte. So kam es dann auch. Herbert wurde auf der Polizeiwache verhaftet und in das KZ Buchenwald verschleppt. Davon hatten die Hopps kurz vor ihrer Fahrt nach Schanghai erfahren.

In der Hoffnung, auch Herbert freikaufen zu können, schrieben sie diesen Brief an Göring, hinterlegten die tausend Reichsmark für eine Schiffskarte nach Schanghai und übergaben mir die Durchschrift, damit ich die Angelegenheit weiter verfolgen sollte. Wie ich das hätte bewerkstelligen sollen, war mir zwar völlig schleierhaft, aber vielleicht ergab sich irgendeine Gelegenheit, den Durchschlag weiterzugeben und Herbert zu helfen. Deshalb hatte ich die Briefkopie auch behalten. Jetzt schien sie das belastendste Dokument in meiner Brieftasche zu sein.

Ich erkannte sehr wohl die Gefahr, in die ich durch den Verlust meiner Brieftasche geraten war. Vor allem bewegte mich die Frage: Wer, wenn überhaupt – findet sie ? Was macht der Finder damit? Aber, noch blieb die Brieftasche wie vom Erdboden verschwunden. Nur ein guter Geist hätte sie mir zurückbringen können. Wo aber finden schon gute Geister Brieftaschen mit solchem Inhalt? Normalerweise hätte ich mich per Annonce an die Öffentlichkeit gewendet. Bei jeder Anzeigenannahme mußte ein Ausweis vorgezeigt werden. Aber ich hatte ja keinen mehr, der war ja verloren. Also hieß es überlegen, wo und wann hatte ich die Brieftasche verloren? Bei der Schlechtwetter-Fahrt durch den Wald? Ich schwang mich also aufs Rad, um zu der Stelle zu fahren, wo ich mich untergestellt hatte. Die richtige Stelle fand ich schon, aber nicht meine Brieftasche. Sie wurde, wie sich später herausstellte, von einem Landjäger gefunden, dem ich alles weitere zu verdanken hatte.

Offensichtlich finden Landjäger nicht alle Tage Brieftaschen mit einem solchen Inhalt. Kein Wunder also, daß er diesen gefährlichen Fund seinem Reviervorsteher übergab. Dieser Landjäger kam gerade angeradelt, als ich den feuchten Waldboden absuchte. Er hielt an, sah eine Weile zu und fragte: »Was suchen Sie denn da?« Ich erklärte es ihm.

»Na«, meinte er, »da haben Sie aber Glück, ihre Brieftasche habe ich nämlich gefunden. Die hat mein Chef nach Potsdam geschickt, an die Leitstelle der Gestapo. Wenn Sie die Brieftasche wiederhaben wollen«, sagte er mir mit hinterhältigem Grinsen, »dann brauchen Sie nur dort hinzufahren und sie abholen. Finderlohn wird dort gleich mit kassiert.« Damit empfahl er sich. Mit knieweichen Beinen strampelte ich auf dem Fahrrad nach Gut Winkel zurück.

Wir alle wußten, was Gestapo-Leitstelle bedeutete. Das war auch so gewollt. Selbst dem deutschen Volksgenossen mit blütenreinem Gewissen wurde es flau in der Magengrube, wenn er aus dienstlichen oder anderen Gründen dorthin befohlen wurde.

Was also sollte ich in diesem Falle tun? Das erste war, bei Direktor Gerson anfragen, ob die Gestapo bereits nachgeforscht hatte. »Nein, bisher nicht«, bekam ich zur Antwort.

Wie sich auch bei anderer Gelegenheit herausstellte, klappte die Zusammenarbeit zwischen den einzelnen staatlichen und lokalen Behörden, der Wehrmacht und der SS, der Gestapo und der Polizei doch nicht so perfekt, wie es sich der Nazi-Staat wünschte.

Ich hatte mich, wie es sich gehörte, im Kreis Beeskow-Storkow angemeldet. Der Bürgermeister von Spreenhagen stellte für mich am 23. Mai 1939 sogar eine Bescheinigung aus über die Anmeldung zum Anlegen eines Wehrstammblattes des dienstpflichtigen Juden Gerhard Israel Zadek. Später erfuhr ich, daß am gleichen Tag meiner Fahrt nach Potsdam bei meinen Eltern in Berlin nach meinem Aufenthalt gefragt wurde, obwohl ich in Spreenhagen ordnungsgemäß gemeldet war. Meine Lage war ungewiß. Bei der Gestapo nachzufragen, hieß vielleicht Gefahr laufen, dorthin geschickt zu werden, wo Herbert Sprey bereits war. Nicht abholen und über die »Grüne Grenze« verschwinden, bedeutet, sich derselben Gefahr auszusetzen. Eine sogenannte grüne Grenze gab es faktisch nicht mehr. Alle Staaten rund um Nazi-Deutschland hatten bereits ihre Grenzsicherungen verschärft und schickten Flüchtlinge gnadenlos zurück. Nicht zuletzt hätte meine Flucht Eltern und Freunde belastet.

Dieses ernste Problem mußte ich mit Herbert Baum beraten. In seiner Wohnung in der Stralauer Straße diskutierten wir alle Varianten. Mir blieb nichts anderes übrig, als das Wagnis eines Besuchs in der Löwenhöhle. Herbert kannte mich seit langem und wußte, daß ich meine Nerven einigermaßen gut beisammen hatte. Außerdem hatte ich den Vorteil, bedeutend jünger auszusehen als ich war und konnte, wenn ich wollte, auch reichlich naiv wirken. Prüfungen hatte ich im Leben bereits einige bestanden, in der Schule mit dem Deutschlehrer Schweinegruber, im Betrieb mit Rotkopp und den NS-Obleuten, aber hier hatte ich eine ganz andere Art Prüfung zu bestehen.

Alles mußte überlegt sein. Nichts durfte leicht genommen werden. Für jedes Stück Papier muß eine glaubwürdige Erklärung parat sein. Alle Möglichkeiten wurden mit Alice durchgespielt, bis ins kleinste Detail. Sie verhörte mich so lange, bis ich jede Frage beantworten konnte. Ich besaß ein von einem Mitarbeiter des Palästinaamtes in Berlin organisiertes Schreiben. Es lautete:

»Hiermit wird Herrn Gerhard I. Zadek bescheinigt, innerhalb von 14 /vierzehn/ Tagen nach Erledigung der erforderlichen Formalitäten ein Visum zur Einreise in das Königreich Schweden zu erhalten.«

»Hawe«, mir nur unter diesem Spitznamen bekannt, ein guter Freund von Herbert Baum, hatte mich mit diesem Dokument ausgerüstet. Er mußte bereits Erfahrungen mit solchen Bescheinigungen gemacht haben, als er mir sagte: »Ein mit Unterschrift und Stempel versehenes Papierchen ersetzt bei den meisten Bürokraten das Denken und die Verantwortung. Habe Vertrauen in das Papier, wir haben Vertrauen zu dir!«

Meine präparierten Antworten gewannen dadurch noch an Glaubwürdigkeit. Zu den Überlegungen gehörte selbst die Auswahl des günstigsten Tages, an dem ich in Potsdam aufkreuzen sollte. Wir fanden einen Sonnabendvormittag am geeignetsten. Man konnte hoffen, daß auch diese Beamten sich an einem Wochenende kürzer als sonst üblich fassen werden.

Einem solchen Gestapo-Beamten hoffte ich am ersten Sonnabend im Juni 1939 in Potsdam, Priesterstraße 11/12, zu begegnen.

Ich stand am Eingangstor. Davor die übliche SS-Wache mit dem für mich so schrecklichen Totenkopf an der Schirmmütze. Noch zögerte ich, die Klingel zu drücken. Aber hier nur nicht schwach werden, und dem Wachposten gegenüber schon gar nicht. Der SS-Mann am Einlaß telefonierte mit seinem Vorgesetzten und sagte mit gleichgültiger Stimme:

»Da kommt ein Judenlümmel, der was verloren hat.« Sozusagen seine Kurzform meines ihm genannten Anliegens. Schon hatte ich einen Passierschein in der Hand, ein anderer Schwarz-Uniformierter führte mich ins Haus.

Der lange Gang vom Tor in das Gebäude war etwa alle zwanzig Meter mit Stahlgittertoren unterteilt. Der SS-Mann an meiner Seite schloß vor mir auf und hinter mir sorgfältig wieder zu. Diese Prozedur wiederholte sich auf den Treppen in jeder Etage.

Dann stand ich in einem kahl weißgetünchten Raum. Ein blasiert Schauender mit bulligem Gesicht saß am Schreibtisch. Über ihm hing das obligate Bild Adolf Hitlers an der Wand. Dem Mann hinter dem Schreibtisch bereitete es anscheinend Freude, meine Brieftasche mit Inhalt vor mir auszubreiten. Hinter mir saß ein zweiter SS-Mann mit Notizblock auf dem Schoß.

Ich stand vor dem Schreibtisch, ängstlich wollte ich nicht erscheinen. Wohin bloß beim Erzählen sehen, fuhr es mir durch den Kopf. Wer nichts zu verheimlichen hat und die Wahrheit sagt, sieht dem Fragenden in die Augen.

Die Geschichte mit dem Brief an Göring, für mich die komplizierteste Sache, schien sie irgendwie beeindruckt zu haben. Ich versuchte, ihnen glaubhaft zu machen, in Schweden einflußreiche Persönlichkeiten zu kennen, die Görings Herz für meinen Freund erweichen sollten, zumal Herbert Sprey ja der Deutschfeindlichkeit in der ehemaligen ČSR zum Opfer gefallen war.

Es folgten Fragen über die Länge meines Aufenthaltes in Schweden, das ja nur als Durchgangsland betrachtet werden durfte. Als Umschüler in Gut Winkel mußte mein Reiseziel Palästina sein. Darum auch die Fragen zu Schweden. Ich versicherte den Herren, daß alle Koffer und Kisten für Palästina längst gepackt seien, wovon sie sich in Gut Winkel sofort überzeugen könnten. Auch das hatten wir vorher abgesichert. Den meisten Ärger hatte ich zu bestehen wegen der Fotokopie meines Führerscheines. Darauf war ich eigentlich am wenigsten vorbereitet.

Hier wurde mir unterstellt, die Kopie für illegale Zwecke verwenden zu wollen. Das wäre tatsächlich möglich gewesen, da der Führerschein aus der Zeit vor dem Kennzeichen »J« und dem Zwangsnamen »Israel« stammte. Da wirkten meine Argumente wirklich dünn.

Mir schien das stundenlange Verhör einer Gratwanderung zu gleichen, bei der einem erst hinterher bewußt wurde, »wie hoch der Berg wie tief die Schlucht«, in die man hätte fallen können. Eine Handbewegung von dem hinter dem Schreibtisch hätte gereicht, um mein Schicksal zu besiegeln. Ich durfte auf dem Grat des Berges verbleiben, auf jede Geste, jeden Schritt, jedes Wort achtend, damit mich mein Verhörer nicht aus dem gedanklichen Gleichgewicht bringt, um mich mit jeder Minute weiteren Verhörs in die Tiefe zu stürzen.

Erstaunlich, wie besonnen, ja ruhig ich wurde. Selbst in dem Moment, als der mir bequem gegenüber Sitzende die freundliche Biedermannsrolle aufgab und wutverzerrt zu Schimpfkanonaden überwechselte. Ich bekam es langsam mit der Angst zu tun. Das konnte doch die Geschichte mit dem Führerschein nicht ausgelöst haben. Vielleicht wurde ich angeschrien, um mich ängstlich zu machen, um etwas aus mir herauszuholen, denn Angst einjagen gehörte zu ihrem System; nichts anmerken lassen.

Diese beiden Totenkopfträger waren offensichtlich aufeinander eingespielt. Genau genommen war ich die ganze Zeit darauf gefaßt, daß es in diesem Verhör nicht beim Anbrüllen bleiben würde. Das galt nur als Signal für den SS-Mann hinter mir, mich mit Fußtritten und Fäusten zu traktieren. Diese Behandlung bewirkte, daß ich, der bis dahin in Hab-Acht-Stellung vor dem Schreibtisch stand, plötzlich auf diesem landete und meine Papiere vom Tisch wedelte. Das grunzende Lachen der Beiden riß mich wieder hoch.

»Jetzt verneigt er sich auch noch vor unserem Führer,« sagte der Schläger. Das Stimmungsbarometer wurde wieder von »Sturm« auf »gemäßigt« gestellt. Die auf dem Boden liegenden Papiere mußte ich aufheben und stand nun wieder in Hab-Acht-Stellung vor dem Schreibtisch.

Meine innere Spannung löste sich in dem Moment, als ich die Kennkarte und alles andere, außer der Briefkopie und der Fotokopie, einstekken durfte. Der SS-Mann vor mir sah auf seine Armbanduhr. Meine Taktik ging auf. Am Wochenende wurde auch hier pünktlich Feierabend gemacht, zumal ein strahlend blauer Junihimmel ins Freie lockte.

Kaum zu glauben, ich durfte gehen. Erst mußte jedoch die Macht hinter dem Schreibtisch ihr Urteil sprechen.

»Jude, wenn du Deutschland in zwei Wochen verlassen wirst, bist du staatenlos. Laß dir nicht einfallen, jemals wiederzukommen. Wir kommen in vierzehn Tagen nachsehen, ob du verschwunden bist, sonst kannst du deinem Freund in Buchenwald einen langen Besuch abstatten.«

Auf dem großen Platz vor diesem Tor des Hauses der Totenkopfträger, dem ich entronnen war, tat die Luft gut.

Ein unbeschreibliches Gefühl der Freude, entkommen zu sein, überfiel mich. Es bedrückte mich noch nicht die Galgenfrist von vierzehn Tagen, in denen ich Deutschland zu verlassen habe, obwohl ich wußte: So schön die schwedische Bescheinigung auch aussah, sie hatte leider einen Fehler: Das Dokument war nicht echt!

Genau genommen hatte ich zwar eine Prüfung mit etwas Glück und guten Nerven bestanden, aber schon stand ich vor der nächsten. Wie sollte ich innerhalb von vierzehn Tagen Deutschland verlassen? Wohin überhaupt? Bleiben und untertauchen? Das war doch nur eine Galgenfrist!

Herbert Baum mußte umgehend über Verlauf und Ergebnis des Verhörs unterrichtet werden. Darum fuhr ich am Sonntagfrüh nach Berlin, beruhigte meine verängstigten Eltern und machte mich auf die Suche nach Herbert Baum. Ich traf ihn zu Hause an, es war ja ein Sonntagvormittag. Wir verließen die Wohnung Richtung Alex, weil das Gespräch, was wir zu führen hatten, am besten beim Spazierengehen zu führen war. Nachdem ich ihm alles ausführlich erzählte, war er diesmal besorgter um mich als vor meinem Potsdamer Abenteuer. Wir besprachen alle Möglichkeiten eines Auswegs, leider gab es aber kaum welche.

Herbert sagte: »Natürlich mußt du Deutschland auf schnellstem Wege verlassen.« Aber wohin? Plötzlich erinnerte er sich, daß ich ihm von Alices harten Auseinandersetzungen mit ihren Eltern erzählt hatte, weil Alice trotz Ausreisepapier nicht nach England fahren wollte, um sich nicht von mir zu trennen. Jetzt mußte ich ihm die ganze Geschichte und alle Nebenumstände nochmals schildern.

Alice war durch gute Freunde ihres Vaters in England zu ihrem »Permit«, das ist ein Visum, gebunden an eine Arbeitserlaubnis für einen bestimmten Arbeitsplatz, gekommen. »Also könnte Alice eigentlich sofort abreisen?« fragte er. Ich konnte nicht so schnell schalten. Warum Alice? In der Klemme war doch ich und nicht sie, bei aller Liebe!

Herbert erklärte es mir. Er sieht zwei Möglichkeiten: »Als erstes mußt

Palästina-Amt Berlin-Charlottenburg

du sofort Hawe vom Palästinaamt über deine Situation informieren und zweitens sollte Alice so schnell wie möglich ausreisen, in London zu Rudi A. gehen, der im Bloomsbury-House, dem Sitz einer Emigrantenhilfestelle, arbeitet. Sie soll ihm Grüße von ›Hebbi‹ ausrichten, er möchte umgehend für Gerhard Zadek ein Landarbeiterpermit besorgen.«

Alice reiste dann auch aus, ihre Eltern schüttelten über den plötzlichen Sinneswandel nur den Kopf.

Auf dem Alexanderplatz an der »Berolina« verabschiedete ich mich von Herbert Baum. Es war das letzte Mal, daß ich ihm die Hand gedrückt habe. Damals konnte ich nicht wissen, welches Schicksal unserer Gruppe durch die Faschisten zugedacht war.

In Spreenhagen meldete ich mich zunächst beim Bürgermeister zur bevorstehenden Ausreise nach Schweden ab. Der freundliche Mann wünschte mir alles Gute. Das war Mitte Juni 1939. Also bis Ende des Monats mußte ich verschwunden sein. Das war ich dann auch, aber nur für die Polizei und die Gestapo.

Es war viel zu risikoreich und damit sinnlos, auf die Dauer irgendwo in Berlin unterzutauchen. So beschloß unsere Gruppe, daß ich in Gut

Winkel bleiben sollte. Nur umquartiert wurde ich in eine Baracke, aus der ich, wenn erforderlich, schnellstens verschwinden konnte. Direktor Gerson und Stellvertreter Guggenheim waren informiert und einverstanden. Ich war also jetzt ein Illegaler. Alle Mitwisser, und dazu zählten nicht wenige, haben dicht gehalten, keiner hat sich verquatscht. Als der Landjäger dann doch einmal kam und nach Israel Zadek fragte, »... war der doch schon vor Wochen ausgereist ...«

Das Umschulungslager lag so unübersichtlich und auch nahe am Wald, daß schon ein Suchkommando erforderlich gewesen wäre, mich zu finden. Der Polizeibeamte war offensichtlich froh, sich nicht bemühen zu müssen.

Jetzt begann für mich die Zeit des Wartens. Warten auf ein Wunder? Alice war weit weg, sie fehlte mir in jeder Beziehung. Unsere Freunde versuchten, so gut es ging, mich zu trösten und abzulenken, besonders an den Wochenenden. Zwei Handballmannschaften sorgten für Abwechslung. Gesungen wurde mit Mundharmonika- oder Klampfenbegleitung, Arbeiterkampflieder, Volkslieder und natürlich auch hebräische und jiddische Lieder. Oft wurden Schnaderhüpfl aus dem Stehgreif gesungen, jeder bekam sein Fett weg, auch ich. Der Vorsänger reimte: Als Gerhard wurd' seine Alice los, da wurde aus ihm ein Trauerkloß.

Nein, glücklich konnte ich mich wirklich nicht nennen. Das Warten auf Ausreisepapiere, die Ungewißheit kostete viel Kraft. Der letzte Besuch des Landjägers lag schon wieder fünf Wochen zurück. Konnte bisher an der Reichsgrenze nicht festgestellt werden, daß der Jude Zadek immer noch nicht ausgereist war? Wir alle waren beunruhigt von Zeitungsmeldungen über die »verjudeten Plutokratien« Großbritannien und Frankreich, aber auch über angebliche Mißhandlungen »Deutschblütiger« in Polen. Das Thema »Polnischer Korridor« verschwand nicht mehr aus den Naziblättern. Tag und Nacht konnten wir endlose Kolonnen von Militärfahrzeugen auf der nahegelegenen Autobahn in Richtung polnische Grenze rumpeln hören.

War es schon soweit? Wie würden sich die Regierungen Englands und Frankreichs bei einem Überfall auf Polen verhalten?

Über ausländische Sender wurden wir informiert, daß seitens Großbritanniens und Frankreichs schon seit Wochen über einen Sicherheitspakt verhandelt wurde. Den Deutsch-Polnischen Nichtangriffspakt hatten die Nazis bereits im April 1939 gekündigt.

Was beabsichtigte die Nazi-Regierung, die von den Westmächten so oft als »Bollwerk« gegen den Bolschewismus gefeiert wurde? Krieg auf alle Fälle – aber gegen wen?

Die polnische Regierung, die sich bisher als Teil diese Bollwerks betrachtete, weigerte sich, einen ihr angebotenen Vertrag mit der Sowjetunion abzuschließen. England und Frankreich wollten dies offensichtlich auch nicht. Ganz eindeutig sollte die Sowjetunion in die Rolle gedrängt werden, das Angriffsziel des deutschen Imperialismus zu werden. Dieser Gefahr versuchte die Regierung der UdSSR zuvorzukommen. So jedenfalls verstanden wir damals die Lage.

Hier greife ich wenige Tage vor. Am 23. August wurde der Nichtangriffspakt zwischen dem faschistischen Deutschland und der Sowjetunion abgeschlossen. Die Nazipresse machte ihre ersten Seiten mit spektakulären Schlagzeilen auf. Für uns, die die Zusammenhänge nicht wissen konnten, war ein Vertrag zwischen Stalin und Hitler nur sehr schwer zu begreifen. Allerdings mußte sich die Sowjetunion zu gleicher Zeit im Fernen Osten in schweren Kämpfen der japanischen Armee erwehren, die von mongolischem Territorium aus die Sowjetunion überfallen hatte. So sehr in Gut Winkel dieser Pakt mit dem Teufel umstritten wurde, glaubten wir doch damals, wenn Stalin einen solchen zweifelhaften Vertrag eingeht, dann mögen die Gründe dafür wohl auch in London, Paris und Warschau zu suchen sein.

Aus heutiger Sicht war dieser Pakt ein historisches Verbrechen, weil er die eigenen Kräfte militärisch und politisch demobilisierte und Hitler ermöglichte, fast ganz Europa zu erobern.

Inzwischen hatten wir bereits Mitte August. Ich fuhr wiederholt zum Palästinaamt, aber man ließ mich nicht mehr zu »Hawe« vor. Da er dort mein einziger Kontaktmann war, wurde ich unruhig. Herbert Baum wollte ich nicht mehr aufsuchen, um ihn nicht zu gefährden.

Dennoch schrieb ich an Alice am 15. August eine Postkarte nach Manchester mit den zuversichtlichen Zeilen: »Liebe Alice«! ... nach England komme ich ganz bestimmt, wie, ist ganz gleich. Tausend Grüße und doppelt so viel Küsse ... Dein Gerd.«

Wenn ich mir diese alte Postkarte heute betrachte, denke ich immer, na ja, ganz schön überschwenglich. Woher ich damals meinen Optimismus nahm, ich weiß es nicht mehr. Aber bewahrheitet hat es sich letztlich doch.

Eine Woche später erhielt ich in Gut Winkel einen Anruf aus Berlin. Wer zum Teufel war das, der mich verpflichtete, zwecks Ausreise umgehend einen »Wehrmachtsausschließungsschein« bei der zuständigen

Wehrnummer

Bernau 19/191/12/3

Polizeil. Meldebehörde Spreenhagen

Wehrbezirkskommando

Ausschließungsschein (Jude)

Der Gerhard Israel Zadek

(Beruf, Vor- und Familienname)

(Ldw. Praktikant)

geb. am 28. 11. 1919 zu Bln.-Charlottenburg

(Tag, Monat, Jahr) (Ort)

Dienststempel des Wehrbezirkskommandos

(Gemeinde, Kreis usw., Regierungsbezirk, Land)

wird hiermit vom Dienst in der Wehrmacht im Frieden auf Grund gesetzlicher Bestimmungen ausgeschlossen.

Er scheidet auf die vorstehend eingetragene Dauer aus dem Wehrpflichtverhältnis aus.

Storkow (Mark), den 23. Nov. 1939

(Musterungsort) (Tag, Monat, Jahr)

Die Kreispolizeibehörde **Der Wehrbezirkskommandeur**

Dienststempel (Unterschrift) Dienststempel (Unterschrift)

Zur Beachtung

1. Alle Eintragungen sind mit Tinte oder mit Hilfe der Schreibmaschine auszuführen.
2. Der Verlust dieses Scheines ist sofort dem zuständigen Wehrmeldeamt zu melden.
3. Fälschung und mißbräuchliche Benutzung dieses Scheines wird als Urkundenfälschung gerichtlich verfolgt.

Ausschließungsschein von der Wehrmacht

Wehrbezirksbehörde in Storkow zu besorgen? Der Sprecher legte den Hörer auf und ließ mich mit meinen Fragen allein. Am nächsten Morgen meldete ich mich in Storkow bei der zuständigen Behörde. Das war am 23. August 1939. Ich erhielt eine Wehrnummer »Bernau 19/191/2/3«; wurde, ohne etwas gefragt zu werden, in eine Kartei der Wehrmacht eingetragen und vermutlich auf einer anderen Kartei gleich wieder ausgetragen – wie umständlich!

Die ganze Prozedur vollzog sich zu meinem Glück schweigend. Nur meine Kennkarte mit dem verräterischen »J« mußte ich vorzeigen und zwei Paßfotos abgeben. Für mich wichtig war nur, daß der Ausschließungsschein den Vermerk »Landwirtschaftlicher Praktikant« auswies. Letzterer Vermerk mußte unbedingt mit meinem Paß übereinstimmen. Der blaue Schein erhielt dann drei Stempel mit dem verhaßten Hakenkreuz. In jedem Zimmer der Behörde je einen Stempel. Der Wehrmachtsschreiber lief mit mir die Zimmer ab. Erster Stempel auf mein Paßfoto, zweiter Stempel war im Zimmer des Wehrbezirkskommandeurs in der oberen Etage fällig. »Schade, wieder einer weniger«, hieß es.

In der Kreispolizeibehörde sollte ich Stempel Nummer Drei bekommen. »Ach herrjeh, dachte ich, wenn die merken, daß ich eigentlich schon vor Monaten ausgereist sein sollte, was dann?«

Wieder hatte ich das Glück auf meiner Seite. Der Polizeibeamte sah gelangweilt auf und verpaßte mir Stempel Nummer Drei. Dann unterschrieb er »fdR«, für die Richtigkeit, und döste weiter vor sich hin. Das war die schlimmste Klippe, aber das Meer blieb ruhig. Am Ausgang erhielt ich den Schein und konnte wieder einmal unbehelligt gehen.

Ich war erleichtert und informierte umgehend Gutsdirektor Gerson über die Möglichkeit, kurzfristig abreisen zu können. Noch immer bestand akute Gefahr für mich, im letzten Moment von der Gestapo wegen Überschreitung der mir vor Monaten gesetzten Frist zum Verlassen Deutschlands verhaftet zu werden. Gerson brachte mich für die nächsten Tage im äußersten Winkel des weitläufigen Gutes im Geräteschuppen unter und suspendierte mich »krankheitshalber«, wie er es nannte, von der Arbeit.

Lediglich einmal in dieser Zeit kontrollierte der Ortsbürgermeister die Anwesenheitsliste des Gutes, aber in dieser wurde ich längst nicht mehr geführt.

Martin Gerson war ein mutiger, wohlüberlegender Mensch. Erst in jüngster Zeit habe ich erfahren, daß er nach Auflösung der Ausbil-

Familie Gerson 1935

dungsstätte Gut Winkel durch die Gestapo mit den verbleibenden Praktikanten deportiert wurde. Im KZ Theresienstadt weigerte er sich, einen Befehl der Gestapo auszuführen, an der Selektion von jungen Juden in Vernichtungslager teilzunehmen. Daraufhin wurde er als einer der ersten mit seiner Familie nach Auschwitz deportiert, wo sie ermordet wurden.

Und dann ging alles doch sehr schnell. Wieder ein Telefonanruf aus Berlin.

»Ja, den Wehrmachtsausschließungsschein habe ich mit drei Stempeln erhalten. Beruf ›Landwirtschaftlicher Praktikant‹«, teilte ich dem Anrufer mit. Dann kam für mich das erlösende Stichwort.

»Gerhard! Wir haben alles für dich erledigt, das Visum nach England steht schon in deinem Paß. Du bist wirklich ein Glückspilz. Das britische Konsulat hat gerade dicht gemacht. Am letzten Arbeitstag konnten wir dein Visum noch abholen.« Es war wirklich fünf Minuten vor Zwölf. Unablässig rollten auf der nahen Autobahn Wehrmachtsfahrzeuge jeglicher Art in Richtung Ostgrenze des »Dritten Reiches«.

Wie historisch belegt, sollte der Angriff auf Polen ursprünglich am 26. August beginnen, also im Morgengrauen jenes Tages, an dem ich mein Visum erhielt. Der Führer hatte den Überfall um eine Woche verschoben in der Hoffnung, Großbritannien und Frankreich würden ihre Garantieerklärung auf Beistand für Polen zurückziehen, wie sie es bereits ein Jahr zuvor in München mit der ČSR getan hatten. Als Zeichen der Unnachgiebigkeit der Regierung Chamberlain könnte die Schließung ihrer Konsulate in Deutschland zu werten sein. Offensichtlich wollte die Volksmeinung im Inselstaat Großbritannien ein zweites München nicht hinnehmen.

»Wir erwarten Dich am 26. August um 22.00 Uhr vor dem Schreibwarengeschäft am Bahnhof Friedrichstraße. Sei pünktlich, nimm so wenig Gepäck mit wie möglich!«

Das war es also – und ob ich pünktlich sein werde! Ein Koffer mußte genügen. Der Rest meiner Sachen, insbesondere mein Werkzeug, wurde in einer Kiste verstaut. Sie blieb in Gut Winkel.

Am schwersten traf mich der Abschied von meinen Eltern. Mein Vater, wie immer guten Mutes, glaubte selbst zu diesem Zeitpunkt nicht an einen großen Krieg. Er, der den Weltkrieg von 1914–1918 mitmachen mußte, erklärte mir, daß das schon einmal das deutsche Volk ins Unglück gestürzt hatte.

»Mach Dir keine Sorgen, mein Junge, nach dem Nazi-Schlamassel werden wir uns alle wiedersehen.« Das waren seine letzten Worte auf dem Fernbahnsteig des Bahnhofs Friedrichstraße. Er sollte leider, leider nicht Recht behalten. Es waren seine Abschiedsworte an mich – für immer.

Mein mir unbekannter Freund hatte mir wenige Minuten zuvor alle erforderlichen Unterlagen übergeben. Fünf Mark Zehrgeld und einen

Füllfederhalter Marke »Montblanc« als Andenken. Sein letzter Hinweis war:

»Alles im Paß stimmt, denke daran, du hast jetzt einen neuen Beruf – du bist, wie vereinbart, Landarbeiter. Als Werkzeugmacher hättest du nicht mehr ausreisen dürfen, die brauchen sie jetzt hier. Viel Glück wünschen dir Hawe und die anderen.«

Es sollten lange Jahre vergehen, bis ich Berlin und den Bahnhof Friedrichstraße wiedersah.

Der Zug fuhr in die Dunkelheit, Richtung Westen. An Schlaf war nicht zu denken. Ich dachte an etwas anderes. Mein Landarbeitervisum war an die Bedingung gebunden, mich irgendwo in Schottland auf einer Farm zu melden. Wann und wo würde ich Alice wiedersehen? Wie würde sich die Grenzabfertigung vollziehen? Ich fuhr doch mit fast dreimonatiger Verspätung über die Grenze. Bei Juden war den Nazis doch jeder Grund für eine Verfolgung recht.

Auf Grund der Spannungen in Europa konnte man vermuten, daß an den Grenzen verschärfte Kontrollen zu erwarten sind. Obwohl bisher noch keine Mobilmachung verlautbar wurde, erfolgte doch schon eine massenweise Einberufung von Reservisten zur Wehrmacht. Nicht wenige versuchten, dem durch Auslandsreisen zu entgehen. So war der Zug Berlin–Hoek von Holland zum Bersten voll. Mir gingen Herberts letzte Worte durch den Kopf: »Mach's gut, Gerhard. Ich weiß, auf dich können wir uns verlassen. Wo immer es dich auch hinverschlagen wird, in unserer großen Familie wird jeder gebraucht. Wenn die braune Pest verschwunden ist, sehen wir uns alle bestimmt gesund wieder.«

Bentheim war die letzte Station in Nazi-Deutschland. Der Zug fuhr planmäßig ein. Die Zugkontrolle begann. Jetzt befanden sich die Kontrolleure bereits im Nebenabteil. Dort war ich mit einem jungen Juden bekannt geworden, ebenfalls Mitglied des »Haschomer Hazair«. Er wollte nach Santiago, der chilenischen Hauptstadt. Nun machte er sich Sorgen wegen seines Visums, das, zeitlich befristet, abgelaufen war. Die enorm weite Schiffsreise kostet viel Geld, das hatte er jetzt erst zusammen. Deshalb der Zeitverzug. Von Chile hoffte er, irgendwann nach Palästina weiterreisen zu können. Er war nicht der einzige, der solche weltweiten Umwege in Kauf nahm. Dabei sprachen wir auch über die sich ständig verschlechternden Aussichten nach der großen internationalen Flüchtlingskonferenz in dem französischen Kurort Evian. Diese war 1938 auf Initiative des USA-Präsidenten Roosevelt als sogenannte »Good will«-Beratung einberufen worden, an der 32 Staaten teilnahmen. Die Konferenz verlief im Sande, nachdem die Nazis über Mittelsmänner von den Einwanderungsländern 250 Dollar »Ausfuhrzoll« für jeden Juden verlangten und sich auch weigerten, Teile des beschlagnahmten Vermögens freizugeben. Nur Chile, Kolumbien und Australien erhöhten danach ihre an sich kaum ins Gewicht fallenden Einwanderungsquoten.

Das letzte, was ich von meinem neuen Bekannten sah, er wurde von zwei Schwarzuniformierten aus dem Zug geholt und abgeführt.

Jetzt war mein Abteil dran. Wieder hatte ich Glück. Ich teilte das Abteil mit drei etwas älteren Herren, die offenbar blitzblanke Papiere besaßen und als Geschäftsreisende wer weiß was für Aufträge in den Niederlanden zu erledigen hatten. Ihre Kontrolle, wie zu meiner Überraschung auch die meinige, war in Minuten erledigt. Die Kontrolleure meinten doch nicht etwa, daß ich dazu gehöre? Nein, meine Papiere waren ja ausreichend mit dem Buchstaben »J« versehen. Das mit dem Landarbeiter wollten sie aber doch überprüfen und wollten meine Hände sehen. Das konnten keine Büroarbeitshände sein. Ausgearbeitet und mit Schwielen versehen, reichten sie den Kontrolleuren als Beweis für meine Angaben.

Der Lokomotivführer schien immer ungehaltener zu werden. Der Fahrplan war nicht mehr einzuhalten. Er gab schrille Pfeifsignale ab, wie eine Art Protest ob des langen Aufenthaltes, um die Kontrollen zu verkürzen und die ungeduldigen Reisenden zu entlasten. Was wir nicht wissen konnten, aber später auf der anderen Seite erfahren haben: Dieser Zug war der letzte fahrplanmäßige über die deutsch-niederländische Grenze für lange Zeit.

Endlich setzte sich der Zug in Bewegung, vorbei an dem letzten Wehrmachtsposten. Jetzt rollte der Zug langsam über die Grenze auf niederländisches Hoheitsgebiet. Keine hundert Meter weiter, wir wollten unseren Ohren nicht trauen, spielte auf der Böschung eine kleine Blaskapelle zu unserem Empfang. Laut und deutlich war unser altes Arbeiterkampflied zu hören »Brüder, zur Sonne, zur Freiheit.« Es war ein erstaunliches Bild, das sich jetzt bot. Der sehr langsam fahrende Zug, die schlagartig aufgerissenen Abteilfenster. Man brachte seine Freude über die wiedergewonnene Freiheit durch Zurufe oder die geballte Faust zum Ausdruck. Alles spielte sich spontan ab. Wir ließen unseren Gefühlen freien Lauf. Kein Wunder, nach so vielen Jahren Bedrohung und Gewalt, die viele der Zuginsassen hinter sich gelassen hatten.

Natürlich war das alles riskant, denn der Zug hatte noch nicht einmal die holländische Grenzstation erreicht. Diese Kontrolle stand uns noch bevor. Die Herren in meinem Abteil saßen wie versteinert da. Das hatten sie nicht erwartet.

In der Grenzstation Oldenzaal erfuhren wir von der Generalmobilmachung, die die niederländische Regierung heute früh angeordnet hatte. Das brachte verständlicherweise auch dort verschärfte Grenzkontrollen mit sich. So stiegen denn auch in jeden Waggon eine Truppe Kontrolleure und Soldaten, die alle Reisenden genau unter die Lupe nahm. Das alles geschah, während der Zug der nächsten Stadt entgegenfuhr. In Apeldoorn hieß es für alle Reisenden: Endstation. Wir wurden unter Bewachung in den großen Wartesaal geführt und zunächst einmal dort unter Verschluß genommen. Dann, Stunden später, wurden wir ausgesondert nach solchen, die nur durchreisen wollten, und denen mit Aufenthalt in den Niederlanden. Diesmal war die Genugtuung auf meiner Seite. Meine feinen Abteilherren waren wohl doch nicht so blitzsauber, sie wurden irgendwohin abgeführt. Mit mir fuhren sie in dem bequemen niederländischen Reisezug jedenfalls nicht weiter.

Auch auf der nächsten Etappe, Rotterdam, wiederholte es sich: Aussteigen – Wartesaal – Einsperren – Abwarten!

In Rotterdam sagte man uns, daß die Engländer bereits jeden Fährverkehr eingestellt hätten. Ich dachte mir, hast du es bis hierher geschafft, wirst du es die paar Kilometer über den Ärmelkanal auch noch schaffen.

Weiter ging es nach Hoek von Holland. Dort waren die Fahrpläne der britischen Reedereien alle mit dem schnöden Wort »cancelled« versehen, zu Deutsch storniert. Das löste wieder einmal allgemein Schrecken aus. Aber zu guter Letzt landete doch noch ein Fährschiff aus der gegenüberliegenden englischen Hafenstadt Harwich. Es brachte mich und andere Hunderte Glückliche zum Inselreich Großbritannien, dem Land, das uns für lange Jahre Asyl gewähren sollte.

Erste Kriegsmonate in Großbritannien

»Leinen los« hieß das befreiende Signal für Schiff und Menschen. Unsere rettende »Arche Noah« beherbergt Briten, aber in der Mehrzahl deutsche, jetzt heimatlose Emigranten. Auch andere Völker Europas, wie Polen, Tschechen, Franzosen, darunter viele jüdische Bürger dieser Länder, sind an Bord dieses letzten Fährschiffes vertreten. Wie viele Jahre haben so manche in Illegalität, Zuchthaus oder Konzentrationslager verbracht, immer auf Rettung hoffend?

Was jetzt auf uns zukommt, wir wissen es nicht, aber alles Künftige wird leichter zu ertragen sein als das Vergangene.

Man spricht vom »Boot« nach Harwich. Gemeint ist die Fähre, auf der wir uns jetzt in Fahrt über dem Ärmelkanal zur Insel befinden. An diese Ausdrucksweise der Engländer muß ich mich erst gewöhnen. Für mich ist es das größte Schiff, mit dem ich bisher gefahren bin. Es ein Boot zu nennen scheint mir eine Mißachtung seiner Dimensionen, die mich technisch Interessiertem sehr beeindruckten.

Mit der Insel meinen die britischen Passagiere England, Schottland und Wales. Das Festland, dem wir jetzt den Rücken gekehrt hatten, nennen sie den Kontinent, als ob diese Insel nicht zu Europa gehöre. Nachdem die deutschen Armeen 1940 fast den ganzen Kontinent erobert hatten, war es wirklich die Insel, die Großbritannien vor dem gleichen Schicksal bewahrte.

Heute ist jedoch erst der 29. August 1939, noch ist Frieden. Vieles bewegte mich auf dieser Überfahrt.

Wann und wo würde ich meine Eltern wiedersehen und die Freunde, die Kampfgefährten? Von ihnen entfernte ich mich jetzt mit Seemeilengeschwindigkeit. Das Schiff näherte sich mit mir dem Land, in dem ich hoffte, bald Alice umarmen zu können und neue Freunde und Gesinnungsgenossen zu finden.

Auf dem Schiff unter den Passagieren traf ich einen Bekannten, Chanan Borchard, früher hieß er Hans. Er war schon seit vielen Jahren Mitglied des »Haschomer Hazair« und wesentlich älter als ich, etwa fünfundzwanzig Jahre alt. Sein Reiseziel war Palästina. Er kam auch aus Berlin und wollte über London dorthin. Da er fließend Englisch sprach, wurde meine Einreise mit seiner Hilfe sehr erleichtert. Die Paß-, Grenz- und Zollkontrolle dauerte bei den meisten Emigranten wegen der Sprachschwierigkeiten wesentlich länger.

Bei der Ankunft in London war Chanan B. wieder meine Rettung, denn mein erster Versuch, mich auf dem riesigen »Viktoria Station«, wie der Bahnhof hieß, mit einem Bobby, liebevoller britischer Spitzname für Polizisten, zu verständigen, mißlang völlig. Es nützte mir gar nichts, daß ich die letzten Jahre mittels des populären »1000 Worte Englisch« eines Berliner Verlages geübt hatte, es kamen keine zehn Worte heraus. Und die habe ich vermutlich auch noch falsch ausgesprochen. Dem Wortegeprassel des Bobby im breitesten Cockney, dem Londoner Lokaldialekt, war ich jedenfalls nicht gewachsen. Chanan erbarmte sich meiner und schleuste mich quer durch London zum Bloomsbury-house, der Eingangspforte Englands für alle Emigranten, weil Sitz der meisten Flüchtlingskomitees, darunter auch des jüdischen. Dort wurde ich empfangen, begutachtet, registriert und erhielt die erste Unterkunft in meinem Gastland.

Es war spät geworden an diesem ersten Tag in London. Ein großer Schub Flüchtlinge, Refugees, wie die Engländer uns nannten, mußte noch vor mir abgefertigt werden. Im Keller eines vegetarischen Restaurantes erhielt auch ich als Notunterkunft einen Schlafplatz.

Das erste Taschengeld erhielten wir am nächsten Tag, dem letzten Augusttag. Übrig blieben davon nur Quittungen für Brot, Aufstrich und Mineralwasser sowie eine Briefmarke. Alice signalisierte ich meine Ankunft in London und meine totale Mittellosigkeit. Mein ganzes Vertrauen setzte sich auf die britische Post. Ich mußte Alice wiedersehen. Die Zeit saß mir buchstäblich im Nacken. Am Vormittag drängte die Zentrale des Haschomer Hazair im Bloomsbury-house auf schnelle Abreise. Der Einsatzort auf irgendeiner Farm im schottischen Hochland sollte weit ab von jeglicher Zivilisation liegen. Ausgestattet mit einer Fahrkarte und Reiseproviant für eine mehrtägige Fahrt stand ich auf der Straße und hoffte auf ein Wunder.

Manchester, wohin Alice als Hausangestellte verpflichtet wurde, lag weitab von meiner Reiseroute. Im Flüchtlingsheim für jüdische Emigranten, in dem ich für die zweite Nacht eingewiesen wurde, schilderte ich dem älteren Heimleiter meinen Liebeskummer. Der zeigte für mich

Verständnis. Wie oft hatte ich in der Vergangenheit Glück gehabt, so auch diesmal wieder. Nach langem Kramen in Schubkästen und Regalen fand er, was er für mich suchte, eine ungenutzte Mitropa-Fahrkarte, ausgestellt irgendwo in Deutschland, mit Berechtigung zur Fahrt 2. Klasse nach Manchester, und noch für eine Woche gültig. »Irgendwie war ein siebenter Sinn im Spiel«, meinte er, als er mir die Fahrkarte aushändigte.

Am Vormittag des 1. September stieg ich in London in den Schnellzug nach Manchester. Der Tag sollte in die Geschichte eingehen. Man sprach im Abteil wie üblich über das Wetter, es war wechselhaft, bei der Abfahrt Nieselregen, jetzt zu Mittag schien die Sonne durch den Dunst. Dann kam Thema Nummer Zwei in England: Fußball, die letzte Fußballsaison und das Abschneiden von Manchester United. In Derby gab es den fahrplanmäßigen Halt. Etwas Außergewöhnliches mußte passiert sein. Auf dem Bahnsteig drängten sich die Leute um einen Zeitungsjungen mit einem Stapel druckfrischer Zeitungsexemplare, Sonderausgaben der Morgenzeitungen. Das Abteil war im Nu leer, denn der Junge rief immerfort nur ein Wort: »War! War! War!« Krieg. Die drei Buchstaben nahmen die halbe Zeitungsseite ein: »WAR«.

Aber im Krieg befand sich durch den vertragsbrüchigen Überfall der Naziwehrmacht auf Polen noch nicht das Königreich Großbritannien. Die britische und die französische Regierung hatten am 31. März dieses Jahres die Unabhängigkeit und Integrität Polens in einem Pakt garantiert und sich zum militärischen Beistand verpflichtet. Jetzt verfluchte ich es wegen meiner mangelnden Sprachkenntnisse, nicht an der hitzigen Diskussion in meinem Zugabteil teilhaben zu können. In der Zeitung gab es bereits erste Kommentare, aber es fehlte jegliche Äußerung der Regierung Chamberlain. Darüber erregten sich offensichtlich die Gemüter.

Die Bahnfahrt verging für mich wie im Fluge. Auf dem Londonroad Station, dem Hauptbahnhof von Manchester, bugsierte mich ein freundlicher Mitreisender in eine der vielen Straßenbahnen, die Richtung »Alexandra-Park« fuhren.

Die genannte Haltestelle war unverkennbar. Ein schönes, altes, in einem Mischwald gelegenes Viertel der Stadt mit vielen kleinen modernen Villen. Ich hoffte, endlich meine Alice anzutreffen, die dort als »Domestic-servant«, genauer gesagt Dienstmädel, laut Einwanderungsbehörde verpflichtet war zu arbeiten.

Es dauerte entsetzlich lange, ehe die Tür des Hauses 1a Highburg Road mit dem Schild »Mr. Pendleton« geöffnet wurde. Alice war völlig unvorbereitet. Keine Post, weder aus Holland noch aus London, hatte sie bisher erreicht. Alle Verbindungen waren schon vor Kriegsausbruch unterbrochen worden. Die Tragik dieses Tages war ihr durch Radio seit den Morgenstunden bekannt, und seitdem bangte sie. Jetzt stand ich plötzlich vor ihr, kein Geist, sondern solide Wirklichkeit.

Noch am selben Abend fand ich im Ledigenheim »Kershaw-Haus« in Manchester durch das örtliche jüdische Flüchtlingskomitee ein Quartier. Dem Leiter dieser Einrichtung paßte der unangemeldete Gast überhaupt nicht. Er ließ mich das auch gleich wissen. Mit »zwei Nächte und keine mehr«, schickte er mich auf ein Zimmer ins oberste Stockwerk. Ich sollte aber in diesem Haus noch Monate verbringen. Nur das wußten weder der strenge Mr. Heimleiter noch ich an diesem Abend.

Dann kam der 3. September und mit diesem Tag die offizielle Kriegserklärung des Königreiches, von seiner Majestät und dem Premierminister gebilligt, unterzeichnet und ordnungsgemäß an Hitler in Berlin übergeben.

Ich hatte bereits am frühen Morgen meinen Koffer gepackt, mich traurig von Alice verabschiedet, um nach Glasgow zu fahren, als mein Heimleiter mir mit süßsaurer Miene mitteilte, daß soeben über Radio neue Regelungen des Verteidigungsministeriums und der Polizei erlassen wurden, die den Aufenthalt von Ausländern betrafen. So hatten alle Ausländer aus Feindesland, dem Großdeutschen Reich, ab sofort an dem Ort zu bleiben, wo sie sich derzeit befinden und sich nicht weiter als 3 Meilen, ca. 5 Kilometer, vom Wohnort ohne polizeiliche Genehmigung zu entfernen. Also mußte ich in Manchester und damit in der Nähe von Alice bleiben.

Später kam noch ein Ausgehverbot für die Zeit zwischen 22 Uhr und 6 Uhr hinzu. Auch durften wir keine Motorfahrzeuge, Fahrräder, optische Geräte, Fotoapparate, Radios und Landkarten besitzen.

In Manchester erwartete ich, ohne Schwierigkeiten Arbeit zu finden, denn Manchester ist eine große Industriestadt. Sie beherbergte namhafte Firmen von Weltruf für Lokomotiven, Flugzeuge, Elektromotoren und Textilien. Ich bildete mir ein, in meinem Beruf als Werkzeugmacher und Schlosser leicht unterzukommen, zumal die Zeitungen kurz nach der Kriegserklärung von »Mobilisierung aller Kräfte und über Chancen eines industriellen Aufschwungs« viele Worte verlauten ließen. Tatsächlich sammelte ich erstmals in meinem Leben eigene Erfahrungen mit der Arbeitslosigkeit. Von Spenden leben zu müssen ist ein saures Brot.

Für Emigranten bestand ein generelles Berufsverbot, das nur in Ausnahmefällen aufgehoben wurde. Eine Million Briten waren arbeitslos, sie standen dem Arbeitsmarkt zur Verfügung und hatten das Vorrecht, hörten wir von den uns betreuenden charitativen Stellen. Auf zwölf Bewerbungsschreiben, denen ich meine schönen Zeugnisse abschriftlich beilegte und einer Zeitungsanzeige erhielt ich eine einzige Antwort, und die war noch nicht einmal für mich, sondern für den Verkauf einer Prachtvilla. Offensichtlich hatte die Dame von der Anzeigenannahme die Chiffre-Nummer gleich zweimal vergeben.

Es war wirklich ein komischer Krieg. Das Kriegsministerium verbreitete zwar regelmäßig Kriegskommuniques. In den Zeitungen konnte man lesen, wie tapfer die polnischen Soldaten kämpfen. Die erfolgreiche Blitzkriegsstrategie der Deutschen wurde beschrieben und die Opfer unter der polnischen Zivilbevölkerung beklagt. Man fand Worte über die Lage der Juden. Hilfe wurde versprochen, aber dabei blieb es.

Die britische und die französische Regierung zeigten weder Bemühungen, ernsthaft gegen Nazideutschland zu kämpfen, noch ihrem Verbündeten Polen wirklich zu helfen. Die Armeen verschanzten sich hinter der Maginot-Linie und unternahmen nur gelegentlich kleinere Vorstöße ins Niemandsland zwischen dieser Linie und dem Westwall, ohne Verluste, wie immer betont wurde. Die einzigen »Luftangriffe gegen den Feind« sahen so aus, daß innerhalb weniger Monate 18 Millionen Flugblätter über dem Ruhrgebiet abgeworfen wurden. All dies konnten wir mit Erstaunen in der Presse lesen.

Die fortschrittlichen Kräfte im Königreich schwankten in dieser Zeit zwischen Verwunderung und Empörung über ihre Regierung. Wir im Ledigenheim waren in unserem Zimmer sechs, die nicht weiter tatenlos herumsitzen wollten.

Eines Tages meldeten wir uns bei der örtlichen Gemeindeverwaltung des Stadtbezirks. Wir Optimisten meinten, dort als arbeitswütige Verbündete Englands für kriegswichtige Arbeit eingesetzt zu werden. Zu den Sechs vom Zimmer 40 gehörten: ein bekannter jüdischer Professor der Rechtswissenschaften, behäbig und übergewichtig, aus Wien, ein jüdischer Student der Theologie aus Prag, ein dürrer Kaufmannssohn wohlhabender Eltern aus Köln, noch ein Wiener ohne Beruf und zwei Berliner, darunter ich als einziger gelernter Facharbeiter. Bei der Verwaltungsstelle war man einen solchen Andrang offensichtlich nicht gewöhnt.

Mit Spannung erwarteten wir unseren Einsatz. Wir hatten viel Zeit zum Spekulieren, welche Arbeit wir bekommen würden, ehe man uns Besen und Schippen in die Hand drückte, eine neue Schubkarre gab und ... zur Straßenreinigung einsetzte. Die Straßen, die wir uns vornahmen, wurden beispielhaft sauber. Für fünf Stunden dieser Aufbauarbeit erhielten wir großzügig 6 Pence, etwa 50 Pfennig, Taschengeld und Fahrgeld. Nach zwei Wochen schafften wir als nunmehr qualifizierte Straßenkehrer mehr als die Hauptamtlichen, was uns deren Zorn einbrachte; unser Enthusiasmus wurde dadurch erheblich gebremst.

Inzwischen hatte die Regierung sich etwas für die Sicherheit der Bevölkerung gegen drohende Luftangriffe einfallen lassen. Angefertigt wurden zwei Typen von Luftschutzunterständen. Der eine nannte sich »Morrison-Shelter«, er bestand aus einer Stahlplatte mit vier Beinen, die sowohl als Tisch wie als Unterstand dienen konnte. Bei Alarm sollte man unter die Platte krauchen. Wir von der Emigrantenbrigade bekamen den Auftrag von der Gemeinde, den Typ II, genannt nach dem zuständigen Innenminister Anderson, in öffentlichen Parks zu errichten. Dieser Typ wurde aus wenigen Stücken Wellblech zusammengesetzt, die oben, hinten und an den Seiten mit einer Sandschicht zu bedecken waren und jeweils einigen Personen Splitterschutz bieten sollten.

Der Würdigste von uns wurde demokratisch zum Brigadier gewählt; es war der Verhandlungsbegabteste, der Professor. Der Oberpolier war ein Brite namens Tom Hawkins, ich glaube, ein Ire aus Belfast. Er brachte uns sehr viel bei. Wie geschippt wurde, ohne hinterher Muskelkater zu bekommen, was morgens in der Zeitung stand, gleich mit seinem Kommentar versehen und das Wichtigste in England, wie Tee gebrüht wird. Dazu hatte er einen kleinen Eimer und Spirituskocher mit und die Tagesration selbstgemischter Teepaste für die ganze Brigade. Zur Mittagszeit war das ein feierlicher Akt, wie er die Paste, bestehend aus Teeblättern und gesüßter klebriger Milch, vom feuchten Zeitungspapier schabte, bei regnerischem Wetter ein köstliches Getränk.

Aufschlußreich für die Stimmung unter der Bevölkerung waren seine Kommentare. Nach seiner Meinung – offensichtlich auch die der Regierung – wird der Krieg im nächsten Jahr vorbei sein. Hitler hätte selbst einsehen müssen, daß der Krieg gegen das Inselreich Großbritannien, seine Dominien und Frankreich auf die Dauer nicht zu führen war.

Daß nur wenige Monate später Großbritannien praktisch allein dem Aggressor ausgesetzt war und gerade noch einer Invasion entgehen konnte, ahnte zu diesem Zeitpunkt niemand.

Solche Illusionen wurden durch Flugblattaktionen, aber auch durch gewisse Modeschlager genährt. So sangen die Schlagersänger im Rundfunk und auf der Bühne, die Arbeiterinnen in den Fabriken und wir fleißig mit das Lied:

»We 're going to hang our washing on the Siegfried-Line«, was soviel bedeutete wie: »Am Westwall werden wir unsere Wäsche aufhängen.« Ein englisches Wortspiel, denn »line« ist sowohl Linie wie Leine.

Erst Anfang Januar 1940 fand sich eine Firma, die Fachkräfte einstellte, weil die Armee alle Jüngeren eingezogen hatte. Es war ein Betrieb der metall- und kunststoffverarbeitenden Industrie, »Universal Metal Products«, kurz UMP genannt, der sich in Salford, der Zwillingsstadt Manchesters, befand. Der Direktor und Miteigentümer, ein Mr. Wertheimer, selbst jüdischer Emigrant aus Nazi-Deutschland, hatte noch 1933 Teile seines Vermögens ins Ausland transferieren können. Mit Unterstützung eines britischen Chemiekonzerns hatte er mit den von ihm eingebrachten technologischen Unterlagen diesen Betrieb mit etwa 500 Beschäftigten aufgebaut. Fachleute, ebenfalls jüdische Emigranten aus Österreich und der Tschechoslowakai, halfen ihm, die Produktion auf einem hohen technischen Niveau zu organisieren.

Ich wurde im Werkzeugbau mit der Herstellung von Präzisionsmetallformen beschäftigt. Das entsprach meiner bisher gewohnten Arbeit. Ungewohnt war es für mich allerdings, daß Werkzeugmacher zur Facharbeiterelite gehören und deshalb mit Schlips und weißem Kragen, wirklich weißem Kragen, und hellbraunem Kittel arbeiten. Das war üblich. Obligatorisch war es, der »Amalgameted Engineering Union«, AEU, der Metallarbeitergewerkschaft, anzugehören. Den Antrag stellte ich im März 1940. Wegen meiner nachfolgenden Internierung konnte ich jedoch erst im März 1941 aufgenommen werden. Die Aufnahme in die AEU war für mich ein beeindruckendes Erlebnis. Die feierliche Zeremonie fand in der örtlichen Salforder AEU-Filiale statt. Vermutlich war ich der erste Refugee aus Nazi-Deutschland, der in dieser Filiale aufgenommen worden ist.

Ein Beauftragter der Gewerkschaftsleitung, des Shopstewardcomitees

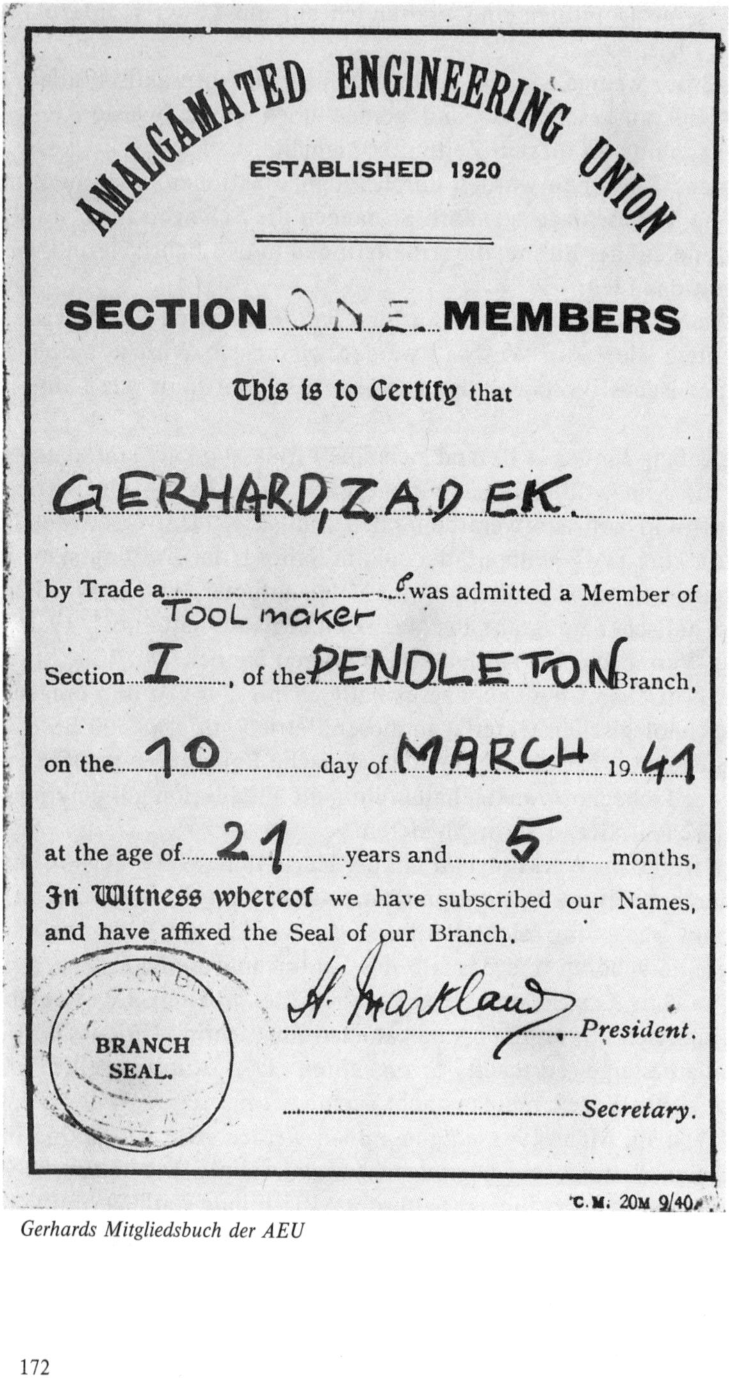

AMALGAMATED ENGINEERING UNION

ESTABLISHED 1920

SECTION ONE MEMBERS

This is to Certify that

GERHARD ZADEK

by Trade a Toolmaker was admitted a Member of

Section I, of the PENDLETON Branch,

on the 10 day of MARCH 1941

at the age of 21 years and 5 months,

In Witness whereof we have subscribed our Names, and have affixed the Seal of our Branch.

BRANCH SEAL.

H. Markland President.

Secretary.

C.M. 20M 9/40

Gerhards Mitgliedsbuch der AEU

begründete meinen Aufnahmeantrag. Nach Abstimmung des Vorstandes darüber wurde mir unter einer reich mit Silber bestickten Traditionsfahne der Tradeunionbranche nach Handschlag des Vorsitzenden meine schwarze Mitgliedskarte und ein grünes Beitragsbuch ausgehändigt. Dann wurde meine Aufnahme mit Bier, der wohl international üblichen Einstandlage, gefeiert.

Ein halbes Jahrhundert später waren wir zu Gast bei den Leitern der »Working-Class-Mouvement-Library« von Salford-City, dem Ehepaar Dr. Ruth und Dr. Eddy Frow. Sie waren uns Ratgeber in Sachen Lancashire Arbeiterbewegung und zugleich liebevolle Quartiergeber.

Als wir uns von dort auf den Weg machten, um meine alte Firma aufzusuchen, erkannten wir das ehemals von Leben quirlende Industriegebiet am River Irwell nicht mehr wieder.

Es war früher Nachmittag. Leere Straßen, leere Kneipen, geschlossene Geschäfte mit zerbeulten Jalousien, leere Fabrikgebäude und Hallen minderten die Wiedersehensfreude erheblich. Unübersehbar die großen Werbeflächen mit Martini »extra dry« und natürlich Coca Cola.

Ein Schilderwald von Maklern mit Name, Adresse und Telefonnummer, die in diesem heute fast verödeten Industriegebiet versuchen, ihre Objekte an den Mann zu bringen. Die Pleiten der kleinen und mittelständischen Betriebe haben über dreißig Prozent der Arbeitnehmer in Manchester/Salford brotlos gemacht. Auch meine ehemals modernste Fabrik steht leer, nur eine Halle wird genutzt – zur Lagerung von Getreide, mit knapp einem Dutzend Beschäftigten, wie uns der sich langweilende uniformierte Pförtner wissen ließ.

Ein kümmerliches Schildchen an einem Schaltschrank für Starkstrom am hinteren Werktor mit dem Firmenzeichen UMP zeugte davon, daß hier einmal eine Fabrik stand, die über fünfhundert Beschäftigten Lohn und Brot gab.

Gleiches Schicksal ereilte auch die Docker des Manchester/Salford Überseehafens am Schiffskanal zur Irischen See, der seit Jahren stillgelegt ist. Von Königin Viktoria 1894 eröffnet, war der Hafen, einstiger Stolz der Schwesternstädte, im Krieg durch die Luftwaffe schwer zerstört.

Wir schlenderten mit unseren Gastgebern entlang der heute begrünten weitläufigen Kanalanlagen und erfuhren, daß geschäftstüchtige Investoren dabei sind, darauf Sport- und Erholungsanlagen, natürlich mit Golfplatz, zu errichten, wohlgemerkt mit gepfefferten Eintrittspreisen.

ALICE ERZÄHLT:

Arbeiterin im fremden Land

Meine überstürzte Abreise nach England ließ mir wenig Zeit zu Gedanken über die Trennung von Gerhard und von meinen Eltern. Mein einziger Trost bestand darin, daß meine Reise vielleicht die Rettung für Gerhard bedeutete, seine Ausreise aus Deutschland ermöglichen könnte.

Ich konnte es gar nicht erwarten, in London zu sein und ins Bloomsbury-House zu gehen. Zum Glück lebten Freunde meiner Eltern in London, so daß ich dort übernachten konnte und nicht gleich nach Manchester, wohin ich als Dienstmädchen verpflichtet war, weiterfahren mußte.

Für die fünf Mark Bargeld, die ich nur mitnehmen durfte, hätte ich keine Übernachtung bezahlen können. Auf Familie Cohn, ehemals unsere Nachbarn in der Pankower Kavalierstraße, freute ich mich. Besonders auf deren Sohn, Gerald, der für mich so etwas wie ein älterer Bruder war. In dieser Familie gab es vor 1933 immer heftigen politischen Streit. Hilde, die ältere Schwester, war aktiv in der SPD, während Gerald Jungkommunist und eifriges Mitglied einer Agit-Prop-Gruppe war, die in Pankow mit Sprechchören und Liedern Haus- und Hofpropaganda betrieben hatte. Und nun sollte ich ihn nach fünf Jahren wiedersehen, um ihm freudig zu berichten, daß ich in seine politischen Fußtapfen getreten war. Aber daraus wurde nichts. Bei diesem jungen Mann, Mitte zwanzig, der gerade von der Arbeit heimkam, war nichts mehr vom Revolutionär in der Lederjacke übriggeblieben. Geschniegelt und gebügelt, der Prototyp eines englischen Businessmans mit halbsteifem Hut und steifem Kragen, so begrüßte er mich zurückhaltend. Seine politischen Ideale hatte er völlig aufgegeben. Ihn interessierte nicht einmal mehr, was im faschistischen Deutschland vor sich ging. Ich konnte meine Enttäuschung kaum verhehlen.

Ich war froh darüber, am nächsten Tag nach Manchester weiterfahren zu können. Aber vorher mußte ich noch ins Bloomsbury-House zu Rudi

A., um das für Gerhard lebenswichtige Gespräch zu führen. Dazu hatte ich mich schließlich von Gerhard trennen müssen, um ihm die Einreise nach Großbritannien zu ermöglichen. Bangen Herzens machte ich mich auf den Weg. Rudi fand tröstende Worte und machte mir auch ein wenig Hoffnung, daß es klappen könnte. Landarbeiter und Dienstmädchen hatten die besten Chancen, weil der Lohn so miserabel war, daß immer freie Stellen zur Verfügung standen. Da ich von Natur aus ein Optimist bin, glaubte ich ihm und fuhr, nach diesem Gespräch etwas erleichtert, Richtung Norden zu meiner Arbeitsstelle.

Bei einem netten alten Ehepaar hatte ich es gut getroffen. Sie gaben mir auch, entgegen der hier üblichen Regelungen für Dienstmädchen, sehr großzügig Ausgang. Aber leider verzogen sie kurz nach Ausbruch des Krieges aus Angst vor möglichen Bomben aufs Land.

Ein Flüchtlingskomitee vermittelte mir eine Stellung in einem Haushalt, in dem sechs erwachsene Personen lebten. Dort mußte ich von sechs Uhr früh bis in den späten Abend hinein arbeiten. Nur jeden Sonnabend und alle vierzehn Tage mittwochs, hatte ich von 16.00 bis 22.00 Uhr Freizeit, was weder Gerhard noch mir behagte.

Die viele Arbeit hatte ich noch in Kauf genommen, ich war jung und kräftig. Mich störte vielmehr die erniedrigende Behandlung, die mir zuteil wurde. Nicht einmal am Weihnachtsabend durfte ich mit an ihrem Tisch essen, obwohl ich für jedes Familienmitglied ein kleines Präsent gebastelt hatte. Alle in der Familie waren in einer kirchlichen Sekte; aber von christlicher Nächstenliebe gegenüber mir achtzehnjährigem Flüchtling habe ich dort nichts verspürt. Nach Weihnachten kündigte ich kurz entschlossen und begab mich auf Arbeitssuche.

Die Erfahrungen meines ersten halben Jahres Berufstätigkeit in Manchester waren nicht dazu angetan, die Legende von den „steifen Engländern“ zu entkräften. Das sollte sich allerdings völlig ändern.

Da ich bereits mit zwölf Jahren Maschine nähen konnte, wollte ich mein Glück in einem Konfektionsbetrieb versuchen. Manchester galt als Zentrum der Textil- und Bekleidungsindustrie. Diese wurde gerade erst umgestellt, um die Bedürfnisse der britischen Armee zu decken. Die Wirtschaftskrise hatte bisher noch nachhaltige Wirkungen für diesen Industriezweig. Es gab in dieser Branche immer noch nicht ausreichend Beschäftigungsmöglichkeiten. Natürlich hatte ich daher vielerlei Bedenken. Werde ich überhaupt angenommen ohne schriftliche Arbeitserlaubnis? Meine Genehmigung galt ja nur für eine Hausangestelltentätigkeit. Wie würden die Arbeiterinnen mich als deutsche Jüdin behandeln? Würden sie akzeptieren, daß ich eine Antifaschistin war? Wie sich erweisen sollte, waren meine Befürchtungen grundlos. Niemand wollte meine Arbeitserlaubnis sehen. Ich bekam Arbeit als Stepperin in der Firma Weinberg und lernte die englische Arbeiterklasse kennen, allerdings überwiegend die weibliche. Die wenigen männlichen Arbeiter waren Mechaniker und übrigens die einzigen Facharbeiter. Für Näherinnen gab es keinerlei Ausbildung, alle waren ungelernt oder angelernt und hatten zumeist nur eine sehr dürftige Schulbildung, Politik interessierte sie kaum. Aber der Zusammenhalt, die Kollegialität, die Feinfühligkeit gegenüber nationalen Minderheiten und der Stolz auf ihre Gewerkschaft beeindruckten mich sehr. Alle „Girls", wie die Arbeiterinnen ungeachtet ihres Alters genannt wurden, riefen sich beim Vornamen, was ich aus deutschen Betrieben damals nicht kannte. Ich war also Alice, das arme Refugee-Girl, und wurde völlig in ihren Kreis einbezogen.

Am Nachmittag meines ersten Arbeitstages kam eine kleine, zierliche, aber energische junge Frau an meine Maschine und sagte: »Ich bin Nelly, wo ist dein Buch?« Verdutzt schaute ich auf und fragte zurück: »Was für ein Buch?« »Natürlich dein Gewerkschaftsbuch, hier ist closed shop. Wenn du nicht eintreten willst, brauchst du morgen nicht mehr zu kommen. Ich bin hier der ›Shop steward‹.« Natürlich bin ich eingetreten!

Diese erste Arbeitsstelle als Stepperin war in einer großen Fabrik, wo wetterfeste Tarnmäntel für die Armee aus einem gummierten Gewebe hergestellt wurden. Dazu mußten Nähmaschine und Garn förmlich in Öl getränkt werden, damit man das dicke Zeug überhaupt nähen konnte. Der Gummigestank erschien mir so fürchterlich, daß ich mir sagte: Hierher kommst du morgen nicht mehr.

Aber ich blieb fast ein Jahr, bis ich, beileibe nicht als einzige, von dem Öl einen Hautausschlag bekam und mir eine andere Arbeit suchen mußte. Den Gedanken, von der Firma Entschädigung wegen Berufskrankheit zu verlangen, gaben wir bald auf. Nelly meinte, das sei aussichtslos, da hätte sie schon ihre Erfahrungen.

Die Arbeiterinnen wußten um die Bedeutung der Tarnmäntel für die Armee, aber auch, daß der Fabrikbesitzer nicht schlecht auf unsere Knochen verdiente. Darum hatten wir Arbeiterinnen uns darüber abgestimmt, wieviel Bündel wir jeweils pro Tag nähen wollten. Wir waren nicht faul, aber wir wollten uns auch nicht völlig verausgaben. Die Lebensmittelrationen waren ohnehin spärlich, der Frauenlohn kärglich, also mußte mit den Kräften hausgehalten werden. Jeder Neuankömmling wurde von uns entsprechend instruiert, damit uns keiner die Preise verdarb.

Am ersten Tag konnte bei dieser Art Näherei auch eine versierte Kraft noch nicht die Norm schaffen, also reichte es aus, die Aufklärung am nächsten Arbeitstag zu geben.

Dachten wir! Wieder fing eine Neue an, knapp sechzehn Jahre alt. Sie näht an ihren Bündeln, wir achten gar nicht darauf, wie oft sie sich neue Arbeit bei der Werkstattleiterin Diana holt. Am nächsten Morgen kam Diana zu uns ans Band und wollte wissen, wieso die Neue gleich am ersten Tag einige Prozent mehr schafft, als wir alten Hasen. Die Neue erhielt von ihrer Nachbarin Mabel einen Buff und ein Zeichen, sich nicht in das Gespräch einzumischen. Dann sagte Mabel: »Weißt Du, Diana, wir alle haben ein paar Stück für sie mitgenäht, damit sie auf ihr Geld kommt.«

Diana war zufrieden. Ob sie uns glaubte, sei dahingestellt. Sie hat schließlich früher selbst am Band gesessen. In der Hierarchie des Unternehmens gehörte sie noch zu uns Arbeiterinnen, weil sie immer noch Diana war, und nicht »Misses Burns«. Unsere Neue klärten wir darüber auf, daß sich Schinderei nicht lohne, weil dadurch nur die Norm erhöht, das Geld auch nicht mehr werde, aber die Gefahr der Sehnenscheidenentzündung, einer Stepper-Krankheit, zunehme.

Freitags war Lohntag. Der Lohn hatte immer eine feste Größe, wenn voll gearbeitet wurde. Bei Fliegeralarm, in den Sommermonaten des Jahres 1940 häufig, mußten wir alle in den Fabrikkeller gehen und die Entwarnung abwarten. Unsere »Künstlerinnen« boten uns dann ein Programm. Erstaunlich, welche Talente hier schlummerten, welch schöne Stimmen viele der Girls hatten. Aber bezahlt bekamen wir diese Zwangspause nicht. Jeweils donnerstags konnten wir von Diana erfahren, wie hoch unser Wochen-Bonus war oder ob wir überhaupt welchen erhielten. Hinter dieses »Bonus-Geheimnis« bin ich nie so ganz gekommen. Auch Nelly konnte darüber keine Auskunft geben, trotz »closed shop«.

Schon nach wenigen Tagen im Betrieb war mir aufgefallen, daß einige größere Mädchen zwischen den Bändern herumliefen.

»Sag mal, Nelly«, befragte ich meine Gewerkschaftsvertreterin, »was machen denn diese Kinder hier?«

»Na, die sind doch schon zwölf, die arbeiten hier.« Und dann erklärte mir Nelly, daß Eltern, die in Not geraten waren, einen Antrag an die Behörden stellen könnten, ihre Kinder mit vollendetem zwölften Lebensjahr vom Schulbesuch zu befreien und zur Arbeit gehen zu lassen. »Aber sie brauchen wöchentlich nur vierzig statt achtundvierzig Stunden wie wir zu arbeiten«. Nach dem Lohn für diese Kinder habe ich nicht gefragt.

In dieser »Gummibude«, wie wir unsere Fabrik nannten, waren immer zehn bis zwölf Emigrantinnen aus Deutschland, meist junge Jüdinnen, beschäftigt. Wir fanden die englische Sprache nicht schwer, alle konnten nach einem knappen Jahr fließend sprechen und viele auch schreiben. Unsere Kenntnisse waren bei den Kolleginnen sehr gefragt, deren Ehemänner oder »Boyfriends«, Freunde, sich mit der britischen Expeditionsarmee in Frankreich, in Übersee oder anderswo im Britischen Imperium befanden. Über den Betriebsfunk erklangen solche Schlager wie: »... meine Gedanken sind immer bei dir, irgendwo in Frankreich ...« oder »... Blaue Vögel werden wieder über die weißen Klippen von Dover fliegen, morgen, wenn die Welt frei ist ...«

Alle haben wir diese sentimentalen Schlager mitgesungen, aber es mußten auch Briefe geschrieben werden. Es zeigte sich jedoch, daß die wenigsten dazu in der Lage waren. Das Lesen hatten sie nicht verlernt, denn Romanhefte oder Krimis, im Volksmund »Penny dreadful« genannt, soviel wie: »Schreckliches für einen Penny«, wurden verschlungen; im zweiten Kriegsjahr kosteten diese Hefte allerdings schon sechs Pence.

Aber schreiben konnten die wenigsten. Nach Verlassen der Schule hatte kaum einer Anlaß, Briefe zu schreiben. Also haben wir Emigrantenmädels unseren Kolleginnen die Briefe nach Diktat vorgeschrieben; manche haben diese Briefe mühselig abgeschrieben, die meisten wollten gleich einen Originalbrief haben.

An meinem Band arbeiteten auch zwei junge Mulattinnen, Eileen und Jenny, temperamentvolle und fleißige junge Frauen. Die etwas ältere Eileen hatte zwei Kinder zu versorgen und eine kränkelnde Mutter. Eileens Mann saß als Gegner der Apartheid in irgendeinem Gefängnis in Südafrika. Sie hoffte, daß durch den Krieg in Europa auch eine Änderung der Politik in ihrer Heimat den Farbigen gegenüber eintreten werde.

Eines Morgens stand auf meiner Nähmaschine eine Tasse Tee und ein Stück »Pye«, eine Art Kuchen. Auf meine Frage nach dem Spender und dem Anlaß, erhielt ich von meiner Nachbarin Gladys zur Antwort: »Eileen hat heute Geburtstag, da gibt sie etwas aus.«

»Aber«, sagte ich, »das kann ich nicht annehmen, ich habe doch gar kein Geschenk für sie.«

»Wieso Geschenk«, fragte Gladys, »das ist bei uns nicht üblich. Du mußt es annehmen, sonst denkt sie, du willst es nicht wegen ihrer Hautfarbe.« Ich kann mich nicht erinnern, jemals so betroffen gewesen zu sein, winkte herüber zu Eileen und rief ein lautes: »Thank you very much.«

Gladys hätte ich umarmen können, aber so viel Emotion zu zeigen, ging nun auch wieder nicht.

Diese ablehnende Haltung zur »colour bar«, Bann gegen die Farbigen, war bei den Arbeitern sehr ausgeprägt und wurde besonders deutlich, als die US-Armee in England stationiert war, farbige und weiße Einheiten, damals noch streng getrennt.

Einmal stand ich mit zwei farbigen Soldaten an der Bushaltestelle nahe unserer Fabrik in Richtung City. Der Bus hielt, die beiden machten keine Anstalten einzusteigen.

»Na, los Jungs, herein mit euch«, forderte die Schaffnerin sie auf. Dann stutzt sie und sagt: »Ach wegen den beiden da«, auf zwei weiße US-Soldaten weisend, »die haben hier gar nichts zu bestimmen, also kommt rein!«

Ähnliche Szenen spielten sich häufig auch in Gaststätten ab, wobei es nicht selten zu Prügeleien zwischen britischen und amerikanischen Soldaten kam, wenn Letztere ihre farbigen Landsleute zum Verlassen des Lokals aufforderten. Im einfachen Volk gab es zur damaligen Zeit kaum Rassismus oder Antisemitismus in England. Die englischen Faschisten und Berufsantisemiten und die Mosley-Liga war von Kriegsbeginn an verboten worden. Ihre Resonanz war gering.

»Was geht denn hier vor sich?« fragte ich eines Nachmittags eine Gruppe Girls, die sich mit einem Karton zu schaffen machten. »Das ist eine Verlosung. In diesem Karton sind zwanzig Lose und jeder von uns zwanzig muß eines ziehen.« »Und wer gewinnt?« »Na, alle.«

Nachdem ich meiner Verwunderung gebührend Ausdruck gegeben hatte, wurde ich aufgeklärt. Es handelte sich um einen Schuhclub. Jeder der zwanzig Mädchen gibt pro Woche einen Schilling, und das zwanzig Wochen lang. Verlost wird nur die Reihenfolge des Schuhkaufs. Wer Nummer eins hat, kann gleich, wer Nummer zwanzig zog, erst zuletzt seine Schuhe kaufen, entsprechend der Folge der Losnummern.

Betty, meine Nachbarin, meinte: »Wann kannst du dir denn bei vierzig Schilling Wochenlohn schon das nötige Geld für ein Paar Schuhe zusammensparen? Das gibst du doch vorher aus. Aber ein Schilling in der Woche tut dir nicht weh und du bist sicher, daß du die Schuhe auch bekommst. Bei den meisten geht mehr als ein Drittel für die Miete und der Rest für Essen und Fahrgeld drauf.«

»Aber wenn nun einer die Nummer zwei hat und dann einfach den Betrieb wechselt? Da könnt ihr ganz schön hinter dem Geld herrennen«, erwiderte ich.

»So etwas ist noch nie vorgekommen«, war Bettys entrüstete Antwort. Hut ab vor so viel praktischem Sinn meiner Kolleginnen! Beim nächsten Schuhclub war ich auch dabei.

Gerhard und ich hatten beschlossen zu heiraten. Es war der Vortag unserer Eheschließung. Eine Viertelstunde vor Feierabend mußte ich, von der Gewerkschaftsvertrauensfrau Nelly aufgefordert, die Fabrikhalle verlassen. Unter großem, mir nicht erklärlichen Gelächter half mir Nelly in den Mantel. Dann, als ich dem Ausgang zustrebte, erklang ein ohrenbetäubendes Geräusch. Die zweihundert Girls schlugen im Takt mit ihren Scheren auf zweihundert gußeiserne Nähmaschinenplatten. »They banged me out« – sie haben mich herausgeklopft. Diese Hochzeitsmusik schallt mir noch heute in den Ohren. Auf eine solche originelle, liebevolle Art wurde jede Braut am Vorabend ihrer Hochzeit von den Kolleginnen der Firma verabschiedet.

Natürlich wurde auch für ein Hochzeitsgeschenk gesammelt. Anfang der Woche kam Nelly zu mir und sagte: »Alice, wir haben sechzig Schilling für Dich zusammen bekommen, was sollen wir Dir dafür kaufen?«

Eingedenk meines Pappkoffers und der Ungewißheit, wohin uns der Krieg vielleicht noch verschlagen wird, antwortete ich: »Mir wäre ein Reisekoffer am liebsten.« Mit dieser Antwort hatte Nelly nicht gerechnet. Zuerst schaute sie ganz verdutzt drein und dann sagte sie erleichtert: »Weißt du was, Alice, wir geben Dir das Geld, und Du kaufst Dir den Koffer selbst.«

Auf dem Nachhauseweg fiel mir auf, daß Jugendliche hinter mir herpfiffen. Sie zeigten auf meinen Rücken. Schließlich zog ich den Mantel aus und sah auf dem Mantel ein großes »L«, was mich als »Learner«, Anfänger in der Liebe auswies. Was ich darüber noch nicht wußte, konnte ich nicht so schnell erlernen, denn unser Honigmond währte nicht lange.

Am nächsten Vormittag, einem Samstag, dem 29. Juni 1940, war unsere standesamtliche Trauung, natürlich mit zwei Trauzeugen, Gertrude und Werner. Meinem lieben Gerhard erschien die Zeremonie sehr würdig und feierlich. Er war so aufgeregt, daß er sogar das Nachsprechen des vom Standesbeamten vorgesagten Textes verpatzte. Anstatt zu sagen: »Ich bin bereit, dich zu meiner gesetzlich angetrauten Ehefrau, ›lawful wedded wife‹ zu nehmen, sagte er: ›awfull wedded wife‹, was soviel heißt wie ›schreckliche oder furchteinflößende‹ Ehefrau.«

Ich wollte am liebsten in die Erde versinken, aber noch stand das Standesamt auf festem Grund. Wenige Monate später sollte es Opfer des Bombenterrors der Nazi-Luftwaffe auf Manchester-City werden.

Jedoch der Standesbeamte, jeder Zoll ein Gentleman, verzog keine Miene, wartete auf unser »Yes« und sagte dann: »Ich bekomme von Ihnen noch eine »halbe Krone«, eine Münze im Wert von zwei Schilling und sechs Pence. Damit hatten wir nicht gerechnet, denn bei unserem Aufgebot entrichteten wir bereits fünf Schillinge und glaubten, damit sei alles beglichen.

Geld wollten wir erst nach der Trauung von unserem Postsparbuch abheben, wir hatten keinen Penny mehr in der Tasche. Also mußten wir unsere Ehe damit beginnen, bei unseren Trauzeugen Schulden zu machen, wenn auch nur eine halbe Stunde. Das waren übrigens die einzigen Schulden, die wir je als Eheleute gemacht haben.

Unsere Hochzeitsfeier finanzierten wir vom Verkauf unserer beiden Fahrräder, denn solche zu besitzen war für uns »feindliche Ausländer« seit Mai verboten, ebenso wie Radios oder Autos, die wir ohnehin nicht besaßen.

Unsere Wirtsleute, ein nettes, altes jüdisches Ehepaar namens Caplan, bei denen wir schon einige Zeit wohnten, hatten sich bereit erklärt, ein bescheidenes Hochzeitsmahl für uns und die Trauzeugen herzurichten. Wir waren dankbar, denn Fleisch, Fett, Zucker, Milch und Brot waren streng rationiert. Wir wußten, Frau Caplan kochte gut und »kontinental« nach ihrer Landessitte. Sie war an die siebzig und ihr stattlicher Mann noch etwas älter.

Beide waren um die Jahrhundertwende vor den zaristischen Pogromen aus Lettland nach England geflohen, wurden Gewerbetreibende und vermieteten zum Lebensabend einen Teil ihres Hauses.

Frau Caplan hatte eine Bedingung gestellt. Keiner durfte vorher in die Töpfe sehen. Aber die Düfte aus der Küche verrieten sie, es gab Huhn, das einzige bisher nicht rationierte Fleisch, in allen Varianten. So bekamen wir Hühnersuppe, Hühnersalat, Hühnerkeulen gebraten

Einziges Hochzeitsbild der Zadeks

und zum Abschluß eine kalte, etwas süßliche Nachspeise mit Rosinen. Das Diner war so üppig und schmackhaft, wie es auch der Chefkoch eines Nobel-Hotels unter diesen Kriegsbedingungen nicht hätte besser anrichten können.

Für drei Uhr nachmittags hatten wir weitere Hochzeitsgäste eingeladen, denn wegen der Sperrstunde zwischen 22.00 und 6.00 Uhr mußten alle rechtzeitig nach Hause gehen. Frau Caplan steuerte als Hochzeitsgeschenk noch eine Ananasbowle und Kuchen bei, den sie selbst gebakken hatte. Über die Zutaten sollten wir uns nicht den Kopf zerbrechen, sie hätte noch ein paar Reserven, meinte sie.

Trotz des bescheidenen kulinarischen Rahmens hatten wir eine sehr schöne Hochzeitsfeier, zu der alle mit uns zusammenarbeitenden Emigranten eingeladen waren, etwa fünfzehn Gäste. Für unsere bereits internierten Freunde veranstalteten wir eine amerikanische Versteigerung unserer Hochzeitsgeschenke. Vom Erlös schickten wir Päckchen in die Internierungslager. Außer unserem »Alliierten« Felix, der als tschechischer Staatsbürger in Freiheit blieb, mußten wir recht bald all unseren anderen männlichen Teilnehmern an der Hochzeitsfeier, ich auch dem Bräutigam, solche Päckchen schicken.

Werner Sauer war nicht nur unser Trauzeuge, sondern auch der Fotograf auf unserer Hochzeit. Der Film war noch nicht entwickelt, als auch er interniert und nach Australien verschifft wurde. Erst zwei Jahre später konnten wir uns an dem Foto erfreuen.

Ehe wir eine Bleibe bei Caplans fanden, mußten wir lange suchen. Erst im Februar 1940 konnten wir zwei möblierte Zimmer mit Vollpension bei diesem Ehepaar mieten. Ein Zimmer hätte uns völlig genügt, aber ein Zusammenleben war für Unverheiratete damals undenkbar. Insgesamt nahmen die Caplans fünf Flüchtlinge bei sich auf, denen sie ihre ganze Liebe und Fürsorge angedeihen ließen. Wir waren für sie, denen eigene Kinder versagt geblieben sind, ihre Familie. Was sie uns an Geld abverlangten, deckte kaum ihre Unkosten.

Der Stadtteil von Manchester, in dem wir jetzt wohnten, heißt »Cheetham Hill«. Dort lebte vorwiegend jüdisches Proletariat und kleine jüdische Händler und Handwerker. Es gab kein osteuropäisches Land vom Baltikum bis zum Balkan, das nicht in »Cheetham Hill« vertreten war. Entsprechend unterschiedlich war auch das Jiddisch, das die Älteren als Generation der um die Jahrhundertwende Eingewanderten immer noch sprachen.

Die jüdisch assimilierte Bourgeoisie lebte kaum in »Cheetham Hill« und hatte im wesentlichen nur die Beziehung des Unternehmers zum jüdischen Proletariat. Darin gab es keinen Unterschied zu unseren Erfahrungen in Deutschland, außer der Tatsache, daß die Zugehörigkeit zur Arbeiterklasse bei den Juden in England erheblich höher war.

Bei unseren Wirtsleuten lernte ich Jiddisch. Obwohl sie ein halbes Menschenleben in England verbracht hatten, konnten sie Englisch zwar sprechen und verstehen, aber weder lesen noch schreiben. Ihre Kenntnisse reichten jedoch aus, um einen schwunghaften Handel mit Textilien zu betreiben. Sie waren nicht besonders religiös und hielten auch die jüdischen Speisegebote nur sehr lose ein. Untereinander sprachen sie nur Jiddisch. Hatten sie irgendein Schriftstück in Englisch aufzusetzen, so tat das einer von uns, entweder Felix, der Tscheche, dessen Muttersprache Deutsch war, oder die beiden Gebrüder Leonhard, Fleischermeistersöhne aus Honnef am Rhein, Gerhard oder ich.

Um uns eine Freude zu machen, veranstalteten die Caplans einen »Sederabend« zum »Passahfest« um Ostern 1940. Das Passahfest wird zum Gedenken an den Auszug der Kinder Israel aus Ägypten zelebriert. Alles, was an Nahrungsmitteln dazu gehört, einschließlich der »Mazze«, dem ungesäuerten Brot, hatten Caplans beschafft. Nach einem ganz bestimmten Ritus wird aus der »Hagadah«, dem Hebräischen Buch, das diesen Auszug schildert, vorgelesen. Das taten abwechselnd die Brüder Leonhard, die des Hebräischen mächtig waren, wie auch Herr Caplan, der es notdürftig lesen konnte. Wir waren, obwohl wir wenig verstanden, interessierte Zuhörer. Der »Sederabend« zog sich in die Länge und Herr Caplan war am Tisch eingenickt. Das merkten wir erst, als er in seiner »Hagadah« nicht mehr weiter blätterte. Werner Leonhard verlas gerade die sieben Plagen, die Gott den Ägyptern schickte, darunter Dürre, Heuschrecken, Donner und Blitz. Nach jeder verlesenen Plage mußten wir alle sagen: »Dajeinuh«, zu Deutsch: »Auch das wäre genug gewesen.«

Herr Caplan schreckte plötzlich hoch, stellte fest, daß wir schon bei der vierten Plage waren und verkündete: »Ich werde Euch gleich eingeholt haben.« Und dann betete er ganz schnell mit leiser Stimme die fehlenden Plagen herunter, bis er den Vorleser ohne »Dajeinuh« eingeholt hatte.

Bei Caplans und in »Cheetham Hill« haben wir ein uns bisher unbekanntes Milieu kennengelernt, das uns zwar faszinierte, aber auf die Dauer wollten wir nicht in dieser Art Großfamilie leben. So lange wir noch nicht verheiratet waren und während Gerhards Internierung konnte ich dieses Leben noch ganz erträglich finden. Aber zum Ende des Jahres 1940 machten wir uns selbständig, indem wir eine kleine Wohnung mieteten, damit wir endlich unser eigenes Zuhause hatten.

Als wir fünfzig Jahre später wegen Recherchen zu unserem Buch bei Peter Owen, dem Direktor der »Manchester Central Library« waren, machte er uns auf das »Manchester Jewish Museum« aufmerksam, das wir unbedingt besuchen sollten. Das Museum, eine frühere spanisch-portugiesische Synagoge, in schlichtem maurischem Stil erbaut, widerspiegelt mit interessanten Exponaten Leben und Leistungen der Manchester Juden, darunter deren Einsatz an den Fronten des Zweiten Weltkrieges und in der Industrie. Mit einer gewissen Rührung entdeckte ich auch ein leicht vergilbtes Foto von Chef und Belegschaft meiner »Gummibude«, der Firma Weinberg, Cheetham Hill, bei der ich während des Krieges Tarnanzüge für die britische Armee genäht habe.

GERHARD ERZÄHLT:

»Intern the lot«

Die Engländer bezeichnen sich gern zu Recht oder Unrecht als »calm, cool and collected«, was soviel heißt wie gelassen, kühl und besonnen. Das traf auch auf meine Kollegen aus dem Werkzeugbau von UMP Ltd. zu, selbst in den kritischsten Situationen. Davon gab es im Frühjahr 1940 genug: Die Niederlage der britischen Streitkräfte in Nord-Norwegen; der Zusammenbruch der Westfront in Frankreich; die Rettungsaktion für 380000 englische und alliierte Soldaten über den Ärmelkanal vor der deutschen Armee. Dennoch gab es keine Panik. Was es gab, war Unverständnis über die bisherige Politik und Handlungsweise der englischen Regierung. Ausländerfeindlichkeit war hier und da festzustellen, aber auf die Masse der Bevölkerung traf das nicht zu.

Uns Flüchtlingen aus Hitlers Großdeutschem Reich beunruhigten in diesen Tagen Veröffentlichungen in der Presse, daß die Regierung Chamberlain für uns zunächst nicht durchschaubare Festlegungen über die Internierung von »enemy aliens«, feindlichen Ausländern, getroffen habe. Welcher Art sie waren und welche Auswirkungen sie für uns haben könnten, darüber wurden wir zunächst im unklaren gelassen. Eine Invasion der Deutschen Wehrmacht auf die britischen Inseln wurde befürchtet. Zu diesem Zeitpunkt kursierten bereits Gerüchte über Geheimpläne Hitlers für das Unternehmen »Seelöwe«, die Tarnbezeichnung für den geplanten Überfall auf Großbritannien.

Als kritische Zeit für einen möglichen Überfall mußte der Juli bis zu den einsetzenden Herbststürmen Oktober und November angenommen werden. Im Frühjahr 1940 setzte die Regierung ihre Politik des »intern the lot«, das heißt die unterschiedlose Internierung fast aller »feindlichen Ausländer« durch. Hierbei spielte es keine Rolle, ob die Betroffenen Faschisten oder Antifaschisten, jüdische Flüchtlinge und Verfolgte des Naziregimes waren. Begleitet wurden diese Maßnahmen mit dem Versuch, Stimmung gegen alle Ausländer zu erzeugen, sie unterschiedslos als mögliche Kollaborateure der Nazis zu bezeichnen. Es erschienen

Premier Chamberlain verfügte die Internierung aller deutschen und österreichischen Staatsangehörigen

Meldungen in der Presse über die Gefahr deutscher Fallschirmspringer und ausländischer Spione.

Sofort nach Kriegsbeginn mußten wir Emigranten aus dem »feindlichen Ausland« vor sogenannten Alien-Tribunalen erscheinen. Diese stuften die sich in Großbritannien aufhaltenden Ausländer in drei Kategorien ein:

Die A-Kategorie bedeutete sofortige Verhaftung und Internierung.

Für die B-Kategorie war zwar keine sofortige Internierung vorgesehen, aber diese Personen waren an bestimmte verschärfte Einschränkungen gebunden, und schließlich die

C-Kategorie, Ausländer, für die eine Internierung ausgeschlossen war.

Diese Tribunale wurden von Richtern geleitet, die in der Regel nicht gerade freundlich mit uns Emigranten umgingen. Raffinierte Fangfragen mußten wir über uns ergehen lassen. Ich wurde zum Beispiel darüber befragt, wie ich nach England einreiste, wer mir dabei half und wie hoch meine Mitgliedsbeiträge für die KPD wären. Wahrheitsgemäß sagte ich, daß ich nicht Mitglied der KPD und ordnungsgemäß in England eingereist sei.

Fast alle zu unserem Freundeskreis gehörenden Flüchtlinge wurden der Kategorie C zugeordnet. Wir erhielten in unseren »Identity-Cards« (Ausländerausweis) den Stempel: »Refugee from Nazi-Oppression«, Verfolgter des Nazi-Regimes.

Trotz der günstigen Einstufung in die Kategorie C wurden die meisten Flüchtlinge im Frühjahr oder Sommer 1940 interniert. Am konsequentesten erfolgte das, im Gegensatz zu manch anderen Städten, in Manchester. Der Polizeipräsident Maxwell war für seine uns Flüchtlingen gegenüber feindliche Haltung bekannt. Selbst Flüchtlingsfrauen, die im allgemeinen nicht interniert wurden, ebenfalls C-Fälle, wurden auf seine Veranlassung hin von dieser Maßnahme betroffen.

Sonnabend, den 29. Juni 1940, war der Tag unserer Eheschließung. Ab Sonntag begannen unsere Flitterwochen. In aller Welt hat man Verständnis dafür und läßt die Neuvermählten allein. Das trifft auch auf das traditionsreiche England zu. Da wird diese Zeit hübsch »Honeymoon«, Honigmond, bezeichnet. Für Montag hatte man mir unbezahlten Urlaub gewährt. Aber schon um 6 Uhr in der Früh stand unsere grauhaarige Wirtin im Morgenrock mit sorgenvoller Miene und einem nicht weniger begeisterten Constable aus unserem Polizeirevier vor unserer Zimmertür. Er warf einen Blick auf den an die Tür genagelten kleinen Brautkranz und die mit Kreideschrift angebrachte Mitteilung: »just married«, was soviel heißt wie: »gerade verheiratet, bitte nicht stören!« und hob bedauernd die Schultern. Sein Auftrag lautete, mich sofort zu verhaften und zur Internierung aufs Revier zu bringen. Frau Caplan, unsere Wirtin, war hell empört. Ihr Wortschwall wollte kaum enden.

»Wie kann man einen gerade verheirateten Mann in den Flitterwochen einsperren wollen, das verstößt gegen alle jüdischen und christlichen Gebräuche«, argumentierte sie.

»Es geht über meinen Verstand«, meinte Frau Caplan weiter, »so ehrliche und nützliche Leute überhaupt einsperren zu wollen.«

Ihr Plädoyer hatte zu meinem größten Erstaunen Erfolg. Der Constable bezeugte volles Verständnis und bedauerte die ganze Sache. Er versprach, sich dafür beim Dienstvorsteher einzusetzen, zumindest einen Aufschub zu erwirken. Mit der Bemerkung, seine Namensliste der zu Internierenden sei ohnehin sehr lang für diesen Tag, ging er fort. Wir wußten, es war nur ein Aufschub, aber jeder Tag zählte.

Zehn Tage später, wieder um 6 Uhr, half nichts mehr. Unsere Flitterwochen, die wir tagsüber allerdings an der Werkbank bzw. Nähmaschine zubrachten, wurden durch meine Verhaftung unterbrochen. Diesmal kamen gleich drei Polizeibeamte.

Der Aufenthalt im Untersuchungsgefängnis des Polizeipräsidiums von Manchester dauerte nur wenige Stunden. Hier begrüßte ich viele gute Bekannte und Jugendfreunde. Meine Brigade aus dem jüdischen Ledigenheim war fast vollständig erschienen. Am Nachmittag ging es unter Polizeibewachung mit unbekanntem Ziel los. Insgesamt wurden etwa Hundert zum Armeelager nach »Prees Heath« bei »Whitchureh«, einem Städtchen in der Grafschaft »Shropshire«, gebracht.

Wir hatten vor dem Tor viel Zeit zur Betrachtung des Lagers und seiner Umgebung, ehe die Übergabe der Internierten von der Polizei an die Armee erfolgte. Die uns bewachenden und beäugenden Soldaten müssen sich über unseren Haufen sehr gewundert haben. Sie hatten deutsche Kriegsgefangene erwartet, und nun standen da sechzehnjährige Schüler und alte Männer mit Koffern und Reisetaschen, auch einige orthodoxe Juden mit langen Bärten, Schläfenlocken und im traditionellen schwarzen Kaftan. Der Captain, Kommandant des Lagers, hielt eine schnarrende, nicht zu verstehende Rede.

Ich bekam die POW Nummer 70622, die für Post, und, wie man mir sagte, »für mein Auffinden« wichtig war. Bei allen Vorkommnissen wie »Unfall oder Tod« würde meine Frau sofort benachrichtigt werden, wurde mir versichert. Welch ein Trost! Zu guter Letzt kam die Mitteilung, es gelte für uns die internationale Konvention für Kriegsgefangene und Internierte. Wir bemühten uns, den Empfang und die Worte mit Würde zu ertragen. Damit ging es ab ins Lager.

Schreiben, wo wir uns befanden und wie wir lebten, durften wir nicht.

Ein Brief wöchentlich, später zwei, mit maximal 24 Zeilen, die erst durch die militärische Zensur gingen, wurde uns erlaubt. Mein erster Brief an Alice aus dem Lager enthielt nur den lakonischen Satz: »Mir geht es gut, ich bin den ganzen Tag an frischer Luft!!« Damit war ich sicher, daß der Brief nicht der Zensur zum Opfer fiel.

Die Verpflegung mußte in Küchenzelten von Internierten selbst zubereitet werden. Das Problem für die Köche war nur die unregelmäßige, insgesamt seltsame Form der Anlieferung. Jeweils für einen Monat berechnete Lebensmittel wurden en bloc geliefert, auch die Fischration eines Monats an einem Tag. So gab es tagelang morgens, mittags, abends Fisch. Nach dem vierten Tag konnten wir keinen Fisch mehr sehen. Zucker gab es nur in winzigen Portionen, er war auf der ganzen Insel rationiert, wie alle Süßigkeiten.

Im Lager kursierten viele lustige Spottlieder. Ein gewisser Johndorf hatte meisterliche Einfälle, unsere Verpflegungssituation zu kennzeichnen. Eines hieß:

»... in jenen langen Zelten, wo Fleischrationen selten, rutscht man mal hin und dann mal her, deswegen wird es doch nicht mehr ... Hingegen konstatiert die Menge, wie reichlich groß die Heringsfänge ...«

Als wir die Erlaubnis zum Empfang von Paketen erhielten, ging eine große Schreiberei los an Freunde und Verwandte.

Sehr bunt setzte sich die Belegschaft des Lagers zusammen. Es gab jüdische Männer, die schon Jahrzehnte in England lebten. Sie waren vor den Judenpogromen in den Jahren 1905/06 aus Osteuropa geflohen. Aus diesem und jenem Grund hatten sie es bisher nicht für erforderlich gehalten, die britische Staatsbürgerschaft zu erwerben. Zu ihrer Überraschung sollte das nach fünfunddreißig Jahren aber doch von Bedeutung sein. Sofern ihr Geburtsort im jetzigen »großdeutschen« Reich lag, wurden sie zu feindlichen Ausländern erklärt. Unter den jüdischen Flüchtlingen aus dem Nazireich waren ehemalige Geschäftsleute, Intellektuelle, Wissenschaftler von Weltruf und viele Jugendliche, einige gerade 16 Jahre alt.

Walter Kresse, so etwas wie unser Kulturobmann, hatte Gelegenheit, die vier oder fünf englischen Zeitungen, die ins Lager kamen, als erster auszuwerten. Darüber, was in der Welt geschah, informierte er regelmäßig. Das war aber nicht ganz einfach, denn die englische Lagerleitung hatte die Diskussion in Gruppen und politische Betätigung strikt untersagt. So trafen wir uns manchmal im Schlafzelt oder in einer Ecke des Lagers und täuschten irgendeine Tätigkeit vor.

In dieser Zeit tobte der Kampf um die Luftherrschaft über England. Die Bombardierung englischer Industriestädte durch die Luftwaffe der Nazis nahm erschreckende Ausmaße an. Besonders London wurde siebenundfünfzig Nächte lang mit Bombenteppichen belegt, die Hitlers Propaganda »der große Blitz« nannte. Für Hunderttausende Londoner stellte die Untergrundbahn die einzige Möglichkeit des Luftschutzes und der Lebensrettung vor den Bomben dar. Viele der Internierten bangten daher um ihre Frauen und Kinder. Großbritannien hatte gerade erst damit begonnen, eine kampfstarke Luftverteidigung und moderne Kampfflugzeuge zu schaffen. Die Bevölkerung wurde aufgerufen, diese Aufgabe materiell und finanziell zu unterstützen, speziell für den Bau des »Spitfire«. Dieser vorzügliche neue Abfangjäger wurde dann mit großem Erfolg gegen die deutschen Bomber eingesetzt. Nach einer der üblichen Zeitungsschauen griffen wir diese Aktion unter der Losung »Wir helfen beim Bau eines Spitfire« auf. Wenn auch keine großen Summen zusammenkamen, demonstrierten wir doch gegenüber dem britischen Kommandanten des Lagers unsere Haltung. Bei der Übergabe des Geldes schien er sprachlos vor Verwunderung zu sein. Es dauerte eben seine Zeit, bis ein englischer Konservativer merkte, daß er die Falschen hinter Stacheldraht bewachen ließ. Alice schrieb mir mit etwas Galgenhumor: »Zum Glück sind die Engländer mit dem Abschießen faschistischer Bomber und Kampfflugzeuge schneller als mit der Befreiung der Internierten.«

Auch ich steuerte zur Spitfire-Sammlung einen Wochenlohn bei. Das Geld hatte ich mir im Schweiße meines Angesichts schwer verdient durch stundenlanges Breitklopfen von Konservendosen zur Wiederverwertung des Bleches. Für diese Arbeiten wurden seltsamerweise von der englischen Lagerleitung nur qualifizierte Handwerker, wie Schlosser und Schmiede, zugelassen. Auch ich, zu dieser Zunft zählend, wurde in diese Hammerbrigade eingereiht.

Hin und wieder gab es für mich auch echte Schlosserarbeiten, die es mir ermöglichten, die anderen »Compounds« aufzusuchen und mit Internierten außerhalb unseres Zaunes zu sprechen. Dabei konnte ich erfahren, daß in einem dieser »Compounds« Internierte streng isoliert untergebracht waren, von denen man sagte, sie seien Überlebende einer Schiffskatastrophe. Sie hätten striktes Verbot, darüber zu sprechen, und wurden nach wenigen Tagen abtransportiert – wohin war uns damals nicht bekannt. Das Wenige, was ich dort bereits zu hören bekam, war erschütternd.

Die Tragödie der »Arandora-Star«

Nach Augenzeugen und amtlichen Berichten ergab sich folgendes: Jahrelang hatte Großbritannien die gewaltige Aufrüstung des Nazi-Reiches wohlwollend toleriert, galt doch dieser Staat als ein Bollwerk gegen den Bolschewismus. Jetzt kehrte sich diese Fehleinschätzung in bedrohtem Maße gegen das Inselreich. Die bange Frage im späten Frühjahr 1940 war: Wird Hitler es wagen, nach der Unterwerfung fast ganz Europas, auch die letzte Hürde zu nehmen, das Unternehmen »Seelöwe« in die Tat umzusetzen?

Aus dieser Situation heraus ließ sich vielleicht die Idee Churchills erklären, einige Tausend Zivilinternierte und Kriegsgefangene aus den Feindländern Deutschland und Italien nach Übersee zu verschiffen. Die Regierungen Kanadas und Australiens erklärten sich zur Aufnahme der »Feinde« bereit, um das Mutterland von diesen zu entlasten. Die Tragik bei der Durchführung dieses Projektes betand jedoch darin, daß auf den insgesamt fünf Schiffen, die vom 20. Juni bis 10. Juli ab Liverpool nach Übersee ausliefen, überwiegend gerade jene Internierten gebracht wurden, die sich als Antifaschisten und in der Masse jüdischer Religion oder Herkunft vor den Verfolgungen durch die Nazis nach Großbritannien retten konnten.

Als die Schiffe in Kanada landeten, wurden die vermeintlichen Feinde im Hafen von zornigen Menschenmengen mit Buh-Rufen empfangen. Aus Wochenschauen in den Kinos war auch den Kanadiern bekannt, welche Opfer und Zerstörungen die deutsche Luftwaffe bei der Bombardierung britischer Städte verursacht hatte. Der Zorn wich großer Betroffenheit, als nicht Kriegsgefangene, sondern Zivilisten aller Altersgruppen, auch Jugendliche, die Schiffe verließen. Die kanadische Regierung machte auch keinen Hehl daraus, daß sie sich von der britischen Regierung betrogen fühlte.

Eines der fünf Schiffe, die »Arandora-Star«, erreichte sein Ziel Kanada nicht. Dieses 15000 BRT-Schiff, 1927 vom Stapel gelaufen, wurde

Das britische Luxusschiff »Arandora Star«

von seiner Reederei »Blue Star Lines« als das luxuriöseste Passagierschiff der Welt angepriesen. Eingerichtet für 450 Passagiere, alles nur 1. Klasse und 200 Mann Besatzung, wurde der Luxusliner 1939 zum Truppentransportschiff umgerüstet. Jetzt sollte die »Arandora-Star« mit etwa 1600 Mann Mannschaft, Bewachungspersonal und Zivilinternierten nach Kanada auslaufen. Aus stark überbelegten Internierungslagern kommend, empfanden alle die Verhältnisse an Bord, die Unterbringung in den Luxuskabinen und besonders die Verpflegung geradezu als paradiesisch. Aber die Hölle wartete schon auf sie, nur 26 Stunden später.

Im Morgengrauen des 1. Juli 1940, um 4.00 Uhr, verließ das Schiff Liverpool durch die Irische See mit Kurs Nordmeer. Es wurde ohne jeglichen militärischen Geleitschutz auf die Reise geschickt. Ein Havarie-Training, das üblicherweise unmittelbar nach Ablegen eines jeden Schiffes zu erfolgen hat, unterblieb. Am Ausgang der Irischen See ereilte die »Arandora-Star« am 2. Juli um 6.58 Uhr das Schicksal. Ein deutsches U-Boot landete mit einem Torpedo einen Volltreffer mitschiffs. Das Schiff sank binnen 30 Minuten.

Was sich innerhalb dieser halben Stunde an Grauenhaftem ereignete, habe ich erst zwei Jahre später von unserem Trauzeugen, Werner Sauer, erfahren. Er gehörte zu jenen Internierten, die am 10. Juli mit der »Dunera« nach Australien gebracht wurden.

Auf der fast zwei Monate währenden Überfahrt lernte Werner Sauer Überlebende der »Arandora-Star« kennen, die trotz ihrer schrecklichen Erlebnisse nur zehn Tage nach ihrer Rettung erneut verschifft wurden.

Zu den Überlebenden gehörte auch der damals 23jährige Sohn Peter des Begründers der »Weltbühne«, Siegfried Jacobson. Seinen Schilde-

Überlebende der »Arandora Star«

rungen konnte Werner entnehmen, warum sich nur etwa die Hälfte der 1600 Menschen retten konnten. Es gab weder ausreichend Rettungsboote noch Schwimmwesten. Nach der Torpedierung herrschte eine unbeschreibliche Verwirrung auf dem Schiff. Die Lichtanlage fiel durch die Explosion im Motorraum aus, so daß es in den unteren Decks völlig dunkel war. Wieviele der Internierten deshalb gar nicht erst den Weg nach oben fanden, konnte nie genau ermittelt werden. Wem das dennoch gelang, der fand die wenigen Rettungsboote bereits zu Wasser gelassen, so daß nur die Wahl blieb, in die plus zwei Grad kalte See zu springen. Besonders ältere Männer wagten diesen Sprung in die Tiefe vom sich langsam neigenden Deck nicht und gingen mit der »Arandora-Star« unter. Wer, wie Peter, das Glück hatte, eine Schwimmweste zu ergattern, war dennoch seiner Rettung nicht gewiß. Ein Matrose zeigte ihm, wie er seine Schwimmweste so zu befestigen hatte, daß er sich beim Aufprall im Wasser nicht das Genick brach. Er beobachtete, nach welcher Richtung die Seeleute über Bord sprangen, um nicht in den Sog des Schiffes zu geraten. Als er bereits die Hoffnung auf Rettung aus dem eisigen Wasser aufgegeben hatte, wurde er in ein schon überbelegtes Rettungsboot gezogen. Erst nach fast sieben Stunden kam Rettung für die Schiffbrüchigen. Auf dem Meer treibend, starben noch viele, erschöpft und unterkühlt.

Später sind weitere Details dieser Katastrophe bekannt geworden. Es mußten Jahrzehnte vergehen, bis der britische militärische Geheimdienst einige Fakten der Öffentlichkeit zugänglich machte. Das Schicksal dieser Internierten hätte alle von uns in »Press Heath«, also auch mich, treffen können, wenn ich zwei Wochen früher interniert worden wäre, aber da feierte ich gerate meine Hochzeit.

Bei der Ankündigung des Kommandanten am 2. August, uns auf eine Räumung des Lagers vorzubereiten, war uns nicht sehr wohl. Konnte es doch auch jetzt wie schon zuvor eine gefährliche Fahrt nach Übersee bedeuten.

Eines Tages war es soweit. Der Herbst stand vor der Tür, die Bedingungen eines Zeltlagers immer schwerer zu ertragen. Wir sollten endlich verlegt werden, aber wohin? Unter den älteren jüdischen Internierten gab es nicht wenige Skeptiker und Pessimisten. Übersee war im Gespräch. Diesmal sollten sie nicht recht haben. Die meisten aus dem Zeltlager wurden nach »Huyton« auf Lastwagen mit Militäreskorte verlegt.

Der Unterschied zu »Press Heath« war für uns schon sehr bedeutend. »Huyton« war eine Vorortsiedlung der großen Hafenstadt Liverpool an der Westküste Englands in der Grafschaft »Lancashire«. Man hatte dort einen ganzen Ortsteil neu erbauter ein- bis zweistöckiger Siedlungshäuser mit einem soliden Stacheldrahtzaun umgeben. Das ganze sah aus wie eine gerade verlassene Baustelle.

Empfangen wurden wir am Tor durch den Lagerkommandanten. Diesmal ein englischer Colonel. Sein Befehl in Deutsch war knapp und klar. Er lautete: »In Reih und Glied aufstellen und zum Einmarsch in das Lager ein Lied, ein deutsches Lied«.

Natürlich überraschte uns das Anliegen des Engländers, mit Musik und Gesang fröhlich hinter Stacheldraht zu marschieren, als etwas ganz Neues. Immerhin waren wir keine Soldaten, die man kommandieren konnte. Unser Dichter Kuba, in der Reihe vor mir mit seinem unverkennbaren kupferroten Haarschopf, hatte den treffenden Einfall und ersann schnell den Text eines neuen Liedes. Er stimmte an und wir sangen ihm laut und schmetternd beim Einmarsch ins Lager nach: »Leckt uns links, leckt uns rechts, leckt uns kreuzweise am Arsch, das ist der Internierteneinzugsmarsch.«

Das Internierungslager Huyton bei Liverpool

Der Colonel war zufrieden und strahlte. Wir hatten bei allen bisher teilnahmslos herumstehenden Leidensgefährten die Lacher auf unserer Seite. Auf diese Weise führte sich Kuba bereits beim Einmarsch ein und war bald den meisten im Lager bekannt.

In den uns zugewiesenen Quartieren befand sich absolut nichts, als nur der blanke, sauber gestrichene Fußboden. Am Abend gab es pro Person einen leeren Jutesack. Genug Stroh lag jetzt vor den Häusern auf der Straße, zur Komplettierung der »Wohnung«. Wir hatten Glück, in unserem Haus gab es wenigstens Wasser, bei anderen noch nicht. Nach der wilden Einquartierung sollten wir uns in der Kommandantur mit Namen, Straße und Hausnummer melden. Offensichtlich gab es überhaupt keine Übersicht, wie groß der »Bevölkerungszuwachs« in den letzten Tagen gewesen war. Wenn jemand die Absicht gehabt hätte, im Lager unterzutauchen, um einer Zwangsdeportation nach Übersee zu entgehen, niemand wäre in der Lage gewesen, den Betreffenden zu finden.

Die Zusammensetzung in »Huyton« mit seinen 4000 Insassen aus Deutschland und Österreich war viel bunter als in anderen Lagern. An Berufen war hier alles vertreten, Arbeiter, Ingenieure, Wissenschaftler und Studenten, Ärzte und Krankenpfleger, Köche, Friseure, Matrosen und Geistesschaffende, Künstler, Schriftsteller, Journalisten.

Auch hier bildeten die aus rassistischen Gründen verfolgten jüdischen Internierten den Löwenanteil. Einer der uns registrierenden niederen Offizierschargen drückte seine Verwunderung darüber aus, daß heute neun Zehntel aller Registrierungen jüdische Menschen betreffen. »Die Regierung hat wirklich die Falschen erwischt«, meinte er wiederholt.

Das traf aber nicht auf alle Internierten zu. Im Lager befanden sich auch sogenannte Auslandsdeutsche, die aus geschäftlichen Gründen als Vertreter nazideutscher Firmen- oder Handelsniederlassungen jahrelang in England ansässig waren. Auch SS-Leute gab es im Lager. Kaum begreiflich, aber wahr. Sie gehörten zur Besatzung kriegsmarinegeschützter Handelsschiffe, die von der Britischen Flotte aufgebracht wurden. Nach den Satzungen der genannten Genfer Konvention mußten diese als Zivilisten behandelt werden. Daran hielt sich die englische Regierung konsequent. Wenn man diese Deutschen, die sich offen als Nazis zu erkennen gaben, aus Sicherheitsgründen hierher brachte, war das durchaus verständlich.

Eine Minderheit im Lager bildeten die linken politischen Emigranten. Ihre Einreise nach England war jahrelang erschwert oder überhaupt unmöglich gemacht worden. Erst nach der Besetzung Prags gestattete die Regierung etwa 500 Personen bis zum Kriegsausbruch die Einreise. Dazu gehörten Gewerkschafter, Kommunisten, Sozialdemokraten, Künstler und Wissenschaftler, die mit den Linken sympathisierten.

Der Anteil der Jugendlichen war erheblich, wurden doch »feindliche Ausländer« bereits von 16 Jahren ab interniert. Insgesamt waren das 18000 Jugendliche, etwa 30 Prozent aller Internierten nach regierungsamtlichen Angaben. Ein sehr hoher Anteil jüdischer Jugendlicher arbeitete auf landwirtschaftlichen Gütern. Sie hatten die Absicht, nach dem Krieg nach Palästina überzusiedeln.

Walter Kresse hat in seinen Memoiren aus dieser Zeit die Tätigkeit des sogenannten Jugendkomitees in Huyton beschrieben. Er wurde nach unserer Ankunft im Lager in die Leitung dieses Komitees kooptiert. Diesem Komitee ging es darum, den entwurzelten Jugendlichen einen Halt zu geben, die im Lager vorhandenen Kapazitäten für eine sinnvolle Bildungs- und Kulturarbeit mit der Jugend zu gewinnen und die Zeit so effektiv wie möglich zu nutzen. Die englische Lagerleitung kümmerte sich wenig darum. Geleitet wurde das Jugendkomitee von Stefan Kaufmann, einem jungen Österreicher mit großem Einfühlungsvermögen und diplomatischem Geschick. Denn zum Komitee gehörten Vertreter jüdisch-liberaler und zionistischer Verbände, dem »Jung-

Österreich« und der »FDJ Großbritannien« sowie auch Mitglieder der »Boy-Scouts«, darunter deutsche Jugendliche unterschiedlichster Herkunft, die als Kinder nach England gekommen, dort aufgewachsen und zur Schule gegangen waren. Zu den etwa 20 Mitgliedern dieser Leitung gehörte auch Ernst Hoffmann, der ein Jahr zuvor die erste »FDJ-GB Gruppe« Nordenglands in Manchester gegründet hatte.

Das Komitee, eine Art Jugendparlament, konnte unter den primitiven Bedingungen eines Lagers Bedeutendes leisten. Mit Aushang wurde das Monatsprogramm bekanntgegeben. Dementsprechend gestaltete jeder von uns seinen Tagesablauf, soweit Küchen- oder andere Pflichtdienste das zuließen. Oder es wurde wegen einer bestimmten Veranstaltung der Dienst getauscht.

Das Monatsprogramm des Jugendkomitees bot interessante Bildungsveranstaltungen mit Wissenschaftlern, die bisher an englischen Universitäten unterrichtet hatten. Ehemalige deutsche Spanienkämpfer sprachen beispielsweise über die Spanische Republik und die Internationalen Brigaden, andere über das humanistische deutsche Kulturerbe.

Als Höhepunkt der Tätigkeit des Jugendkomitees muß die Schaffung einer technischen Hochschule mit Vorlesungen in naturwissenschaftlich-technischen Fächern gewertet werden. Es gab auch gut besuchte Studienzirkel zum Erlernen oder Vertiefen der Kenntnisse in Englisch oder Französisch. Mit Interesse beteiligten sich viele Jugendliche auch an Zirkeln Politische Ökonomie oder Philosophie – Wissenschaften, mit denen sich in Nazideutschland fast keiner der Jugendlichen systematisch, wenn überhaupt, befassen konnte. Am Philosophiezirkel, geleitet von Ernst Hoffmann, nahm ich einige Zeit teil. Wenn ich auch nicht alles auf Anhieb verstand, denn Bücher zum Nachlesen gab es auch hier nicht, halfen mir und anderen Teilnehmern die mit jugendlicher Offenheit geführten Diskussionen.

Heiß ging es beispielsweise her zum Thema »Gerechte und ungerechte Kriege« und wo dieser Krieg gegen Hitlerdeutschland einzuordnen ist.

Wir brachten auch unser Unverständnis zum Ausdruck gegenüber der offiziellen passiven Haltung der Kommunistischen Partei Großbritanniens, die im Gegensatz zu ihrem Vorsitzenden Harry Pollit den jetzigen Krieg zu einem rein imperialistischen Krieg stempelte. Dieser falsche Standpunkt wurde noch zu einem Zeitpunkt vertreten, wo in den überfallenen Ländern Europas der antifaschistische Widerstandskampf sich zu formieren begann.

Weil ich tagsüber kaum zu Hause anzutreffen war, traf mich manchmal der Spott meiner Zimmerkumpanen. Natürlich hatte ich keine Freundin jenseits des gut bewachten Zaunes. Nein, ich marschierte manchen Tags vom Sprachkurs zum Vortrag und von dort zur abendlichen Probe der Theatergruppe, die Kuba leitete, der mich, wie viele andere, zum Mitmachen gewonnen hatte.

Nicht das schauspielerische Talent war für die Teilnahme in unserer

Theatergruppe gefragt, sondern die begeisternde kollektive Tätigkeit, anderen Freude, Ablenkung, aber auch etwas zum Nachdenken zu vermitteln. Kuba wurde dabei von meinem Zimmerkumpanen Gerhard Hadda, dem Musiktalent, unterstützt.

Jeder, der Kuba damals näher kennenlernte, bestaunte seine Vielseitigkeit. Als unser Regisseur, Textdichter, Chorleiter, mal ernst, mal heiter, aber auch zornig, wenn wir uns zu dumm anstellten, übertraf ihn niemand. Hohe Anforderungen stellte er als Inspizient an die Kostüme. Was ihm nicht alles einfiel, um uns auszustaffieren.

»Da sollen irgendwo in der Kommandantur Gardinen hängen«, hörte ich ihn einmal sagen. Am nächsten Tag gehörten diese zu unserem Fundus, wie die Jutesäcke, diese wurden an den untersten Enden aufgeschlitzt und dienten den böhmischen Bauern als Umhänge.

Das Stück, ein Passionsspiel von Louis Fürnberg, war von Kuba wohlbedacht ausgewählt. Er hatte vom britischen Kommandanten die Erlaubnis im Auftrage des Jugendkomitees selbst eingeholt. Hinterher sagte Kuba zu mir, daß der Kommandant ganz schön skeptisch war, er erinnerte sich noch unseres Einzugsmarsches. Als er aber hörte, es ginge um ein Passionsspiel, wollte er nun unbedingt zur Premiere kommen. Worum ging es in diesem Stück?

Wir beabsichtigten, das Stück zum Verrat von München und zum Jahrestag des Einmarsches der deutschen Truppen in das Sudetenland aufzuführen. Es betraf das Schicksal der Tschechoslowakei, dargestellt als Passionsspiel. Die Gestalt des Jesus Christus war zu einem einfachen böhmischen Menschen geworden. Sein Leidensweg war ergreifend, eine Allegorie dessen, was sich im Jahr 1939 in Böhmen, Mähren und dem Sudetenland abgespielt hatte.

Mit einem melodramatischen Gedicht, gesprochen von Kuba hinter der Bühne im Dialekt seiner Heimat, schloß das Stück mit den Worten: »Mein guter alter Aschberg, wir kummen wieder z'sammen.« Dabei hatten wir eine Melodie zu summen, während das Licht langsam erlosch.

Wir standen in völliger Finsternis auf einem Lattenpodest, der als Bühne umfunktioniert war und warteten mit Spannung auf die Reaktion der Zuschauer. Unsere Freunde aus dem Lager waren ergriffen und spendeten uns wie richtigen Schauspielern Beifall. Selbst der Colonel applaudierte auf seinem Ehrenplatz in der ersten Reihe. Der englische Dolmetscher, der dem Text in Deutsch folgen konnte, applaudierte nur verhalten. Der Autor, Louis Fürnberg, hätte seine helle Freude gehabt, aber er war weit weg im Exil in Palästina.

Sicherlich wird der Leser vielleicht befremdet sein, daß Kuba in so positiver Weise in unserem Buch erwähnt wird, wenn er noch heute als Prototyp eines unverbesserlichen Stalinisten bezeichnet wird. Der junge Kuba war für uns und viele junge Emigranten in England der Kumpel, der uneigennützig, ob in materieller oder ideeller Hinsicht, immer geholfen hat. Die unsägliche Rolle, die der ältere Kuba zwanzig Jahre später im Schriftstellerverband der DDR, besonders im Zusammenhang mit dem Fall Janka gespielt hat, gibt uns nicht das Recht, sein damaliges Wirken zu schmälern oder gar zu verschweigen. Damit würden wir die gleichen Fehler begehen, die manchen Historikern in der ehemaligen DDR zu Recht angelastet werden, nämlich die Wahrheit zu verbiegen.

Wir verspürten im Lager, daß die fortschrittlichen Kräfte der britischen Bevölkerung unsere Internierung nicht länger hinnahmen. Sie hatten bereits Einfluß durch Protestveranstaltungen und Veröffentlichungen gewonnen. So sah sich das Innenministerium bereits Mitte des Jahres 1940 gezwungen, ein sogenanntes Weißbuch »Whitepaper« herauszugeben, in dem festgelegt war, unter welchen Bedingungen die Freilassung von Internierten erfolgen könne. Die 18 Punkte der Verordnung blieben dabei Ermessensfrage. Maßgeblich war nach Absicht der Tories, der Konservativen, nur der Grad der Nützlichkeit, den der Betreffende im Rahmen »... einer Arbeit von nationaler Bedeutung« leisten konnte. Das sollte die Zauberformel sein, nach der die Entlassungen vorzunehmen seien. Das ganze würde zentralen Arbeitstribunalen zur Entscheidung übertragen. So kam es auch, daß zunächst aufrechte Antifaschisten interniert blieben, während sogenannte Auslandsdeutsche mit Beziehungen, nur weil sie an britischen Unternehmen beteiligt waren, freigelassen wurden.

Die Freiheit konnte man aber auch anders erlangen. Im Lager gab es seit einiger Zeit ein Werbebüro für das Pioneer-Corps der britischen Armee. Wer sich bereit erklärte, dort einzutreten, wurde ebenfalls kurzfristig aus der Internierung entlassen. Gut ein Drittel der Internierten meldete sich im Verlauf der nächsten Monate zu diesem Dienst. Unser Freundeskreis lehnte diese Form der Entlassung ab.

Wenn gegen die Faschisten kämpfen, dann mit der Waffe und nicht mit dem Spaten. »Mit der Waffe jederzeit!« war unsere Forderung.

Dazu war die britische Regierung nicht bereit. Selbst ehemaligen Spanienkämpfern oder ehemaligen KZ-Häftlingen, bewährten Antifaschisten Waffen in die Hand zu geben, traute sie sich nicht. In diesem

Zusammenhang möchte ich die Erlebnisse meines Cousins Manfred Silbermann schildern, der mit mir hier in Huyton interniert war.

Manfred war Häftling im KZ Buchenwald. Ein SS-Bandit hatte ihn durch einen brutalen Schlag eine schwere Schädelverletzung beigebracht. Anfang 1939 wurde er mit einigen anderen jüdischen Häftlingen von einem Tag zum anderen aus dem KZ entlassen. Wenige Monate später gelang es ihm, nach England zu emigrieren. Obwohl nicht bei bester Gesundheit, meldete er sich schon im November 1939 zum Eintritt in das Pioniercorps. Mit einer Gruppe jüdischer Jugendlicher aus Deutschland wurde er angenommen und kam nach kurzer Ausbildungszeit zur britischen Expeditionsarmee, aber ohne Gewehre, nach Frankreich. Während der Kriegshandlungen und beim Vorstoß deutscher Verbände tief in französisches Gebiet, stand ein Teil dieses unbewaffneten Corps plötzlich deutschen Truppen gegenüber.

Dem besonnenen Verhalten des britischen Kommandierenden, einem Colonel Arthur Evans, Mitglied des britischen Parlaments, war es zu verdanken, daß die Armee-Einheit in der Nacht zurückgezogen werden konnte. Entgegen den Weisungen, das Pioneer-Corps nicht zu bewaffnen, ließ er Spaten durch Gewehre und Maschinengewehre ersetzen.

Monate später bestätigte er im britischen Parlament den Mut und die Entschlossenheit dieser Pioniereinheit ehemals deutscher Bürger, die an den Rückzugsgefechten teilnahm. Im Parlament erklärte Colonel Evans, daß »sie sich im Kampf mit einer Einsatzbereitschaft bewährte, die den besten Traditionen der britischen Armee entspricht«.

Durch eine freiwillige Aktion Hunderter privater Motorbootbesitzer wurde auch mein Cousin, wie viele Zehntausende Armeeangehörige, bei Dünkirchen von der drohenden Gefangennahme durch die deutsche Wehrmacht gerettet. Die ausgestandenen Strapazen hatten ihn dienstuntauglich gemacht. Er wurde daher aus gesundheitlichen Gründen in Ehren aus dem Pioneer-Corps entlassen.

Das alles zählte damals für die britischen Behörden nicht. Manfred wurde wenige Wochen später interniert. Er nahm alles gelassen hin. Ich beneidete ihn darum. Er starb im Alter von dreißig Jahren an den Verletzungen, die er im KZ Buchenwald erhalten hatte. Manfred hinterließ in Manchester Frau und zwei Kinder.

Eines nachts weckte uns ein furchtbares Gebrumme und Getöse aus dem Schlaf. Wir schreckten von unseren Strohsäcken auf. Die deutsche Luftwaffe verstärkte den »Blitzkrieg« gegen England. Hier im Norden zielten ihre Bomben auf Docks, Speicher und Hafenanlagen sowie Schiffe in Liverpool. Wenige Kilometer von unserem Lager weg brannte, splitterte es, schlugen die Flammen lichterloh in den schwarzen Nachthimmel. Von der Dachluke unseres Hauses bot sich ein Bild des Grauens. Gezielt zwar auf den Hafen, zerfetzten die Bomben ganze Wohnviertel. In das Getöse mischten sich das Gezische der Luftabwehrgeschütze, die die Armee um die Stadt aufgestellt hatte. Eine Batterie stand auf einem Feld, unmittelbar neben unserem Haus.

Um die schweren Bomber zu zwingen, ihre tödliche Last in großer Höhe abzuwerfen, hatte die Luftverteidigung eine Fesselballonsperre um das ganze Gebiet errichtet. In etwa 1000 Meter Höhe hingen diese riesigen Dinger an Seilen. Viele wurden in den ersten Nächten von Schrapnells oder Maschinengewehrfeuer der Bomber getroffen und brannten wie gewaltige Fackeln für Minuten am Horizont. Der Krieg war nach Lancashire und Liverpool gekommen. Viele Nächte wurde die Bombardierung fortgesetzt, Menschen unter den einstürzenden Häusern begrabend.

Als unser Lager mit den meisten der Insassen wenige Wochen später über den Hafen Liverpool zur »Isle of Man« in der Irischen See überführt wurde, konnten wir uns von der vernichtenden Wirkung und der Sinnlosigkeit dieser grausigen Bombardements selbst überzeugen.

Natürlich blieb die geplante Überführung von fast 4000 Menschen aus einem Lager in ein anderes kein Geheimnis. Der Kommandant wollte Unruhen vermeiden und schuf Unruhe. Über das Lagersystem von Lagervätern zu Hausvater ließ er die Information verbreiten, daß Transporte über den Atlantik nicht mehr vorgesehen seien. Aber England war eine Insel. Sollten wir ins Lager auf der »Isle of Man« verlegt werden, mußten wir über die Irische See, die immer wieder von deutschen U-Booten heimgesucht wurde.

Am 9. Oktober, einem stürmischen Herbsttag, peitschte der Regen über die Dächer des Lagers. Wir waren im Sommer ohne warme Bekleidung inhaftiert worden. Jetzt froren wir auf dem Appellplatz, bevor uns die Lastwagen ins Ungewisse brachten. Ich stand bei Kubas Theatergruppe. Unseren Theaterfundus hatten wir in Koffern und Kisten verstaut.

»Ein Wandertheater auf Reisen«, meinte unser kleiner Pfiffikus, Wölfchen Münzer. Endlich fuhren wir ab.

Im Hafen lag ein kleines Küstenmotorschiff, das sich stolz »Jungfrau von Orleans« nannte. Es war kaum zu glauben, was man dieser Jungfrau an Menschenfracht zumutete. Ich landete irgendwo im Unterdeck, zu meiner Überraschung vor der Theke einer Bar, hinter der ein echter Barkeeper Kümmel und Korn anbot. Die Verlockung war groß. Es war wirklich notwendig, sich für das, was uns bevorstand, Mut anzutrinken. Ich dachte, wenn der Kahn bloß bei diesem Sturmwetter im sicheren Hafen bleibt. Der Wind legte noch ein paar Stärkegrade zu. Den Kapitän störte das aber nicht. Er wollte offensichtlich die unliebsame Fracht schnell loswerden. Wir legten ab. Auf offener See überfiel uns ein solcher Herbststurm, daß mir der Mut sank.

»Das ist selbst für deutsche U-Boote kein Wetter«, versuchte mich ein Seemann zu trösten.

»Bei solchem Wetter bleibt selbst der übliche militärische Begleitschutz im Hafen«, meinte ein anderer.

Tatsächlich war weit und breit kein Schiff der englischen Kriegsmarine zu sehen.

Sturm und Wellen hatten maximale Werte erreicht. Wir alle glaubten, unsere letzte Stunde sei gekommen. Die »Jungfrau von Orleans« ächzste und stöhnte ... und wir mit ihr.

Ich registrierte noch mit einer gewissen Genugtuung, bevor ich auf das Deck des Vorschiffs krabbelte, daß nahezu alle uns bewachenden Soldaten in irgendeiner Ecke lagen und sich erbrachen. Ihre Gewehre knallten bei dem Sturm gegen die Kabinentüren oder kullerten über die Stiegen nach unten. Auf der mit Stacheldraht gesperrten Kommandobrücke stand unerschütterlich der Kapitän.

Auf Deck fühlte ich mich etwas wohler. Als sich dann aber die zweite oder dritte gewaltige Woge über uns auf dem Vorschiff ergoß, kam auch für mich die Zeit der Seekrankheit. Für viele Stunden klammerte ich mich an die Reling, Woge auf Woge über mich ergehen lassend und kotzte, kotzte, so lange, bis mein bisher ständig übersäuerter Magen völlig leer war. Ich wurde buchstäblich alles los, auch die Magenbeschwerden, unter denen ich seit meiner Kindheit zu leiden gehabt hatte. Nach der Landung im Hafen von Douglas schwor ich, kein Schiff mehr bei stärkerem Seegang zu betreten. Die Überfahrt hatte fast einen Tag gedauert, das Dreifache der sonst üblichen Zeit. Im Hafen wurden wir von der Armee wie Schiffbrüchige behandelt. In warme Decken gehüllt, fuhr man uns ins nächste Lager.

Die »Isle of Man« ist mit der Insel Rügen zu vergleichen, ein Erholungszentrum mit gastfreundlichen Seebädern und schönen Stränden. Die Insel besaß eine gewisse staatliche Selbständigkeit mit Parlament, eigener Gesetzlichkeit und einer Hauptstadt. Jahrhundertelange Traditionen sicherte den Inselbewohnern selbst noch im Krieg diese Sonderrechte.

Die britische Armee hatte uns in »Onchan«, einem alten Seebad, in sogenannte »Boardinghäuser« einquartiert. Sie standen auf einem idyllisch gelegenen Hügel, oberhalb einer kilometerlangen Promenadenstraße. Wölfchen und ich bezogen im vierten Stock ein Zweibettzimmer mit verstaubten, aber bequemen Möbeln aus dem vorigen Jahrhundert. Der Raum war wie geschaffen für einen erholsamen Urlaub mit Blick aufs weite Meer. Alice schrieb ich, »es wäre besser, Mütter und Kinder aus dem zerbombten London hier einzuquartieren und uns in die Fabriken zur Arbeit zu schicken«.

Zwei Meter von der Häuserzeile entfernt, verlief der Stacheldrahtzaun. Er trennt die Internierten von der Schönheit der uns umgebenden Natur. Von der hohen Warte unserer Zimmerfenster aus war ein Vergleich mit Dumas »Graf von Monte Christo« und dem Castell am Meer durchaus angebracht.

Ende Oktober gab es die ersten Entlassungen aus dem Internierungslager, darunter ehemalige Landarbeiter oder Metallfacharbeiter, die von ihren Betrieben für »Arbeit von nationaler Bedeutung« angefordert worden waren. Antifaschist zu sein galt noch immer nicht als Entlassungsgrund.

Bereits im August hatte mir Alice angekündigt, daß sich meine Firma beim zuständigen Amt für Arbeit des Innenministeriums bemühte, mich aus dem Lager herauszuholen. Es blieb ohne Wirkung, obwohl der Betrieb mit der Herstellung militär-medizinischer Geräte beauftragt war, für die dringender Bedarf bestand. Ich hatte gehofft, meinen 21. Geburtstag am 2. November zu Hause feiern zu können.

Aber daraus wurde nichts. Statt dessen hatte ich Küchendienst, stand in entsprechender Stimmung vor dem großen Abwaschkessel und reinigte Geschirr. Immerhin durfte ich mich jetzt als volljährig bezeichnen.

Acht Tage später war es dann soweit. Ich erhielt den ersehnten Befehl, meine Sachen zu packen. Mit dem Entlassungsschein sollte ich mich zum Fährschiff nach Douglas begeben. Ich hätte mich beeilen müssen, wollte ich das Fährschiff rechtzeitig genug erreichen, denn der Bus sollte in einer Stunde abfahren.

Ein Blick zum wolkenverhangenen Himmel und ein zweiter Blick auf das wildbewegte Meer erinnerte mich an meinen Schwur. Zum Erstaunen des Offiziers weigerte ich mich, seinem Befehl zu folgen. Er akzep-

Internierungslager Onchan

tiert meine Begründung, denn auch er würde die Überfahrt mit der »Jungfrau von Orleans« nicht so schnell vergessen, wie er mir versicherte. Ich blieb also noch zwei Tage freiwillig als »Gast der Regierung« im Lager »Onchan«.

Am 12. November war das Meer nur noch leicht bewegt, so daß ich die Rückfahrt wagte. Tags darauf war ich wieder bei meiner Alice und bei meinen Kumpels im Werkzeugbau.

Die intensiven Bemühungen der demokratischen Öffentlichkeit in Großbritannien zur Freilassung der deutschen und österreichischen Antifaschisten sowie der jüdischen Flüchtlinge blieben nicht ohne Wirkung auf die Regierung. Ohne ihre Verordnung auch nur im mindesten zu ändern, entließ sie bis Jahresende 1940 die Mehrzahl der Internierten, die sich im Lande befanden. Es sollte allerdings noch Jahre dauern, bis der letzte vor den Faschisten Geflohene von Großbritannien in eisige Nordbezirke Kanadas oder heiße Wüsten Australiens verbrachte Internierte wieder in Liverpool eintraf.

Die Ereignisse jener Zeit der überstürzten Internierung, des Transports von rund 7000 Flüchtlingen nach Übersee sind wenig später von dem Mitglied der Regierung seiner Majestät, Sir John Anderson, als eine Zeit »der Fehler einzelner, der Dummheit und des Durcheinander« bezeichnet worden. Dem ist allerdings nicht zu widersprechen.

»Jerry« in der Home Guard

Der Werkzeugbau der Firma UMP Ltd. befand sich außerhalb des tristen Fabrikgebäudes, in einer gut klimatisierten lichtdurchfluteten Halle. In dieser Halle regierte der Abteilungsleiter, Ingenieur Mr. Georg Brown. Sein Schreibtisch stand nicht, wie sonst bei einem Leiter üblich, in einem Büro, sondern mitten in der Werkhalle. Ihm unterstanden zwanzig Facharbeiter. Der modern und gut ausgerüstete Maschinenpark bestand aus Drehmaschinen, Schleif- und anderen Werkzeugmaschinen. Im Gegensatz zu meinen Berliner Erfahrungen wurden hier Maschinen wie Heiligtümer behandelt, gehegt und gepflegt. Vor meiner Internierung in Juli 1940 hatten hier außer mir noch zwei jüdische Emigranten gearbeitet, der Wiener Henry Korischona (35) und Ludwig Simon (19), der auf einem Umschulungslehrgang der »Jugend-Alija« im Rheinland Schlosser gelernt hatte. Henry leitete die Härterei.

Ich, auf den Formbau spezialisiert, arbeitete meist an einer modernen Spitzendrehmaschine und hatte bald keine Schwierigkeiten, die vorgegebenen Zeiten zu schaffen. Zu einem Schwatz mit meinen Kollegen fand ich dabei noch immer Gelegenheit. Wir wurden als Gleiche unter Gleichen im Arbeitskollektiv behandelt. Was wir noch nicht beherrschten, waren die akzentfreie englische Aussprache, die Manchester Mundart und englisch zu fluchen. Uns kamen die deftigen, in der Alltagssprache sehr gebräuchlichen Flüche wie »bloody«, blutig, mit Begriffen der Sodomie verbunden, schwer über die Lippen. Auch hatten wir noch Mühe, die umfangreichen Regeln des britischen Fußballtotos erfolgreich zu beherrschen.

Alle drei waren wir innerhalb einer Woche interniert worden, was sich im Werkzeugbau des Betriebes störend bemerkbar gemacht hatte.

Als erster war ich nach fünf Monaten wieder freigekommen. Viel Zeit zum Arbeiten fand ich am Tag meiner Rückkehr von der »Isle of Man« nicht; meine Kollegen wollten wissen, was ich in den letzten Monaten erlebt hatte. Natürlich sparte ich meine Erlebnisse mit der »Jungfrau von Orleans« und meine völlige Seeuntüchtigkeit nicht aus.

Seit den Kriegshandlungen der Sowjetunion gegen Finnland richtete sich die Regierungspresse und die der Labour-Opposition gegen die Sowjetunion und kaum noch gegen den eigentlichen Feind Nazi-Deutschland. Selbst bei sonst mit der Sowjetunion Sympathisierenden fand der militärische Vormarsch ins finnische Karelien kein Verständnis. Von Stalin wurden die Kampfhandlungen mit der Sicherung Leningrads und der Nordgrenze der Sowjetunion begründet. In Großbritannien nährte das die antisowjetischen Stimmungen. Auch in unserer Abteilung bestimmte dieses Thema lange die Pausengespräche.

Da ich ebenfalls keine anderen Informationsquellen als die hiesige Presse hatte, fand auch ich keine Argumente für die militärischen Aktionen der Roten Armee. Auch unsere älteren, politisch sonst so versierten Freunde und Genossen unter den Emigranten konnten mir keine befriedigenden Antworten geben. Der Vertrauensschwund der Sowjetunion selbst bei »Linken« war bedeutend.

Anfang des Jahres 1941 war absehbar, daß sich der Krieg ausweitet und früher oder später auch die Sowjetunion einbezogen werden wird. Mich interessierte daher die politische Einstellung meiner Kollegen und auch, was sie über dieses Riesenland Sowjetunion wußten. Vor allem wollte ich wissen, worauf sich ihre überwiegend antisowjetische Einstellung begründete, die ich nicht uneingeschränkt teilen konnte. Denn ich hatte immer noch Illusionen, die besonders durch ein Buch genährt wurden, »Ein Sechstel der Erde«. Der Autor, Hewlett Johnson, Dekan von Canterbury und später das geistliche Oberhaupt der Anglikanischen Kirche, weilte auf Einladung Stalins in der Sowjetunion. Ihm wurden Besichtigungen ermöglicht, wie keinem anderen hochrangigen Gast zuvor. Er konnte altrussische Kirchen, Kathedralen und Synagogen und deren Gemeinden besuchen. Alles diente dem Zweck, die antisowjetische Stimmung in der bürgerlichen Welt abbauen zu helfen. Das Buch fand nicht nur in Großbritannien Anklang. Es wurde in 24 Sprachen übersetzt und weltweit verbreitet.

Obwohl vieles im Buch des Geistlichen stark beschönigt wurde, scheint mir, ungeachtet der schrecklichen Entartung der Ideen des Sozialismus, die erst später ersichtlich wurden, dennoch Hewlett Johnsons Schluß noch heute gültig: »... daß es zwischen wahrem Christentum und wahren sozialistischen Idealen sehr viele Berührungspunkte gibt.«

Ich nahm dieses Buch als Anknüpfungspunkt, um mit meinem Werkbanknachbarn Joe Wordsworth ein Gespräch zu führen. Joe, verheiratet, hatte einen kleinen Sohn, war Anfang dreißig und zahlendes Mitglied der Labour-Party, immer humorvoll und mir sehr zugetan. Gegner Rußlands war er wegen der Verfolgung der Kirche und der Religion. Seine Kenntnisse darüber bezog er nicht aus der Presse, sondern von seinem Onkel, der zum britischen Expeditionscorps während der Zeit der Interventionskriege gehörte, und ihm von den gottlosen Bolschewiken erzählt hatte.

»Shop steward«, Gewerkschaftsvertrauensmann im Werkzeugbau, war der Präzisionsschleifer Georg Smith, mit 63 Jahren der älteste Kollege im Betrieb.

Im Jahre 1919 hatte er tatkräftig das in Manchester von der damaligen »British Sozialist Party« gebildete zentrale »Hands-off-Russia«-Komitee unterstützt. Dieses von der Gewerkschaftszentrale TUC geförderte Gremium hatte in England und Schottland landesweit Hilfe für die junge Sowjetmacht organisiert. Das Komitee forderte die Beendigung der Intervention Großbritanniens, für die von der Regierung eine für damalige Verhältnisse horrende Summe von 100 Millionen Pfund Sterling zur Verfügung gestellt worden war. Das Komitee forderte auch die Aufhebung der Handelsblockade und die Aufnahme diplomatischer Beziehungen zu Sowjetrußland.

Im Ergebnis der Massenaktion »Hands off Russia« und des drohenden Generalstreiks, den die Gewerkschaft vorbereitet hatte, lenkte die von Lloyd George geführte liberale Koalition ein. Großbritannien schloß 1923 mit Sowjetrußland den ersten Handelsvertrag ab. Damit war auch die erste de facto Anerkennung der jungen Sowjetmacht durchgesetzt.

In den dreißiger Krisenjahren wurde Georg Smith wegen seiner politischen Haltung von der Direktion der Betriebe, in denen er arbeitete, oft gemaßregelt, meist wurde er als erster gefeuert. Von seiner Partei, die ihn nicht unterstützte, war er enttäuscht, weil die Labour-Party mit den Konservativen eine Koalitionsregierung bildete. Seitdem wollte Georg von Politik nichts mehr wissen, aber er engagiert sich als »Shop steward« für die gewerkschaftlichen Rechte seiner Kollegen.

In der Abteilung gab es auch zwei Brüder, einer von ihnen war der Abteilungsleiter Mr. Brown. Zu einem Gespräch mit ihm über etwas anderes als über fachliche Fragen kam es all die Jahre nicht.

Der etwas ältere Bruder des Abteilungsleiters, Tom Brown, klein, mit Schnurrbärtchen, war ein hervorragender Spitzendreher, der Beste im Werkzeugbau.

Gerhards Gewerkschaftsgruppe vom Werkzeugbau des »Universal Metal Products ltd.«

Er las viel. Mich empörten seine Vergleiche der Sowjetunion mit Nazi-Deutschland; er bezeichnete den Nichtangriffsvertrag als den Pakt zweier Staaten auf Kosten Polens und der baltischen Länder. Was konnte ich ihm entgegenhalten, zumal uns nichts bekannt war über Stalins Geheimverträge mit Hitler?

Als Mitte des Jahres 1942 zwischen der UdSSR und Großbritannien der Vertrag über ein Bündnis im Krieg gegen Hitlerdeutschland sowie über Zusammenarbeit und gegenseitige Hilfe nach dem Krieg in Kraft trat, waren wir hoffnungsvoll. Aus heutiger Sicht hat sich keiner der vertragschließenden Partner daran gehalten.

Zur Prominenz des Werkzeugbaus gehörte nicht zuletzt Ernest Baker, Werkzeugmechaniker, 32 Jahre alt. Er bearbeitete die asymetrischen Stahlformen für Plasterzeugnisse. Ernest war auch Kommandeur eines Zuges der »Home Guard«, einer militärischen Einheit Freiwilliger zur Objektverteidigung. Wegen seiner geringen Körpergröße wurde er unter uns Kollegen »Shorty«, das heißt »Kurzer« oder »Kleiner« genannt. Das minderte in keiner Weise seine Autorität als militärischer Vorgesetzter. Ganz im Gegenteil. Er war bei allen beliebt und geachtet. Man munkelte, Ernest wäre aus zwei Gründen Kommandeur geworden, erstens wegen seiner militärischen Ausbildung in einem Lancashire Regiment und zweitens wegen seiner Größe. Auf meine Frage, was seine Größe mit dem Rang zu tun hätte, erklärte man mir: »Im Gefecht hat Shorty kaum eine Chance getroffen zu werden. Er bietet zu wenig Angriffsfläche.«

Ernest hatte ein Hobby – Militärgeschichte und historische Romane, wie Tolstois »Krieg und Frieden«. Er hatte auch »Ein Sechstel der Erde« gelesen. Aber viel übrig für die Sowjetunion hatte auch er nicht.

Die anderen Kollegen des Werkzeugbaus befaßten sich wenig mit Politik. Diese war nur alle fünf Jahre interessant, wenn ein Abgeordneter für das Unterhaus gewählt werden sollte.

Die letzten Wahlen hatten 1935 stattgefunden, also vor sechs Jahren, im Krieg wurde nicht gewählt. Bisher siegten in Manchester und Salford immer die Labour-Kandidaten.

Das spiegelte im wesentlichen die Stimmung meiner Kollegen vor dem Überfall der Nazis auf die Sowjetunion wider, nicht nur in unserem Betrieb, sondern ganz allgemein in Großbritannien.

Auch in dieser Fabrik hatte ich einen Spitznamen verpaßt bekommen. Obwohl mich die Faschisten wegen meiner jüdischen Herkunft und der Flucht nach Großbritannien ausbürgerten, war das für meine Kollegen bedeutungslos; für sie war ich »Jerry«, der Deutsche. Eine Name, gegen den ich nichts einzuwenden hatte.

Am Sonnabend, dem 21. Juni 1941, trafen wir uns nachmittags zu einem Ausflug nach Sale, einem im Grünen liegenden Vorort, mit der Familie meines Kollegen Joe. Das Wetter war ausnahmsweise prächtig zu nennen. Joe Wordsworth, der gern Aphorismen und Gedichte las, deklamierte mit Begeisterung William Wordsworth aus dem 18. Jahrhundert:

»Nicht in Utopia oder unterirdischen Gefilden
Oder geheimen Inseln weiß der Himmel wo
In dieser unser aller Welt allein
Hier ist die Stätte, wo wir letzten Endes
Nur finden unser Glück – sonst nirgendwo.«

Das Gedicht entsprach unserer Stimmung an diesem ersten warmen Sommertag, als wir durch die schönen Parkanlagen schlenderten. Der Krieg schien heute weit ab.

Gekämpft wurde irgendwo in Nordafrika um Ortschaften und Oasen im Wüstensand, deren Namen bisher niemand gehört hatte. Manchester und die nähere Umgebung waren in den letzten Monaten von Angriffen

Deutsche Luftwaffenbomber richteten schwere Verwüstungen im Stadtzentrum von Manchester an

der Luftwaffe Görings verschont geblieben. Im Winter 1940/1941 hatten die Bomber ihre teuflische Last in wenigen Stunden ausgeklinkt, Verwüstungen im Stadtzentrum angerichtet, Kirchen und Krankenhäuser getroffen sowie Industrieanlagen und die lebenswichtigen Hafendocks schwer beschädigt. Auch das Standesamt am Petersquare wurde zerstört, wenige Monate nach unserer Trauung.

Wordsworth's Gedicht schrieb Alice auf, nicht ahnend, was der nächste Tag bringen würde.

Wir wohnten jetzt bei einer Familie Walsh, die uns von ihrer kleinen Wohnung ein Zimmer abgetreten hatte. In unserer jungen Ehe war es die vierte Unterkunft. Unsere letzte Behausung, ein Mansardenzimmer, hatten wir bei Sonnenschein gemietet. Bei Dauerregen stand es unter Wasser. In dieser Gegend ist Regen der Normalfall.

Es war Sonntag, wir wollten ausschlafen. Am Abend zuvor, nach dem Ausflug, hatten wir bei Walsh Radio-Musik gehört, weil wir als deutsche Emigranten noch immer kein eigenes Gerät besitzen durften.

Kurz vor acht Uhr in der Frühe weckte uns Nora, unsere Wirtin. Sie sprudelte die Schreckensnachricht hervor: »Der englische Rundfunk meldete, Hitler hat heute früh den Befehl zum Überfall auf die Sowjetunion erteilt. Die Grenze ist von deutschen Truppen überschritten, Städte tief im Hinterland sind bombardiert.«

Nora, damals Mitglied einer linken Jugendorganisation, war jener Typ von Menschen, die schnell auf Ereignisse reagieren können. Im Englischen gibt es dafür ein treffendes Wort: »quick on the uptake«, das heißt etwa: »begreift schnell«. Diese Frühmorgenmeldung kommentierte sie: »Endlich hat unser Land einen starken Verbündeten, wir werden Nazi-Deutschland von Ost und West in die Zange nehmen.« Damit hatte Nora den Gedanken der Zweiten Front in Westeuropa vorweggenommen. Bis es jedoch so weit war, gingen noch drei lange, bange Jahre ins Land.

Noch am 1. Juni 1941, als Hitlers Stellvertreter Rudolf Heß auf einem Gut in Schottland gelandet war, hatten die Spekulationen über einen Separatfrieden Großbritanniens mit den Nazis weite Kreise gezogen. Viele englische Blätter rätselten über den Flug.

Im Verlauf des Tages wurde bekanntgegeben, daß Premierminister Churchill über den Rundfunk sprechen werde. Nora ließ kein gutes Haar an ihm, sie nannte Churchill einen schlauen und durchtriebenen Fuchs. »Bisher haben die Herrschenden Englands es immer verstanden, andere für sich die Kastanien aus dem Feuer holen zu lassen«, meinte Nora.

Um einundzwanzig Uhr war es dann soweit. Churchill sprach über alle Sender. Seine Worte waren an die britische Bevölkerung gerichtet. Am nächsten Tag konnte man die Rede im Wortlaut in der Zeitung lesen. Er hob hervor, Gegner des Kommunismus zu sein. Aber dann schilderte er mit bewegenden Worten: »Ich sehe die Zehntausende von russischen Dörfern, wo man dem Boden unter so großen Mühen die Mittel zum Dasein abringt ... wo Mädchen lachen und Kinder spielen, und ich sehe die Nazi-Kriegsmaschine über sie alle in scheußlicher Wildheit hereinbrechen.«

Englands Entschlossenheit, diese Kriegsmaschine Hitlers bis zum Sieg zu bekämpfen, bestätigte er mit der Beteuerung: »Wir werden nie mit Hitler oder einem aus seiner Bande verhandeln. Daraus folgt, daß wir Rußland und dem russischen Volk jede mögliche Hilfe gewähren, die wir gewähren können.«

Am Montag gab es vor Arbeitsbeginn im Werkzeugbau wie überall nur ein Thema. Der Überfall auf die Sowjetunion und die Erklärung Churchills dazu. Es blieb für lange Zeit das Thema Nummer Eins. Wenn in der »Pubs«, den englischen Kneipen, das Radio Nachrichten von der sowjetisch-deutschen Front brachte, wurde es sofort still. Waren die Nachrichtensendungen vorbei, setzte das Stimmengewirr und Gläsergeklapper wieder ein. So ähnlich ging es auch in allen Fabriken zu, die mit Radio ausgerüstet waren. In allen Arbeitspausen wurden seit dem Überfall Informationen von der Front durchgegeben.

Die britische Regierung erkannte natürlich eines ganz genau: Wenn es Hitler gelänge, Rußlands Macht zu brechen, würde er nachher seine Armee und seine Luftwaffe gegen die britischen Inseln werfen. Churchill sagte, daß die Gefährdung Rußlands daher unsere eigene Gefährdung ist. Darin bestand vor allem seine Verpflichtung durch Errichtung einer neuen militärischen Front der Sowjetunion Unterstützung zu geben.

Von einem Tag zum anderen wurde ich in der Abteilung der Gesprächspartner und der Experte in Fragen der Sowjetunion. Meinen Kollegen gegenüber betonte ich immer wieder: Für uns deutsche Antifaschisten war der Überfall nicht überraschend gekommen. Nicht nur von der politischen Linken wurde das seit Jahren vorausgesagt. Nicht vorhersehbar war nur der Zeitpunkt. Selbst für den, der seine Informationen nur der Zeitung entnahm, war es kein Geheimnis, wohin Hitler seine Wehrmacht schicken würde. Wer wollte, konnte schon in den Jahren 1939 und 1940 lesen, daß im polnischen Raum bis zur Grenze der UdSSR die Straßen ausgebaut wurden. Wehrmachtsverbände wurden bis zum 20. Juli 1940 mit 15 Divisionen nach Osten verlegt und sechs Generalkommandos wurden gebildet. Später sind uns noch viele andere Fakten bekannt geworden, die offensichtlich von Stalin aus für uns unerklärlichen Gründen ignoriert wurden.

Für uns junge Antifaschisten waren die ersten furchtbaren Monate, in denen deutsche Wehrmachtsverbände in weite Gebiete des europäischen Teils der Sowjetunion vordringen und Leningrad, Stalingrad und selbst Moskau gefährden konnten, nicht zu erklären. Wir glaubten fest daran, daß die Rote Armee und mit ihr die britischen Verbündeten siegen werden. Aber wann und wie, war die am heißesten diskutierte Frage dieser Tage.

Unser Militärfachmann in der Abteilung, Ernest Baker, plädierte als erster für eine »Zweite Front jetzt« und dort, wo der Wasserweg am kürzesten, über den Kanal nach Frankreich. Seit den kritischen Tagen im

Herbst an der sowjetischen Front, machten sich in Großbritannien diese Forderung alle fortschrittlichen Kräfte zu eigen.

Die Gewerkschaften veranstalteten in der Zeit vom 22. bis 29. September 1941 eine »Woche der Panzer für Rußland«. Den Auftakt dazu gaben die Arbeiter der Panzerwerke von Birmingham auf einem Meeting mit dem sowjetischen Botschafter I. M. Maiski. Er sprach zu den Werktätigen in der großen Fabrikhalle. Die Rede wurde im Rundfunk übertragen, und auch wir hörten sie in der Pause im Betrieb. Mit ernsten Worten informierte er über die hohen Verluste an der Front in den ersten drei Monaten des Krieges.

Im ganzen Königreich Großbritannien setzte bei der Bevölkerung ein Umdenken ein, während der Krieg mit unverminderter Heftigkeit weiterging.

Militärs und Politiker, aber auch mein Kollege Tom Smith hatten erwartet, daß Hitlers Armeen wie mit einem Messer durch Butter in Rußlands Weiten voranmarschieren würden.

Zu den Optimisten zählte vor allem Ernest Baker; er formulierte eine Entschließung und veranlaßte Georg Smith, den Vertrauensmann, diese von allen Kollegen unterschreiben zu lassen. Den genauen Text besitze ich zwar nicht mehr, aber er lautete etwa so:

»Wir bauen zwar keine Panzer, aber unsere metallurgischen Erzeugnisse für die Medizintechnik halten wir auch für wichtige Waffen im Krieg gegen Hitler. Wir werden im Betrieb effektiver arbeiten, rationelle Werkzeuge herstellen, mit denen lange und gut produziert werden kann. Wir wenden uns an die Regierung Seiner Majestät mit der dringenden Aufforderung, die Sowjetunion in jeder Weise zu unterstützen.«

Das wurde von allen unterschrieben, auch von Tom Brown und seinem Bruder. Georg Smith brachte das Schreiben zur »Branch« der AEU. Es war auch wieder sein erster Weg vom »nur Tradeunionist« zum politischen Gewerkschaftsfunktionär. Joe meinte eines Tages zu mir: »Genaugenommen setzt Churchill die britische Politik wie vor dem Überfall auf die Sowjetunion fort. Für ihn waren sowohl die Sowjetunion wie Nazi-Deutschland eine Gefahr für das Britische Imperium. Beide Gegner sollten sich ordentlich zur Ader lassen. Dann kommt im Augenblick der größten Schwächung England und diktiert beiden den Frieden.« In dieser Beziehung hatten auch Nora Walsh und viele britische Linke recht. Obwohl Churchill der Sowjetunion die Zweite Front zuerst für das Jahr 1942, dann 1943 zugesichert hatte, landeten die westlichen Alliierten Truppen erst am 6. Juni 1944 in Frankreich. Zu diesem

»Home Guard« in der Salford/Lancashire Company »D«

Zeitpunkt hatte die Rote Armee die Hauptkräfte der deutschen Wehrmacht bereits entscheidend geschlagen und das Territorium der UdSSR befreit.

Im Jahre 1942 wurde die Industrie des ganzen Königreiches in die Rüstung einbezogen. An der Spitze der Wirtschaft stand ein energischer Minister, Lord Beaverbrook. Mehr als bisher wurden junge, wehrfähige Männer zur Armee einberufen. Verschont blieben nur jene, die in Rüstungsbetrieben unentbehrlich waren. Das galt auch für die UMP Ltd. in Salford. In diesen Tagen forderte mich mein Freund Ernest auf, Mitglied der »Home Guard« zu werden. Diese aus Zivilisten gebildete, etwa 500 000 Mann starke Truppe wurde von Offizieren der britischen Armee ausgebildet und befehligt. Die »Home Guard« hatte vor allem die Aufgabe, örtliche Objekte im Hinterland bei Luftlandeaktionen des Gegners zu verteidigen. Ich empfand die Aufforderung von Ernest an mich, Mitglied der »Home Guard« zu werden, als einen großen Vertrauensbeweis. An Wochenenden wurde ich gemeinsam mit meinen Kollegen an Karabinern und Maschinenpistolen ausgebildet, wetteiferte mit ihnen um hohe Treffgenauigkeit und trug die britische Uniform wie sie. Wir gehörten zur D-Company-Salford, die aus 160 Männern und einer Sanitäterin bestand.

Die Grundausbildung, Objektverteidigung gegen Fallschirmspringer, Kämpfe im Wohngebiet und im Gelände erhielten wir auf einer ausrangierten Windhundrennbahn in »Salford«, die vom trüben Flüßchen Irrwell umflossen wird.

Wenn mein Freund Ernest kommandierte, hatte ich keine Schwierigkeiten, die Befehle ordnungsgemäß auszuführen. Aber meist hatte einer der alten Kasernenhof-Unteroffiziere der Britischen Armee das Kommando, dann wurde ich zum Schweyk der Einheit. Ich wollte nicht auffallen und setzte meinen Ehrgeiz darein, alles besonders gut zu machen. Das gelang mir nicht immer. Von diesen Sergeanten mit schnarrender, kehliger Stimme und manchmal unverständlichem Dialekt mußte ich manchen Anranzer vor versammelter Mannschaft über mich ergehen lassen.

Einmal passierte folgendes: Ich führte einen Befehl falsch aus. Anstatt mit der Einheit zurückzugehen, stürmte ich mit gefälltem Bajonett ganz allein vorwärts, stürzte dabei und verstauchte mir den Fuß an einem Markierungszeichen der Rennbahn. Endlich hatten die Sanitäter etwas zu tun. Das Lachen hatten meine Mitkämpfer vom Werkzeugbau, die mir aber nach jeder Panne Trost zusprachen, solange, bis ich auch das seltsamste Englisch verstand. Später wurde ich in den regulären Dienst eingereiht, wichtige Objekte in Salford bewachen zu helfen.

Im Einsatzbuch unseres Trupps steht auch: »Ein Polizist wurde aus einem »Pub« bei einer Schlägerei mit trunkenen Yankees von unserer Truppe gerettet.« Diese Yankees wollten, »königliche Anweisung« mißachtend, die Kneipe nach Ausschankschluß nicht verlassen, trotz Aufforderung des herbeigerufenen Polizisten, den sie maßlos beschimpften und sogar angriffen. Wir fünf, von einem Abenddienst der »Home Guard« kommend, stellten britisches Recht wieder her. Die Kneipe wurde in der Folgezeit immer pünktlich 21.00 Uhr geschlossen.

Bei Brandbekämpfung kamen wir von der »Home Guard« ebenfalls zum Einsatz. Von Bomben wurde unsere Fabrik zwar nie getroffen, dafür aber dichtbesiedeltes Wohngebiet einige hundert Meter entfernt.

Wir hatten uns alle zu hohen fachlichen Leistungen verpflichtet wie die anderen Bereiche der Fabrik auch. Es fehlten jedoch für die Mitglieder der »Transport and Generalworkers Union« (Transport- und Lagerarbeiter-Gewerkschaft) eine Regelung für die Nachtzuschläge, als die dritte Schicht obligatorisch eingeführt wurde. In Großbritannien hat jede Berufsgruppe ihre eigene Gewerkschaft. So mußten oftmals mehrere Gewerkschaftsverbände mit dem Unternehmer eines Betriebes verhandeln, was die Fabrikleitungen gegen die Arbeiter auszunutzen verstanden. Oft versuchten sie, einen Gewerkschaftsverband gegen den anderen auszuspielen, auch in unserer Fabrik. Für die hochspezialisierten Werkzeugmacher der AEU, von denen im entscheidenden Maße die Fertigung in allen Bereichen abhing, war für die Schichtarbeit alles günstig geregelt. Bei den angelernten Arbeitern, einigen Hundert, fehlten tarifliche Regelungen. Aus Gründen der gewerkschaftlichen Solidarität beschlossen wir, eine Delegation aus beiden Gewerkschaftsverbänden zum Direktor, Mr. Wertheimer, zu schicken. Ich sollte als Teilnehmer der Delegation für die AEU mitgehen.

Mr. Wertheimer, damals bereits naturalisierter Brite, war aufs äußerste verwundert, mich als Vertreter einer englischen Gewerkschaftsdelegation zu sehen. Er richtet die Frage an mich in Deutsch: »Was haben Sie denn hier mit denen zu schaffen?« Ich antwortete laut und vernehmlich in Englisch: »Das Vertrauen meiner Kollegen, ihre Interessen vertreten zu dürfen, ehrt mich außerordentlich«.

Sein Mißfallen zu meinem Auftreten überspielte er mit einem mokanten Lächeln. Der Forderung nach einheitlicher Regelung für Schichtarbeit und Nachtzuschläge stimmte er nach längerer Verhandlung schließlich zu.

Georg Smith berichtete in der Gewerkschaftsgruppe über meinen Disput mit dem Direktor und meinte, die Stellung des »Jerry« sollte man auch weiterhin nutzen. Einstimmig wurde ich zu seinem Stellvertreter gewählt. Zu einer meiner Aufgaben gehörte die Kassierung der Mitgliedsbeiträge und deren monatliche Abrechnung in der Filiale »Pendleton«.

Als Georg Smith im folgenden Jahr in Rente ging, war ich bereits eingearbeitet, hatte guten Kontakt zum örtlichen Gewerkschaftssekretär, einem Kollegen Barnfield, und dem für Jugend, Sport und Erholung zuständigen Gewerkschaftsfunktionär. Georg führte mich mit herzlichen Worten als seinen Nachfolger in der »Branch« ein. Meinen Kollegen hatte ich zuvor für ihr Vertrauen gedankt. Für sie schien es schon selbstverständlich, mir die Funktion zu übertragen, ich bin als »Jerry« einer von ihnen geworden.

Von Juni bis November 1941 änderte sich die Haltung der meisten meiner Kollegen sowie auch bei der überwiegenden Mehrheit der britischen Bevölkerung. Sie wurden Verbündete und Kampfgefährten der

Sowjetunion. Diese Behauptung ist nicht übertrieben. Ich denke dabei an die bangen Tage der Schlacht vor Moskau. Hitler hatte alle militärischen Reserven Deutschlands und Kontinentaleuropas konzentriert, um die »letzte Bastion des Bolschewismus zu schlagen«, wie es aus dem Führerhauptquartier hieß.

Der Termin des Einzuges in Moskau war schon festgelegt. Im britischen Königreich hatten in diesen Tagen Nachrichten des Rundfunks von dieser Front absoluten Vorrang. Dazu wurde alles abgehört, auch die Sender Nazi-Deutschlands mit dem berüchtigten Englischsprecher. Geglaubt wurde ihm nicht. Daher nannte man ihn nur »Lord Haw-Haw«, was soviel heißt wie »Lord Lächerlich«. Für die Nazis waren die Kämpfe um Moskau so gut wie gewonnen. »Lord Haw-Haw« hatte jedenfalls am 10. Oktober 1941 mit feierlicher Stimme erklärt: »Die Schlacht im Osten ist entschieden.« Am 12. Oktober erklärte derselbe Sprecher der Welt: »Vernichtung der sowjetischen Armeen beinahe vollendet.«

Von sowjetischer Seite hörte man nur von sehr schweren Kämpfen um Ortschaften, deren Namen uns nicht geläufig waren. Sorgenvolle Wochen folgten. Mit Herzklopfen wurde bei der Familie Walsh jeden Abend der Sender Moskau gehört. Moskaus Stimme konnten wir weiterhin Tag für Tag hören. Das Schlimmste traf nicht ein, ganz im Gegenteil.

Mit innerer Spannung begingen wir den 7. November 1941. Uns war am Vorabend des 24. Jahrestages der Oktoberrevolution alles andere als festlich zumute. Wir fragten uns besorgt, wie man diesen Tag wohl in der Frontstadt begehen werde. Erst als wir durch den Londoner und den Moskauer Rundfunk hörten, daß die traditionelle Truppenparade stattgefunden habe, schöpften wir wieder Hoffnung. Bei eisiger Kälte und dichtem Schneegestöber defilierten feldmarschmäßig ausgerüstete Truppen mit neuer Militärtechnik vorbei an der Kreml-Mauer über den Roten Platz. Von dort begaben sich diese Truppen direkt an die Hauptkampflinie. Die Armee, die ein halbes Jahr lang nur Schlappen an der Front hinnehmen mußte, versetzte im Verlaufe des Dezember 1941 durch ihre Gegenoffensive vor Moskau dem Feind den ersten schweren Schlag in diesem Krieg.

Die erste deutsche Niederlage hatte nicht nur militärische Bedeutung. Die Freude der Hitlergegner darüber war echt und aufrichtig. Wir alle spürten bewußt oder unbewußt, die Sowjetunion hat die Kraft, dem Faschismus Widerstand zu leisten.

Brief eines Berliner Antifaschisten, publiziert vom Freien Deutschen Kulturbund in Großbritannien über die Stimmung der Bevölkerung nach der Niederlage der Wehrmacht vor Moskau 1941. Das Deckblatt gestaltete John Heartfield

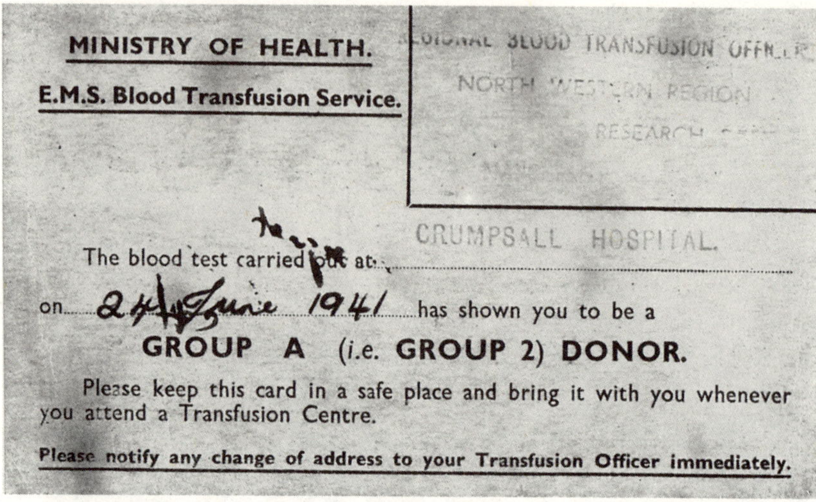

MINISTRY OF HEALTH.

E.M.S. Blood Transfusion Service.

BLOOD TRANSFUSION

NORTH WESTERN REGION

RESEARCH

The blood test carried out at: CRUMPSALL HOSPITAL.

on 24 June 1941 has shown you to be a

GROUP A (*i.e.* **GROUP 2**) **DONOR.**

Please keep this card in a safe place and bring it with you whenever you attend a Transfusion Centre.

Please notify any change of address to your Transfusion Officer immediately.

Gerhards Blutspenderausweis vom 24. Juli 1941

Als der »Hilfsfonds für Rußland« unter Leitung von Clementine Churchill, der Frau des Premierministers Winston Churchill, geschaffen wurde, die zur Unterstützung des Roten Kreuzes der UdSSR aufrief, gab es unter meinen Kollegen eine große Bereitschaft, an diesen Fonds Sach- und Geldspenden zu senden. Jeder von uns, der dazu in der Lage war, spendete Blut. Der Blutspenderausweis wurde genau so regelmäßig wie die Gewerkschaftsbeitragskarte dem Shopsteward vorgelegt. Das Mitteilungsblatt der AEU veröffentlichte die Namen der Blutspender.

Der letzte Weg von Mutter Erna und Vater Wilhelm

Von den Freunden der Gruppe Baum, die wir noch in Berlin vermuteten, erfuhren wir bisher nichts. Auch von meinen jüdischen Eltern und den Schwiegereltern, die seit Sommer 1939 in der Kaiserstraße eine Wohnung mit zwei weiteren Familien teilten, war seit drei Jahren kein Lebenszeichen gekommen. In Berlin wußten unsere Familien nicht, ob wir noch lebten. Ich schrieb meinen Eltern nach meiner Flucht aus Deutschland und meiner Ankunft in London. Der Postbeamte hatte die Annahme des Briefes verweigert. Zu dem ersten Brief fügte ich Woche für Woche einen weiteren hinzu und bewahrte diese in meinem Reisekoffer auf. Auf dem Hauptpostamt in Manchester zuckte man mit den Schultern. Post nach Feindesland wurde nicht angenommen. »Awfully sorry«. Schon der Versuch, über neutrale Drittländer Post nach Deutschland zu senden, war strafbar. Das Warten auf Post war qualvoll. Lebten meine Eltern noch?

Nach den Pogromtagen war das Leben für die Juden in Deutschland eine einzige Misere, aber noch erträglich. Wohlhabende und Einflußreiche mit Freunden im Ausland hatten Deutschland verlassen. Viele der jüdischen Genossen teilten bereits das Schicksal anderer Widerstandskämpfer. Geblieben waren im wesentlichen mittellose und eingeschüchterte Juden, die möglichst unauffällig der ihnen zugewiesenen Arbeit nachgingen. »Im Krieg wird jede Kraft gebraucht.« Daran knüpften wir die vage Hoffnung, daß unsere Angehörigen überleben würden.

Bis zur Kriegserklärung Deutschlands im Dezember 1941 an die USA gelang es trotz Nazizensur Korrespondenten neutraler Staaten, die Weltöffentlichkeit über das aktuelle Geschehen in Hitlerdeutschland zu informieren. Besonders einige fortschrittliche amerikanische Presseleute, die in Berlin akkreditiert waren, konnten noch über die politische und wirtschaftliche Lage sowie die geistige Haltung der Bevölkerung Berichte ins Ausland übermitteln. Das betraf auch die Maßregelungen, denen Juden unterworfen wurden. Es kann daher niemand in Deutschland und im Ausland behaupten, von Judenverfolgungen und deren Vernichtung erst mit Kriegsende gehört zu haben.

Im Juni 1942 erschien in London von dem amerikanischen Rundfunkkorrespondenten Howard K. Smith ein bemerkenswertes Buch: »The last train from Berlin«, »Mit dem letzten Zug aus Berlin«. Es wurde ein Bestseller. Innerhalb von vier Wochen erschienen vier Auflagen. Ein umfangreiches Kapitel war den Methoden der Judenverfolgungen gewidmet. Die Juden wären, wie die Nazipresse begründete, in ein Komplott verstrickt, um Deutschland, die stärkste militärische Macht in der Geschichte, zu vernichten, schrieb Howard K. Smith. »Seitens der verbliebenen älteren Juden gab es keinen heftigen, ernsthaften Widerstand. Sie hofften nur auf Nachsicht, man möge sie schnell, ohne Qualen eines natürlichen Todes sterben lassen.«

Im Herbst 1942 las ich Howard K. Smith's Buch und befürchtete das Schlimmste.

Nach drei langen Jahren kam dann mit Datum vom 8. Dezember 1942 die erste Post aus Berlin, ein Brief meiner Schwiegermutter. Auf nicht durchschaubare Weise, über das Rote Kreuz in der Schweiz in ein englisches Internierungslager gelangt, enthielt der Brief die Schreckensnachricht. Es waren nur wenige Zeilen, sie lauteten: »Wir werden Weihnachten ganz allein sein, da Erna und Willy die längst geplante Reise zu Liese angetreten haben. Wie wird Gerhard die Nachricht aufnehmen?!«

Aus den folgenden drei Briefen, die im Verlauf der nächsten Jahre durch das Geschick der Schwiegermutter bei uns eintrafen, bestätigte sich jedes Detail der Methoden der Judenverfolgung in Deutschland, die der amerikanische Journalist minutiös in seinem Buch beschrieben hatte.

Da ist der Leidensweg meiner Eltern kein Einzelschicksal. Es ist der Weg, den 5,7 Millionen Bürger jüdischer Herkunft aus ganz Europa gehen mußten.

Vom Tag des Überfalls auf Polen, dem 1. September 1939, wurde für alle Juden eine nächtliche Ausgangssperre verhängt.

Kleiderkarten entfielen ab 6. Februar, die meiner christlichen Schwiegermutter mußte jetzt auch für meinen jüdischen Schwiegervater, der keine Karte mehr erhielt, reichen.

Ab 4. Juli 1940 dürfen die Berliner Juden nur noch in der Zeit von 16.00 bis 17.00 Uhr Lebensmittel einkaufen. Daran muß sich auch meine Schwiegermutter halten, da eine Karte mit einem »J« gekennzeichnet ist. Man ersinnt ständig Neues, schier Unmenschliches im

Brief von Alices Mutter, in dem sie die Deportation von Gerhards Eltern schildert

Jahre 1941, um die Juden zu erniedrigen. Zwangsarbeit wird ab 7. März für alle Juden – ausnahmslos und unabhängig vom Alter – obligatorisch.

Mein Vater war schon seit sechs Jahren Zwangsarbeiter. Am 1. April mußten auf seiner Baustelle die Zwangsverpflichteten in Reih und Glied antreten. Dann wurde abgezählt, und jeder siebente wurde willkürlich der Sabotage beschuldigt. Das traf auch meinen Vater. Er kam für drei Wochen in das berüchtigte Berliner Arbeitsstraflager »Wuhlheide«. Das war ein von der Reichsbahn gemietetes Barackenlager auf dem heutigen Tierparkgelände. Jeder Ankömmling erhielt dort zum Empfang 25 Stockhiebe. Schwerstarbeit und Hungerration war dort die Norm. Vater hatte Glück, er kam wieder frei – vorerst.

Im Mai 1942 wurden auf den Straßen und aus Wohnungen 500 Juden aufgegriffen und 250 erschossen »aus Vergeltung wegen der Aktion der Baum-Gruppe im Lustgarten«, wie es offiziell hieß. Darunter ein Freund meines Vaters, Herr Fenster, der in der Wohnung meiner Eltern ein Zimmer bewohnte. Dort lebte auch noch Tante Elise, Mutters Schwester, die dann im August auf Transport nach Theresienstadt geschickt wurde. »Die Siebzigjährige kam dort nicht an«, schrieb meine Schwiegermutter.

Im September 1941 war der mittelalterliche gelbe Judenstern eingeführt worden. Damit sollte eine weitere antisemitische Haßwelle ausgelöst werden. Dem gingen Flüsterparolen voraus, initiiert von Goebbels Propagandaapparat. Um dem gelben Stern einen Anstrich von Berechtigung zu geben, wurde behauptet, die US-Regierung habe kürzlich ein geheimes Gesetz erlassen, nach dem alle US-Bürger deutschen Ursprungs – also etwa 30 Millionen Menschen – ein schwarzes Hakenkreuz auf der linken Seite über dem Herzen zu tragen haben.

H. K. Smith schrieb: »Ich war sprachlos, als meine Reinemachefrau mir das als reine Wahrheit übermittelte. Auch der Blockleiter hatte es bei dem Treffen der Blockleiter aus erster Hand erfahren.«

Den gelben Judenstern mußten fortan alle Juden, die das sechste Lebensjahr vollendet hatten, deutlich sichtbar auf der linken Brustseite des Kleidungsstückes tragen.

Das Jahr 1942 wurde zum Schrecken für die Berliner Juden. Bisher durften Juden öffentliche Verkehrsmittel nur auf dem Weg zur Arbeitsstelle benutzen. Auch das war ihnen seit Anfang des Jahres verboten. Mein Vater mußte also quer durch Berlin laufen. Als Abrißarbeiter hatte er schwerste körperliche Arbeit zu verrichten, »ist abends«, so steht

Durch die Kennzeichnung aller Juden mit dem »Gelben Stern« begann deren Ghettoisierung

es im Brief »zum Umfallen müde und geht sofort ins Bett. Vater und Mutter sind gesund und stehen alles durch«, heißt es weiter. Dann aber kommt doch der Tag und in einem späteren Brief heißt es ausführlicher:

»Am 1. Dezember sitze ich mit Erna (meine Mutter) zusammen am Ofen, da kommt Dein Vater und sagt: ›Anny, (meine Schwiegermutter) jetzt sind wir dran, wir sollen morgen zwecks Aufnahme unseres Vermögens zu Hause bleiben.‹ Willy ging zu Manasse, er arbeitet bei der jüdischen Gemeinde und hat es bestätigt.«

Meine Eltern mußten eine »Vermögenserklärung« ausfüllen, der ein sechzehnseitiger Fragebogen, Format A 4, beilag. Dort waren alle Haushaltungsgegenstände vorgedruckt – vom Mobilar bis zu Bettlaken und Handtüchern.

Der Haushaltsvorstand hatte nur die Zahl einzusetzen. Schwerste Strafandrohungen standen auf der letzten Seite des Fragebogens, dem, der falsche oder unvollständige Angaben macht. Was kann es denn noch für Strafen für jene geben, für die Deportation und Tod bereits beschlossen sind?

Meine Eltern hatten kein »Vermögen«, was sie hatten, ist aufgezeichnet, gestempelt und von Beamten besiegelt worden. Preußische Genauigkeit herrschte bis zuletzt. Ein Duplikat durften die Deportierten mitnehmen, das Original wurde aufbewahrt. Die Vermögenserklärung meiner Eltern fand ich beim Berliner Landesarchiv des Senats, Kalkreuthstraße 1–2 in Westberlin.

Im Brief meiner Schwiegermutter heißt es über die Vorbereitungen zur Deportation meiner Eltern: »Wir haben die ganze Nacht genäht und gepackt, aber als der andere Tag und der Abschied kam, erspare es mir zu schildern. Die Beamten erlaubten mir, bis zur Großen Hamburger Straße mitzugehen. Ich sagte, Mutti wäre krank und kann nichts tragen! Es war eine große Ausnahme, daß ich mitdurfte. Alles, was Eltern einem Kinde an Grüßen und Küssen senden konnten, galt Dir, lieber Gerhard, ich glaube, Dein Vater hat gewußt, wohin es ging und war sehr tapfer.«

Mein Vater war damals gerade 52 Jahre alt, und ich bin heute über siebzig. Als ich den Brief hervorholte, um ihn in das Buch einzufügen, kamen mir erneut die Tränen. Mit den Daten, Berlin 10. 05. 1943 und 29. 06. 1943, schrieb Schwiegermutter folgende Trostworte: »Nachricht von Erna und Willy Zadek ist noch nicht gekommen, das will aber nichts heißen, da wenig Post durchkommt.« Dann noch ein Satzfetzen: »... immer noch keine Nachricht und kann wohl auch erst nach einem

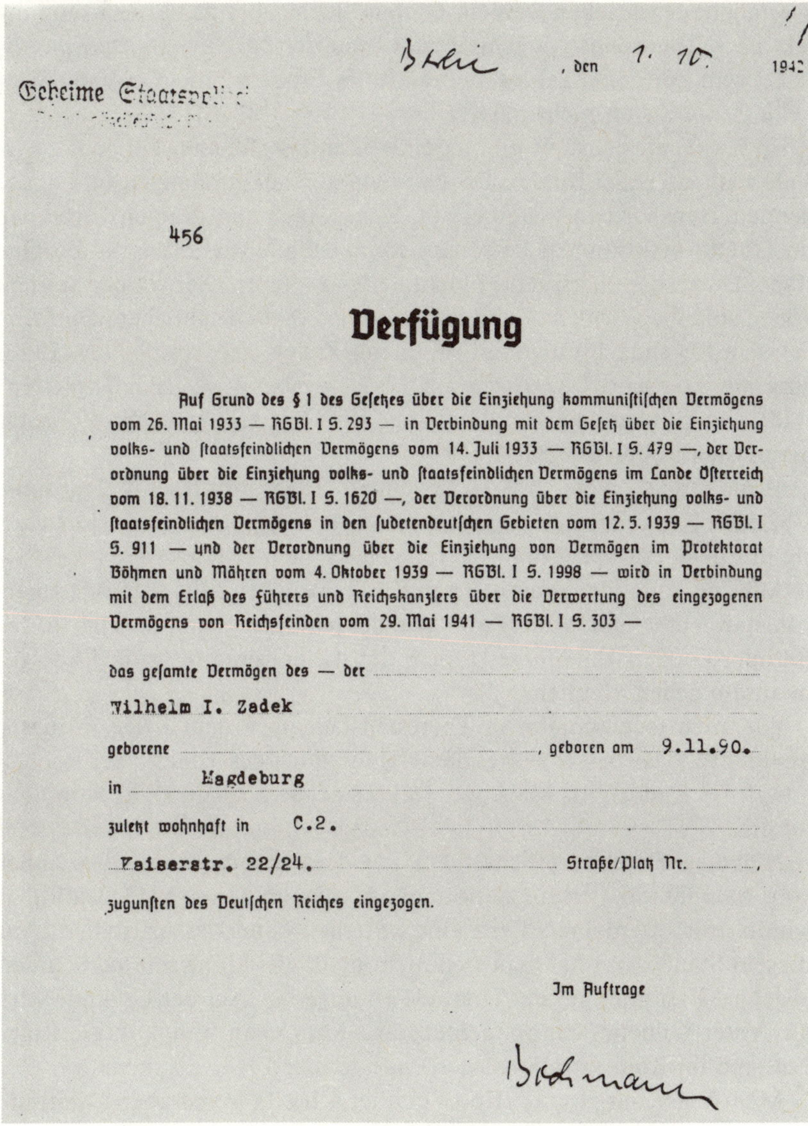

Geheime Staatspolizei

Berlin, den 1. 10. 194[illegible]

456

Verfügung

Auf Grund des § 1 des Gesetzes über die Einziehung kommunistischen Vermögens vom 26. Mai 1933 — RGBl. I S. 293 — in Verbindung mit dem Gesetz über die Einziehung volks- und staatsfeindlichen Vermögens vom 14. Juli 1933 — RGBl. I S. 479 —, der Verordnung über die Einziehung volks- und staatsfeindlichen Vermögens im Lande Österreich vom 18. 11. 1938 — RGBl. I S. 1620 —, der Verordnung über die Einziehung volks- und staatsfeindlichen Vermögens in den sudetendeutschen Gebieten vom 12. 5. 1939 — RGBl. I S. 911 — und der Verordnung über die Einziehung von Vermögen im Protektorat Böhmen und Mähren vom 4. Oktober 1939 — RGBl. I S. 1998 — wird in Verbindung mit dem Erlaß des Führers und Reichskanzlers über die Verwertung des eingezogenen Vermögens von Reichsfeinden vom 29. Mai 1941 — RGBl. I S. 303 —

das gesamte Vermögen des — der

Wilhelm I. Zadek

geborene ..., geboren am 9.11.90.

in Magdeburg

zuletzt wohnhaft in C.2.

Kaiserstr. 22/24. Straße/Platz Nr. ...,

zugunsten des Deutschen Reiches eingezogen.

Im Auftrage

Bochmann

Verfügung über den Vermögenseinzug des »Reichsfeindes« Wilhelm Zadek

Vierteljahr geschrieben werden. Gerhard kann über das Rote Kreuz direkt nach Theresienstadt schreiben, es war der 78. Alterstransport.«

Zu dem Zeitpunkt gab es meine Mutter Erna und meinen Vater Wilhelm Zadek schon nicht mehr.

Im KZ Theresienstadt gibt es eine »Zentralevidenz«. Leiter war ein Jude namens Israel Binder. Dort wurden alle ankommenden und abgehenden Transporte in Listen erfaßt. Es gab auch eine Namenskartei der im Ghetto befindlichen Personen. Keiner fehlte, dafür sorgte die Gestapo. Durch die überstürzte Flucht der Nazi-Verbrecher vor der Sowjetarmee sind die »Evidenz« und die »Kartei« erhalten geblieben. Dort findet sich folgende Eintragung: »Wilhelm Zadek, geb. am 9. Nov. 1890, ging mit Transport I/82-10212 am 17. Dezember 1942 nach Theresienstadt, von dort wurde er am 23. Jänner 1943 mit Transport CR-892 nach dem Osten weiter deportiert.«

»Erna Zadek, geb. am 2. November 1893, wurde mit Transport I/82-10211 nach dem Ghetto Theresienstadt deportiert, von dort ging sie mit dem Transport CR-891 weiter nach dem Osten.«

Aus den laufenden Nummern und Aktenzeichen geht zumindest hervor, daß Vater und Mutter von der berüchtigten Sammelstelle in der Berliner Großen Hamburger Straße den Leidensweg bis zum Ende gemeinsam gehen konnten.

Für mich recherchierte in Theresienstadt nach dem Krieg in dieser »Evidenz«, oder besser gesagt dem »Hauptbuch des Todes«, der Rechtsanwalt Dr. Rudolf Iltis Maislovo, 18 Praha I, dem ich zu Dank verpflichtet bin.

Nicht zu Dank verpflichtet bin ich dem Standesbeamten Schüller vom Standesamt Berlin-Charlottenburg, der im Jahre 1948 beauftragt wurde, mir für meine Eltern eine »Sterbeurkunde« auszustellen. Auf diesem Standesamt hat man sich nicht mehr viel Mühe mit toten Juden gegeben. Fast alles auf der Urkunde ist ungenau. Auf der Urkunde wird aus Vater Wilhelm, der Schneider war, »Kaufmann Willy« … »in Riga/Lettland im Konzentrationslager Ende Januar 1943 verstorben.«

Mein Vater war gesund. Herr Schüller schreibt »verstorben«, statt die Wahrheit zu sagen, umgebracht oder ermordet. Weiter heißt es auf der Urkunde »Tag und Stunde des Todes unbekannt«, das will ich dem Standesbeamten Schüller glauben.

In Riga gibt es auf dem Gelände des ehemaligen Konzentrationslagers in einem erhalten gebliebenen Haus Dokumente. Von den 35000 jüdischen Bürgern dieser Stadt, die beim Einmarsch der Nazis dort lebten,

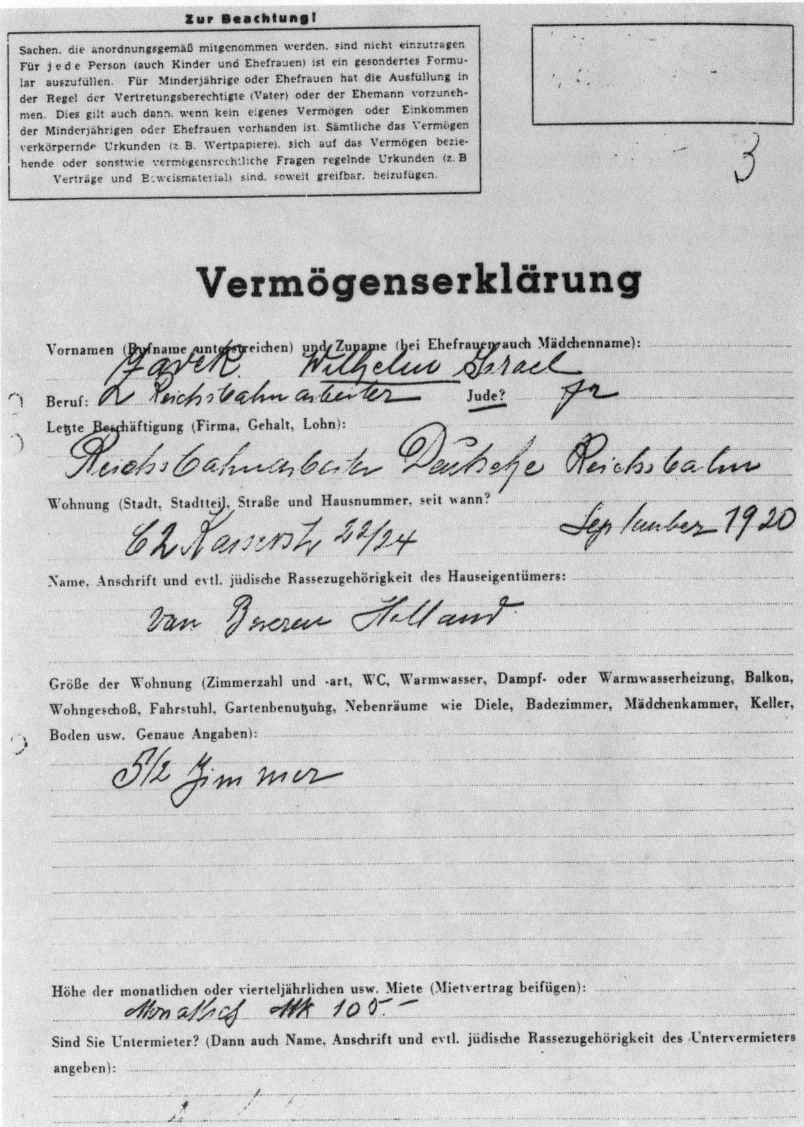

Zur Beachtung!

Sachen, die anordnungsgemäß mitgenommen werden, sind nicht einzutragen. Für j e d e Person (auch Kinder und Ehefrauen) ist ein gesondertes Formular auszufüllen. Für Minderjährige oder Ehefrauen hat die Ausfüllung in der Regel der Vertretungsberechtigte (Vater) oder der Ehemann vorzunehmen. Dies gilt auch dann, wenn kein eigenes Vermögen oder Einkommen der Minderjährigen oder Ehefrauen vorhanden ist. Sämtliche das Vermögen verkörpernde Urkunden (z. B. Wertpapiere), sich auf das Vermögen beziehende oder sonstwie vermögensrechtliche Fragen regelnde Urkunden (z. B. Verträge und Beweismaterial) sind, soweit greifbar, beizufügen.

3

Vermögenserklärung

Vornamen (Rufname unterstreichen) und Zuname (bei Ehefrauen auch Mädchenname):
Zadek Wilhelm Israel

Beruf: L Reichsbahnarbeiter Jude? Ja

Letzte Beschäftigung (Firma, Gehalt, Lohn):
Reichsbahnarbeiter Deutsche Reichsbahn

Wohnung (Stadt, Stadtteil, Straße und Hausnummer, seit wann?
C2 Kaiserstr. 22/24 September 1920

Name, Anschrift und evtl. jüdische Rassezugehörigkeit des Hauseigentümers:
van Beeren Holland

Größe der Wohnung (Zimmerzahl und -art, WC, Warmwasser, Dampf- oder Warmwasserheizung, Balkon, Wohngeschoß, Fahrstuhl, Gartenbenutzung, Nebenräume wie Diele, Badezimmer, Mädchenkammer, Keller, Boden usw. Genaue Angaben):
5 1/2 Zimmer

Höhe der monatlichen oder vierteljährlichen usw. Miete (Mietvertrag beifügen):
Monatlich Mk 105.–

Sind Sie Untermieter? (Dann auch Name, Anschrift und evtl. jüdische Rassezugehörigkeit des Untervermieters angeben):

Vermögenserklärung der Eheleute Zadek

Einer der Transporte in die Vernichtungslager

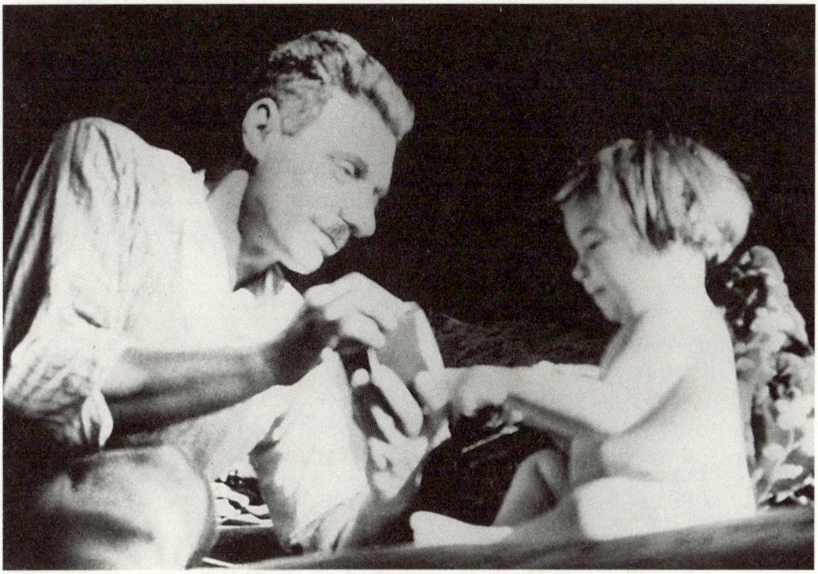

Im Sommer 1939 spielte Gerhards Vater noch fröhlich mit der kleinen Beate, einer Nichte von Alice. Nur drei Jahre später wurde Vater Zadek deportiert

waren es nach der Befreiung nur noch hundert. Transporte aus anderen KZ wurden dort umgehend vernichtet. Über das Grauen der letzten Minuten liegen Zeugenaussagen vor. Einer, der zusah, schilderte dem Nürnberger Militärgerichtshof unbekümmert, was dort geschah. Loesner, ein Mitarbeiter des späteren Staatssekretärs Globke, sagte aus, daß es 18 große Massengräber im Wald von Bikarnicki bei Riga gäbe.

»Die Juden mußten lange Gräben selbst ausheben, sich dann völlig entkleiden, ihre abgelegten Sachen in bestimmte Haufen sortieren und sich dann nackend auf den Boden des Massengrabes legen. Dann wurden sie von SS-Leuten mit Maschinenpistolen umgebracht. Die nächste Gruppe der zum Tode Verdammten mußte sich dann auf die bereits Ermordeten legen und wurde in der selben Weise erschossen.« Ich muß annehmen, daß meine Eltern auf diese Weise, wie Loesner es schilderte, dort ihr Ende fanden.

»Der Tatbestand der Vernichtung der jüdischen Bevölkerung ist mir nicht bekannt.« Dies sagte 1964 vor einem bundesdeutschen Gericht der Angeklagte aus, ehemaliger Regierungsdirektor beim »NS-Reichskommissariat für das Ostland« mit Sitz in Riga. Zu diesem Prozeß ist es

G 2

Sterbeurkunde

(Standesamt I in Berlin - - ~~von Groß-Berlin~~ Nr. 3135/1949)

Der Kaufmann Willy Z a d e k - - - - - - - - -

- -

wohnhaft in Berlin, Kaiserstraße 22-24- - - - - -

ist ~~am~~ Ende Januar 1943 - - ~~um~~ - - - ~~Uhr~~ - - - ~~Minuten~~

in ~~Berlin~~ Riga/Lettland im Konzentrations- ~~verstorben~~.
lager verstorben. - - - - - - - - - - - - - - - -
Tag und Stunde des Todes unbekannt. - - - - -

Der Verstorbene war geboren am 9. November 1890 - -

in Magdeburg. - - - - - - - - - - - - - - - - - -

(Standesamt - - - - - - - - - - - - - - - - ~~Nr.~~ - - - - -)

Der Verstorbene war ~~nicht~~ verheiratet mit der gleich-

falls verstorbenen Erna Zadek geborenen - - -
Schäfer. -

Berlin - - - - - - - - - - , den 4. April 1949

Der Standesbeamte
In Vertretung

Standesamt I
(Siegel)
Groß-Berlin

Gebührenfrei.

Stand II C 21. Sterbeurkunde
Mat. 2905 Din A 5. 160 000. 5. 48

Friday, October 1, 1965 MORNING FREIHEIT – 3 – מאָרגן פרייהייט 1965 ,פרייטאָג, אָקטאָבער 1

די באַשולדיגונג פון אַ בערלינער איד

פון י. קאַרמאַן (וואַרשע)

פרידריך קאַרל וויאַלאָן

גערהאַרד צאַדעק

Berichterstattung über den Prozeß gegen Friedrich Karl Vialon,
in dem Gerhard Zadek als Nebenkläger auftrat,
in der New Yorker jiddischen Zeitung »Morning Freiheit«

überhaupt nur gekommen, weil die damalige Generalstaatsanwaltschaft der DDR dem Bonner Justizministerium erdrückende Beweise über die Schuld des Angeklagten vorlegte. Dieser gab Direktiven zur Erfassung aller Gold- und Silbersachen, legte die Miethöhe für noch arbeitsfähige jüdische Arbeitskräfte fest, auch wie »bei Tod das verbleibende Vermögen« an die NS-Staatskasse zu überweisen ist.

Wegen meiner in Riga ermordeten Eltern trat ich in diesem Prozeß als Nebenkläger auf.

Da er ja nur ein »Leichenfledderer« war und anscheinend niemanden persönlich umgebracht hatte, wurde er wegen Mangel an Beweisen freigesprochen.

Aber für die Bonner Regierung war er nicht mehr tragbar, der Herr Staatssekretär im »Ministerium für Entwicklungshilfe« Dr. Friedrich Karl Vialon. Mit einer satten Pension wurde er in den vorzeitigen Ruhestand versetzt.

ALICE ERZÄHLT:

Unsere politische Heimat in Großbritannien

Notwendige Bemerkungen aus heutiger Sicht: Wenn ich mir, ehe diese Zeilen zu Papier gebracht werden, als Siebzigjährige die Frage stelle, warum heute niederschreiben, was vor einem halben Jahrhundert die FDJ in Großbritannien bewegte und von ihr in Bewegung gebracht wurde, dann ist die Antwort darauf nicht einfach. Ich bin keine Historikerin und kann nur versuchen, das zu werten, was ich damals als junge Frau in acht langen Emigrationsjahren in Manchester und Salford, als ehrenamtliche FDJ-Funktionärin erlebt habe.

Wen sollte das gegenwärtig noch interessieren? Zumal aus den so hoffnungsvollen Anfängen der Jugendarbeit nach 1945 in der sowjetischen Besatzungszone, der Gründung der FDJ 1946 als überparteiliche Jugendorganisation mit freiwilliger Mitgliedschaft im Laufe der Jahre eine Umkehrung der frühen Ideale durch die Einbindung der Jugendarbeit in die Strukturen des Machtapparates der SED erfolgte. Es zeigte sich, daß aus der freien deutschen Jugend eine DDR-Einheitsjugend formiert wurde, die nach den Weisungen des Politbüros zu arbeiten, zu lernen und zu leben hatte.

Zwangsläufig konnte diese FDJ keinen Platz mehr in einer sich erneuernden demokratischen Gesellschaft finden. Auch sie müßte sich völlig erneuern und zu jenen Werten zurückkehren, die ursprünglich von ihren Gründern in der Emigration verfochten wurden: Überparteilichkeit, Demokratie, tätiger Antifaschismus!

Weil ich trotz allem glaube, daß antifaschistisch-demokratische Jugendorganisationen in Deutschland auch künftig wichtige politische Aufgaben für mehr Demokratie, gegen Antisemitismus und Ausländerfeindlichkeit zu erfüllen haben und sich die Erfahrungen der Vergangenheit kritisch aneignen sollten, schreibe ich über meine Jugendarbeit in der FDJ(GB). Sie bestimmte wesentlich unser Leben im Exil und bot uns wie vielen entwurzelten Jugendlichen politischen und moralischen Halt.

Bekanntlich wurde eine Organisation mit Namen »Freie Deutsche Jugend« als breite demokratisch-antifaschistische Sammelbewegung bereits am 8. Mai 1938 von deutschen Antifaschisten in Prag gegründet. Das waren junge Leute, die zumeist aus der Arbeiterjugendbewegung kamen und sich aktiv am Widerstandskampf in Deutschland beteiligt hatten. Nach der Annexion der ČSR durch das Nazi-Regime gelang es einem Teil von ihnen, nach Großbritannien zu entkommen, wo sie sich im Sommer 1939 erneut zusammenfanden und aus den Kreisen der Flüchtlingsjugend neue Freunde gewannen.

So wie Gerhard und mir gelang es Tausenden von Jugendlichen, noch rechtzeitig vor Beginn des zweiten Weltkrieges, vor den Nazis auf das Inselreich zu fliehen.

Überwiegend handelte es sich bei ihnen, meist noch halbe Kinder, um Juden der Religion oder Herkunft nach und aus unterschiedlichstem sozialem Milieu stammend. Die meisten teilten das gleiche Schicksal, von ihren Familien losgerissen und heimatlos zu sein. Mit Beginn des Krieges konnte nicht einmal mehr brieflicher Kontakt zu Eltern oder nahen Angehörigen in Deutschland gehalten werden. Die Ungewißheit über die Lage unserer Familien in Deutschland setzte viele von uns starken seelischen Belastungen aus. Man kann sich unschwer vorstellen, wie einem Kind oder Jugendlichen in einem fremden Land, unter fremden Menschen, der Sprache noch nicht mächtig, zumute ist. Habe ich doch selbst mit achtzehn Jahren die Trennung von meiner Familie, meinem Freund und von meiner Heimat in den ersten Wochen nur schwer verwunden.

Das Los jener jungen Refugees, wie wir Flüchtlinge in Großbritannien genannt wurden, die in größeren Städten wohnten, konnte durch engere Kontakte zu Schicksalsgefährten erträglicher gestaltet werden. Schwerer hatten es jene, die isoliert in kleineren Städten oder Dörfern meist als Hausangestellte leben und arbeiten mußten.

Meinen Bruder Joachim verschlug es sechzehnjährig im Frühjahr 1939 auf eine Farm-Schule an der Nord-Ost-Küste Schottlands. Dort war er mit etwa fünfzig Gleichaltrigen von morgens bis abends in ein strammes, kibbuzähnliches Regime eingebunden, so daß ihm die Trennung von der Familie nicht so schwer gefallen ist.

Zu großem Dank sind wir den vielen, sich für die Belange der Flüchtlingsjugend einsetzenden Bürgern unseres Gastlandes verpflichtet, die selbstlos für Zehntausende Kinder und Jugendliche sorgten. Das Spektrum umfaßte die politische Linke, die Liberalen bis Konservativen, jüdische und andere Flüchtlingskomitees sowie zahlreiche kirchliche Einrichtungen. Britische Klubs nahmen sich junger Flüchtlinge an, luden sie zu Veranstaltungen ein und schufen so soziale Kontakte, die halfen, ihre Isoliertheit zu überwinden.

In Manchester erwies sich der »International Club«, der Studentenklub der Manchester Universität, als besonders gastfreundlich. Wir hielten uns dort sehr gerne auf, öffnete sich doch hier für uns eine bunte Welt, wie wir sie aus unserer jahrelangen Abgeschlossenheit als Juden in Deutschland bisher nicht erlebt hatten.

So weltweit wie das britische Imperium, so farbenfroh bot sich die studentische Jugend dieser Universität dar. Dort traf man auf Töchter einfacher kanadischer Farmer oder Holzfäller, höheren Kasten angehörige indische Studenten, sogar zwei aus der Elfenbeinküste stammende Brüder, Adi und Tunja, die einem ganz alten afrikanischen Fürstengeschlecht entstammten.

Die meisten Klubbesucher zeigten großes Interesse an unserem Schicksal, wußten aber nur wenig über die neuere deutsche Geschichte, vor allem über Hitlerdeutschland. Wir Refugees waren deshalb gefragte Partner bei den Klubgesprächen.

Unter der Flüchtlingsjugend gab es nicht wenige, die vor 1933 in Deutschland der sozialistischen Kinderbewegung oder bis zu deren Verbot deutsch-jüdischen sowie zionistischen Jugendorganisationen angehört hatten. Sie bezogen bereits einen gewissen Standpunkt zu den politischen Ereignissen in Nazi-Deutschland und verspürten das Bedürfnis des Gedankenaustausches mit Gleichgesinnten.

Die große Klammer bei diesen weltanschaulich vielfältig orientierten jungen Menschen war der tätige Antifaschismus – der Wunsch, bei der Zerschlagung des Hitlerregimes mitzuhelfen. Diesem Bedürfnis kam die FDJ(GB) im Königreich Großbritannien als überparteilicher Jugendverband im weitesten Sinne entgegen, so daß wir, Gerhard und ich, dort in sinnvoller Fortsetzung unserer Aktivitäten aus der Herbert-Baum-Gruppe unsere politische Heimat gefunden haben.

Fast vier Jahre bestimmte ein roter Faden meine Aktivitäten in der FDJ-Gruppe Manchester/Salford. Es war ein roter Wollfaden, mit Stecknadeln an einer großen Europakarte angebracht, die in unserer Wohnküche fast eine ganze Wand einnahm. Der Faden markierte den Verlauf der Front in Osteuropa in dem erbitterten Kampf der Roten Armee gegen die Wehrmacht. Auch in den schlimmsten Tagen, Wochen und Monaten des Krieges zweifelten wir, allen Skeptikern zum Trotz,

Broschüre über die antifaschistische Tätigkeit der FDJ (Großbritannien)

keine Minute daran, daß der Tag kommen werde, an dem wir den Faden, der bis tief in die Sowjetunion reichte, in Richtung Westen umstekken werden.

Alles, was wir als Jugendliche in unserem Umfeld dafür zu leisten vermochten, diente dem Ziel, mitzuhelfen, den Faschismus zu schlagen. Das betrachteten wir als unsere wichtigste Aufgabe bis zu dem Tag, an dem wir die Europakarte entfernen konnten, weil dieser schreckliche Krieg endlich beendet war.

Für uns gab es besonders zwei miteinander verbundene Themen, mit denen wir an die britische Öffentlichkeit traten in Vorträgen, Diskussionsabenden und bei Ausstellungen, zum Teil gemeinsam mit dem »Freien Deutschen Kulturbund« oder auch nur als Jugendgruppe.

– Helft uns Deutschen, die Nazis zu schlagen
(Help us Germans to beat the Nazis) und seit 1942 ganz massiv
– (Open the second front now!) Eröffnet die zweite Front jetzt!

Um diese beiden Probleme ging es bei Aussprachen und Foren zu verschiedensten Anlässen vor Jugendgruppen, Klubs, Gewerkschaftszentren. Ich kann mich nicht mehr erinnern, wie oft ich in kleinere Orte außerhalb Manchesters mit Bus oder Bahn gefahren bin, um zu diesen Themen als Referent oder Gesprächspartner zu sprechen.

Nicht selten waren Kirchenklubs die Einladenden, in denen sich häufig das geistig-kulturelle Leben kleinerer Kommunen konzentrierte. So löste sich auch die Raumfrage, denn eine Kirche gab es überall. Da kam es schon vor, daß ich meine Ansprachen von der Kanzel aus hielt, auf der sonntags der Pfarrer predigte.

Zum Thema »Allies inside Germany«, Verbündete innerhalb Deutschlands, wurde unter Mitarbeit solcher bekannter Künstler wie John Heartfield und René Graetz, eine große Ausstellung gestaltet, die zuerst in London und dann auch in anderen Städten gezeigt wurde. In Manchester konnte die Ausstellung vom 14. bis 28. November 1942 besichtigt werden. Den Aufbau leitete René Graetz und ich durfte bei den Vorbereitungen mithelfen. Zeugnisse des Widerstandskampfes in Deutschland wurden ausgestellt, Beispiele der nazistischen Judenverfolgungen aufgeführt. Wir arbeiteten bis in die Nächte, damit alles zum Eröffnungstermin am Platze war. Diese Exposition fand großen Anklang bei der Manchester Bevölkerung. Mit ihrer Aussage konnte allerdings auch die Illusion geweckt werden, daß sich das deutsche Volk doch noch selbst vom Faschismus befreien und der Krieg nicht mehr lange dauern werde.

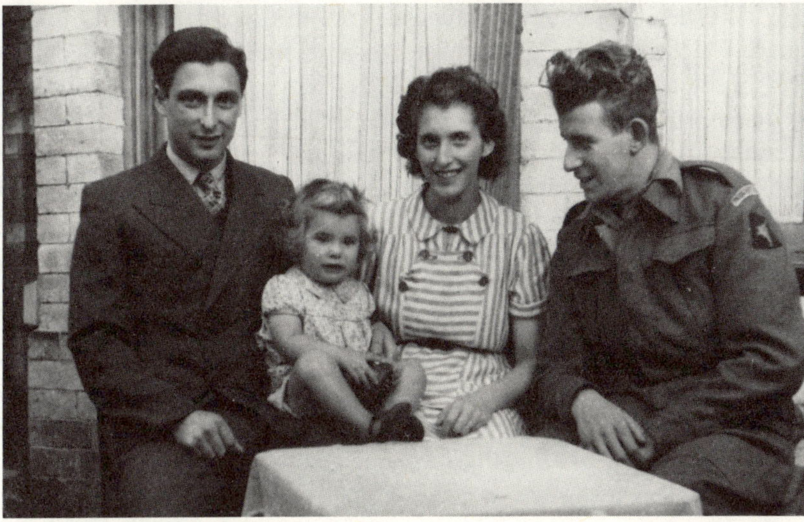

Familie Zadek 1945

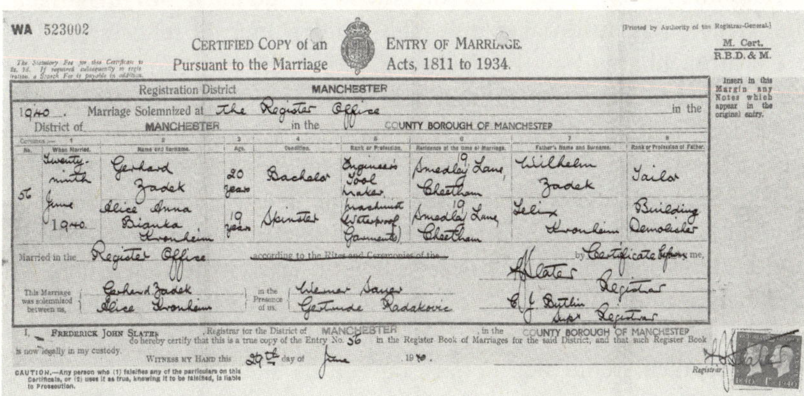

WA 523002

[Printed by Authority of the Registrar-General.]

The Statutory Fee for this Certificate is 3s. 9d. If required subsequently to registration, a Search Fee is payable in addition.

CERTIFIED COPY of an ENTRY OF MARRIAGE.
Pursuant to the Marriage Acts, 1811 to 1934.

M. Cert.
R.B.D. & M.

Insert in this Margin any Notes which appear in the original entry.

Registration District MANCHESTER

1940. Marriage Solemnized at The Register Office in the District of MANCHESTER in the COUNTY BOROUGH OF MANCHESTER

No.	When Married.	Name and Surname.	Age.	Condition.	Rank or Profession.	Residence at the time of Marriage.	Father's Name and Surname.	Rank or Profession of Father.
56	Twenty-ninth June 1940.	Gerhard Zadek	20 years	Bachelor	Engineer's Tool Maker.	19 Smedley Lane, Cheetham	Wilhelm Zadek	Tailor
		Alice Anna Bianka Kronheim	19 years	Spinster	Machinist (Waterproof Garments)	19 Smedley Lane Cheetham	Felix Kronheim	Building Demolisher

Married in the Register Office ~~according to the Rites and Ceremonies of the~~ by Certificate before me,

This Marriage was solemnized between us, Gerhard Zadek, Alice Kronheim

in the Presence of us, Werner Sauer, Gertrude Radakovic

F J Slater Registrar
C. J. Butlin Supt. Registrar

I, Frederick John Slater, Registrar for the District of MANCHESTER, in the COUNTY BOROUGH OF MANCHESTER do hereby certify that this is a true copy of the Entry No. 56 in the Register Book of Marriages for the said District, and that such Register Book is now legally in my custody.

Witness my Hand this 29th day of June 1940.

F J Slater Registrar

CAUTION.—Any person who (1) falsifies any of the particulars on this Certificate, or (2) uses it as true, knowing it to be falsified, is liable to Prosecution.

Heiratsurkunde

Wir FDJler bemühten uns auch darum, mit zionistischen Gruppen junger Flüchtlinge des »Habonim« zusammenzuarbeiten. Trotz mancher Meinungsverschiedenheiten gab es viele gemeinsame Interessen, an denen wir anknüpfen konnten: unser aller Beitrag in der Produktion oder der Armee zum Sieg über die Nazi-Herrschaft, die Aufklärung der britischen Öffentlichkeit über den unheilvollen Einfluß des Antisemitismus bei der Verführung großer Teile der deutschen Jugend durch die Nazis, den Austausch von Rednern und die gegenseitige Hilfe für die Flüchtlingsjugend, ob organisiert oder nicht.

Die FDJ(GB) hatte in 26 Städten Großbritanniens größere oder kleinere Gruppen, in denen zeitweilig bis zu 600 Jugendliche, zumeist jüdische Flüchtlinge, tätig waren. Etwa 150 unserer Jugendfreunde kehrten gleich Gerhard und mir nach Ende des Krieges wieder in die Heimat zurück. Doch zuvor sollten wir noch Jahre auf gepackten Koffern leben.

Wir wohnten seit einiger Zeit in einem sogenannten »Berufstätigen-Mietshaus«, was ausdrücken soll, daß Kinder unerwünscht waren. Unsere Flurnachbarn, Familie Herschel, ein jüdisches Rentnerehepaar, zeigte sich uns gegenüber immer sehr reserviert. Wir vermuteten, vielleicht doch einen Fall von Deutschenhassern? Gerade deshalb klingelte ich bei Herschels mit meiner Sammelliste für einen Röntgenzug, der in die UdSSR geschickt werden sollte. Auf meinen freundlichen Gruß erhielt ich ein mürrisches »Good evening«. Als ich mein Anliegen vortrug, erhellte sich die Miene des Nachbarn, er lächelte freundlich, bat mich herein und zeichnete fünf Schillinge in die Liste, damals noch ein erheblicher Betrag.

Im Gespräch stellte sich heraus, daß er als alter Gewerkschaftsfunktionär der AEU der Meinung war, wir gehörten zu jenen unpolitischen Emigranten, die sich in ihren Herkunftsländern nie im progressiven Sinne betätigt hatten und damit auch eine Mitschuld an den Verhältnissen in Deutschland trügen. Als ich ihm erzählte, daß Gerhard »Shop steward« der AEU ist, wollte er auch ihn näher kennenlernen.

Herschels hatten eine ausgezeichnete Bibliothek. Solange wir dort wohnten, durften wir jederzeit Bücher ausleihen. Sammy half uns, englische Klassiker besser zu verstehen, uns mit G. B. Shaw anzufreunden und die Auseinandersetzung der Linken mit dem britischen Imperium besser zu begreifen.

Einmal hatte Gerhard es übernommen, in unserem Jugendclub einen

Vortrag über den Nahen Osten und Palästina zu halten. Um sich vorzubereiten, wälzte er viele Bücher und Broschüren. Sammy gab ihm Hinweise, er schien wirklich ein wandelndes Lexikon zu sein, was die britische Kolonialpolitik betraf. Um uns die Probleme praxisbezogen nahezubringen, schilderte er uns die abenteuerliche Geschichte des »Lawrence of Arabia«. Dieser sollte 1916 als Agent des britischen Geheimdienstes im Vorderen Orient die arabische Freiheitsbewegung für staatliche Selbständigkeit im Sinne des Imperialismus lenken. Es vollzog sich aber im Laufe der Jahre bei Lawrence ein Sinneswandel; er förderte das Freiheitsstreben der arabischen Völker gegen die Türkei. Bis zu seinem Tode 1935 stand er bei den Arabern in hohem Ansehen. Sammy verstand es, diese Geschichte so packend zu schildern, als hätte er selbst im Burnus an der Seite Lawrence, auf einem Kamel reitend, im heißen Wüstensand gekämpft.

»Heute«, fuhr Sammy fort, »ist die arabische Welt gespalten. Einerseits besteht eine Gegnerschaft zur Errichtung einer Heimstatt für die Juden auf palästinensischem Boden, andererseits verkaufen arabische Feudalherren den Boden an zionistische Organisationen. Die Balfour-Deklaration, die 1917 den Juden eine Heimstatt im damaligen Palästina zusagte, wurde auch nicht aus vorwiegend humanistischen Gründen, wie man uns weismachen will, erlassen«, erklärte Sammy. »Sie diente vor allem militärstrategischen Zwecken, denn alles im Nahen Osten stinkt nach Erdöl. Darum ging es damals, geht es heute und wird es auch zukünftig gehen, wenn es den Völkern dort nicht gelingt, das Kolonialsystem zu beseitigen.«

»Und welche Rolle, meinst du«, fragte Gerhard, »ist dabei den Juden in Palästina seitens der britischen Mandatsregierung zugedacht?«

»Nach der alten imperialistischen Devise des ›Teile und Herrsche‹ soll der jüdische Bevölkerungsteil als Faustpfand gegen die arabische Umwelt mißbraucht werden. Sollten die Briten einmal das Mandat aufgeben müssen, wird ein andrer finanzkräftiger Staat diese Politik weiter betreiben.«

Sammys Prophezeiung hat sich nach dem zweiten Weltkrieg leider bewahrheitet.

In Erinnerung blieben mir auch noch seine Worte: »Ich hoffe, daß die Juden in Palästina dieses Spiel durchschauen und eine eigenständige Politik im Interesse des jüdischen Volkes unter Wahrung der Rechte der dort lebenden arabischen Palästinenser betreiben werden.«

Kurz nachdem wir, weil sich Nachwuchs angemeldet hatte, aus die-

Die Jugendgruppe auf Wanderfahrt

sem Haus ausziehen mußten, verstarb Sammy und seine Frau verzog zu ihren Kindern nach London.

Wir haben natürlich über die Politik nicht vergessen, daß wir jung waren. Wir alle arbeiteten schwer, aber wir wollten auch Abwechslung in unserer Freizeit haben.

Wann immer wir konnten, gingen wir mit der Gruppe auf Fahrt, häufig auch auf Radtouren, denn mittlerweile durften wir wieder Fahrräder besitzen, übrigens auch Radios. Da das Zeitalter der Kofferheule noch nicht angebrochen war, machten wir unsere Musik als sangesfreudige Truppe allein. Unser Repertoire war groß. Es umfaßte Lieder aus dem spanischen Freiheitskampf, Arbeiterlieder, sowjetische Lieder, jiddische Lieder, Volks- und Heimatlieder. Wenn Rita Hartwich aus Leipzig die »Sächsische Loreley« vorsang, kamen wir aus dem Lachen nicht heraus. Sangen wir von den Ostsee- oder Nordseewellen, die an den Strand treckten, dann kamen unserer sensiblen Liesel aus Hamburg jedesmal die Tränen.

Unser einziger Instrumentalist, Sender Stützel, begleitete unsere Lieder auf seiner Mandoline. Zu uns gesellte sich oft ein ganz gemischtes Völkchen verschiedenster Weltanschauungen, junge Christen, »Boy Scouts«, und englische Jungkommunisten, die wir auf Wanderungen trafen.

Was vor Jahren unmöglich erschien, ergab sich jetzt ganz leicht. Ein regelrechter Sängerwettstreit entbrandte darüber, wer die meisten Lieder kannte und besser singen konnte. Der britische Rundfunk half kräftig mit, auch sowjetische Lieder populär zu machen. So also sang jetzt jeder in seiner Sprache, der angehende Pfarrer oder wir mit lauter Stimme auf der englischen grünen Wiese.

Wenn es dem stellvertretenden Vorsitzenden des »Freien Deutschen Kulturbundes« Manchester, Dr. Hans Nathan, gelang, einen Bus bei der Verkehrsgesellschaft zu besorgen, wo er als Busfahrer angestellt war, dann durften wir uns an der Fahrt ins Blaue beteiligen. Hans Nathan war bestimmt der einzige promovierte Busfahrer auf den britischen Inseln. Als Jurist fand er keine Arbeit. Nach Deutschland zurückgekehrt, wurde er Professor für Rechtsschutz an der Humboldt-Universität zu Berlin und dort zeitweilig Dekan der Juristischen Fakultät.

Irgendwann im Sommer 1943 hatten wir in Manchester ein großes Jugend-Treffen aller FDJ-Gruppen aus Nordengland in unserem Klubhaus. Viele der Teilnehmer kannten sich schon aus Deutschland oder der ČSR, andere trafen sich zum ersten Mal. Ich sah meine ehemalige Mitschülerin Erika Herzfeld wieder, die in »Leeds« wohnte und Lizzi Meier, ebenfalls aus Leeds, die 10 Jahre zuvor mit mir den jüdischen »Kinderscharen« angehört hatte. Auch sie war verheiratet. Mitten in diesem Wiedersehenstrubel rief mein Mann plötzlich aus: »Der Franz lebt!« Franz Krahl, ein Freund Herbert Baums, wie Gerhard bis 1933 bei den Roten Pfadfindern, war 1934 zu drei Jahren Zuchthaus verurteilt worden. Gerhard hatte nie wieder etwas von Franz gehört und mußte annehmen, daß dieser nach Verbüßung seiner Zuchthausstrafe in ein Konzentrationslager eingeliefert wurde, wie es bei der Gestapo allgemein üblich war.

Franz erzählte uns, wie er sich gerettet hat. »Am Tag meiner Entlassung aus dem Zuchthaus holte mich meine Mutter aus Brandenburg ab. Wir fuhren nach Berlin, wo ich mir sofort einen Postausweis ausstellen ließ, ohne überhaupt in unsere Wohnung zu gehen. Am gleichen Nachmittag bin ich an die tschechische Grenze gefahren, die ich unbemerkt überschreiten konnte. Am nächsten Tag, frühmorgens, klingelte es an

Alice und Gerhard 1990 vor ihrem ehemaligen Wohnhaus in Salford, Lower Brougten Road 384

Mutters Wohnungstür. Die Gestapo wollte mich in Schutzhaft nehmen, aber sie kamen zu spät!«

In unserem Familienleben begann sich ein neuer Abschnitt abzuzeichnen. Im Mai 1943 mußte ich meinen Mann mit vorsichtigen Andeutungen auf eine neue Rolle vorbereiten, eine Vaterrolle! Als ich ihm offenbarte, daß ich vermutlich schwanger bin, war er zuerst entsetzt.

»In diesen unsicheren Zeiten, mitten im Krieg, ist es doch verantwortungslos, ein Kind in die Welt zu setzen. Wir haben uns doch immer vorgesehen, da muß doch noch irgendwas zu machen sein«, argumentierte er nachdenklich mit mir. Behutsam versuchte er, mir beizubringen, daß einer von seinen Kollegen, ein erfahrener Mann, ein »todsicheres« Mittel wüßte. Tags darauf brachte Gerhard das auch von der Arbeit mit nach Hause. Das Mittel sei hundertfach bewährt, hätte der Apotheker ihm versichert.

Aber, ich wollte das Kind. Wann war denn jemals die richtige Zeit für ein Kind? Also machte ich gute Miene zum bösen Spiel. Jedoch – das »bewährte« Mittel half nicht, konnte auch nicht, denn ich habe es gar nicht erst eingenommen.

Als ich ihm später, nachdem unsere Tochter geboren wurde, davon erzählte, wollte er als stolzer Vater davon überhaupt nichts mehr wissen.

Im Sommer 1943 begab ich mich also auf Suche nach einer geeigneten Wohnung. Aus der bisherigen mußten wir ja wegen des zu erwartenden Babys ausziehen. Ein Wohnungsamt gab es nicht, der Wohnungsmarkt war völlig frei, Wohnungen, die finanziell für uns in Frage kamen, waren mehr als rar. Nach langen Bemühungen entdeckten wir ein etwa hundertjähriges geräumiges Haus, das zwanzig Jahre leer gestanden hatte, eine ehemalige Arztpraxis. Unter der Bedingung, daß wir die obere Etage als separate Wohnung vermieten könnten, schien der wöchentliche Mietpreis von 30 Schillingen erschwinglich.

Jetzt startete unsere Jugendgruppe eine Hilfsaktion, um das zweistökkige Gebäude in einen einigermaßen bewohnbaren Zustand zu versetzen. Arbeiten konnte ich nicht mehr gehen, denn ich hatte die Hauptlast bei der Innenrenovierung, vor allem Fenster und Türen zu streichen. Es sollte doch alles glänzen, wenn das Baby kam.

Notwendige Dachdeckerarbeiten bewerkstelligte Gerhard mit Tischlern und Zimmerleuten. Die Anstrengungen hatten sich gelohnt; unsere Wohnung wurde schön und war geräumig. Die uralten Kamine wurden mit Steinkohlestücken, so wie sie aus dem Schacht kamen, beheizt. An dem offenen Feuer hatten wir unsere helle Freude, aber bei strengem Winter erwärmte es kaum die Räume. Dennoch waren wir froh, ein Dach über dem Kopf und nette Mieter gefunden zu haben.

In unserer großen Wohnküche mußte sommers wie winters der Kamin in Gang gehalten werden, weil er einen Wasserboiler beheizte. Heißwasser mußten wir unseren Mietern mitliefern, das war im Mietpreis einbegriffen. Unsere Mieter, Herr und Frau Kahn, beide vorher verwitwet, hatten erst kürzlich geheiratet. Er brachte eine 12jährige Tochter, Esther, mit in die Ehe. Sie war 1939 als Hausangestellte nach England gekommen und ließ ihren kleinen Sohn in der Obhut von Verwandten in Paris zurück. Versuche, auch für den damals Vierjährigen eine Einreise zu erwirken, machte der Krieg zunichte. Nach der Befreiung Frankreichs 1944 konnte Alfred, der von Nonnen versteckt gehalten worden war, zu seiner Mutter nach England kommen.

Beide Eheleute, aus Süddeutschland stammend, gehörten als orthodoxe Juden der Gemeinde »Adass Jisroel« an. Bis Kriegsende wohnten sie bei uns. In den zwei Jahren habe ich sie als wahrhaft fromme Menschen mit liebenswerten Eigenschaften kennengelernt.

So bat mich Frau Kahn eines Tages um die Genehmigung, am Samstag ihre Gartenstühle in unseren Vorgarten zu stellen. »Das ist doch selbstverständlich«, meinte ich. »Ja, aber, ich werde Ihnen dafür einen Schilling geben müssen.« »Wieso denn das, ich nehme doch kein Geld dafür«, meinte ich. »Ja, wissen Sie, Frau Zadek, mit dem Schilling pachte ich Ihr Stück Rasen, dann gehört er zu unserer Wohnung und wir dürfen unsere Stühle dorthin tragen, denn es ist uns am Sabbath nur innerhalb der Wohnung erlaubt, etwas zu tragen.« Ich habe den Schilling als Jahrespacht natürlich angenommen.

Ein andermal fragte Frau Kahn mich, ob ich am morgigen Tag vormittags zu Hause sei, es käme der Klempner zu ihnen, etwas zu richten. »Aber Esther ist doch zu Hause, es sind doch Schulferien.« Etwas verlegen erwiderte sie, daß Esther doch schon zwölf Jahre alt sei. Sie dürfe also nach ihren Religionsvorschriften nicht mehr allein mit einem Manne in der Wohnung sein. Ich dachte an unseren beinahe fünfundsiebzigjährigen Klempner und blieb zu Hause.

Am 24. Dezember besuchte ich mit Gerhard und Bruder Tony, der gerade auf Urlaub war, ein Kino. Am 25. Dezember waren Leiter von Jugendgruppen aus dem Norden Englands zu einer Beratung, die in unserer Wohnung stattfinden sollte, angereist. Die Beratung fand auch statt, aber ohne mich.

Unsere Jugendfreunde traten zur Haustür herein, ich wurde auf einer Trage herausgebracht und in ein Krankenauto geschoben. Mein Kind wollte zur Welt kommen. Der Kraftfahrer war gerade im Begriff abzufahren, da fiel mir mein Weihnachtsbraten in der Ofenröhre ein. Ich vergaß vor Schreck die Wehen und dachte nur an die schöne, in Fett schwimmende Gans.

Man hatte Verständnis für meine Situation. Gerhard rannte um zu retten, was zu retten war. »Alles in Ordnung«, versicherte er mir, und ab ging es in Richtung Krankenhaus.

Am Abend wurde unsere Tochter Eva geboren. Dieses »timing« hat uns eine Menge Geld erspart. In Großbritannien ist nicht der 24. Dezember wie bei uns, sondern der 25. Dezember »Christmas-Day«. Weihnachtskinder wurden an diesem Tag ausnahmsweise kostenlos entbunden.

Nur wollten mir die Nurses unbedingt den Namen »Noelly« für das Kind aufschwatzen, abgeleitet von »Noel«, Weihnachtsmann, wegen des Geburtsdatums. Aber es blieb bei Eva-Anni.

Zwei Tage nach der Entbindung bekam ich Besuch auf der Station von einem Rabbiner. Mir fiel ein, daß Gerhard und ich in einer jüdischen Krankenkasse versichert waren, die uns von unserem Arzt empfohlen worden war. Daher auch der Krankenbesuch, denn die Rabbiner sorgten sich in anerkennenswerter Weise um kranke jüdische Glaubensbrüder und Schwestern.

Ein unscheinbares, schüchternes Männchen wurde an mein Bett geführt. Ihm war offensichtlich unangenehm, sich in einer Frauenabteilung aufzuhalten. »Sind Sie Frau Zadek?« »Ja.« »Es tut mir leid, daß Sie hier ins Krankenhaus mußten. Wie fühlen Sie sich?« »Ausgezeichnet.« »Aber, warum sind Sie dann im Krankenhaus?« »Na, weil ich ein Baby bekommen habe.« Darauf er, verwundert um sich schauend: »Oh, ist dies eine Entbindungsstation?« Ich konnte mir das Lachen kaum verkneifen. Dann fragte er interessiert: »Ist es ein Junge?« »Nein, ein Mädchen.«

Mit sichtlich schwindendem Interesse, denn es war ja »nur« ein Mädchen, entfernte er sich, nachdem er seinen Glückwunsch ausgesprochen hatte.

Als ich nach zwei Wochen mit meinem Baby im Arm wieder nach Hause kam, zeigten sich meine Nachbarn sichtlich erleichtert. Sie hatten mich von weitem bei meinen intensiven Malerarbeiten beobachtet, meinen Zustand hatten sie nicht bemerkt. Als ich mit dem Krankenauto abgeholt wurde, war die einhellige Meinung, daß ich mich zu Tode gearbeitet hätte.

Nun war ich zwar glücklich über unser Baby, aber ich mußte meinen ganzen Lebensrhythmus umstellen und konnte eine Zeit lang nicht so aktiv sein, wie ich es gewollt hätte. Kinderwagen durften im Bus nicht mitgenommen werden, Babyfertignahrung gab es nicht, jede der fünf Mahlzeiten mußte also extra zubereitet werden, weil ein Kühlschrank für uns unerschwinglich teuer war. Wir konnten auch nicht mehr, wie in unseren ersten Ehejahren, in ein Restaurant einkehren, um unsere Rationen zu strecken. Wir hatten dazu weder Geld noch Zeit, denn ich konnte ja nicht mehr arbeiten gehen.

Mit meinen Hausfrauenkünsten war es nicht weit her. Es machte mir zuerst Mühe, die geringen Lebensmittelrationen über die Woche richtig einzuteilen. Fleisch gab es für sechs Pence in der Woche. Also kauften wir das billige Hammelfleisch. Die Butterration hatte die Größe einer Streichholzschachtel, Margarine gab es 200 Gramm pro Woche, Wurst kannten wir nicht, außer mal Bratwurst, Käse gab es selten, Eier so gut wie nie, dafür amerikanisches Trockeneipulver. An die Zuckerration erinnere ich mich nicht, nur daran, daß wir fast alles mit Saccharin süßten. Obst und Gemüse war ebenfalls rar, aber die Kinder erhielten Orangensaft und Frischmilch. Konserven und Schokolade gab es nach einem Punktsystem auf der Lebensmittelkarte.

Unter diesen Umständen bedurfte es schon großer Anstrengungen, jeden Abend eine warme Mahlzeit auf den Tisch zu stellen. Gerhards Kantinenessen in der Fabrik war wenig nahrhaft und von der Portionsgröße her völlig unzureichend. Am schönsten war der Freitag, der Lohntag. Dann holten wir vom nahe gelegenen »Fish and chip shop« eine große Schüssel Pommes frites und drei Portionen gebratenen Fisch. Daran konnten wir uns richtig satt essen.

Was das Inselreich aber wegen der Blockade am meisten traf, Tee, das Lieblingsgetränk der Briten, gab es nicht ausreichend. Briten können fast pausenlos Tee trinken. Nach einem Lied des beliebten Vortragskünstlers George Formby mindestens acht Mal am Tag.

Die Rationierung aller Grundnahrungsmittel hielt übrigens bis 1951 an, ebenfalls wurde das Punktsystem für Textilien und Schuhe beibehalten, nur Brot wurde frei verkauft.

Der Winter 1944/45 war nicht nur auf dem europäischen Kontinent, sondern auch in Großbritannien bitterkalt. Infolge dieser Kälte sind nahezu alle Trinkwasserleitungen dort eingefroren, wo die Zuleitungsrohre an den Außenwänden entlangliefen, und das war bei den meisten älteren Häusern der Fall gewesen.

Von etwa zehn Häusern in unserer Straße war nur das unsere in der glücklichen Lage, eine intakte, fließende Wasserleitung zu haben, denn der vorherige Besitzer des Hauses, ein Arzt, hatte neben der Abwaschküche ein Labor installiert mit Wasserzufluß direkt aus dem Keller. Ich bot allen Nachbarn an, sich Wasser zu holen; dazu mußten sie durch meine Wohnküche gehen. Dort saß aber Klein-Eva in ihrem Kinderstuhl, gerade ein Jahr alt. Ein Alter, in dem Kinder eine Abwehrstellung Fremden gegenüber einnehmen, die sich bei ihr in mörderischem Gebrüll äußerte. Also brachten die Wasserholer beim nächsten Mal Schokolade oder Bonbons mit, um das liebe Kind zu beruhigen. Das wollte ich nicht dulden, denn es handelte sich um rationierte Waren. Aber die Nachbarn bestanden darauf. So blieb Klein-Eva die einzig Glückliche über die Kälte.

In Gerhards Fabrik gab es wenig Weiterbildungsmaßnahmen für Fachleute und schon gar nicht für Ausländer. Da für uns feststand, daß

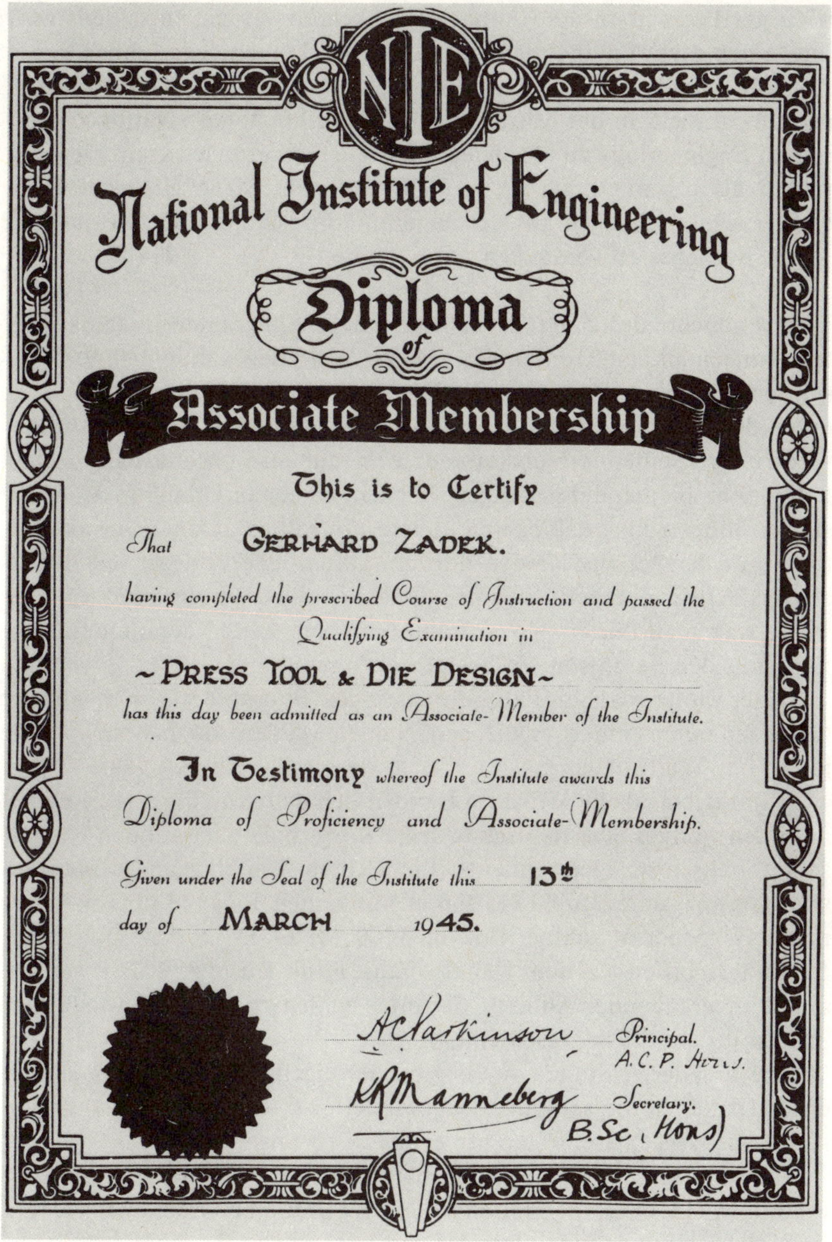

NIE

National Institute of Engineering

Diploma of Associate Membership

This is to Certify

That GERHARD ZADEK.

having completed the prescribed Course of Instruction and passed the Qualifying Examination in

~ PRESS TOOL & DIE DESIGN ~

has this day been admitted as an Associate-Member of the Institute.

In Testimony whereof the Institute awards this Diploma of Proficiency and Associate-Membership.

Given under the Seal of the Institute this 13th

day of MARCH 1945.

A Clarkinson Principal.
A.C.P. Hons.

KRManneberg Secretary.
B.Sc. (Hons)

Gerhards Diplom des »National Institute of Engineering«

wir eines Tages in unsere Heimat zurückkehren werden, entschieden wir uns, einen nicht unerheblichen Teil des Werkzeugmacherlohnes in ein Abendfernstudium für Gerhard zu investieren. Vier lange Studienjahre, noch dazu nicht in der Muttersprache, beim Londoner »National Institute of Engineering« zu absolvieren kostete Gerhard viel Kraft. Den Abschluß als Ingenieur hat er in nicht geringem Maße auch der Hilfe einiger seiner Kollegen aus der Abteilung Forschung und Entwicklung seines Betriebes zu verdanken.

Die Geschichte des Einsatzes unserer jungen Emigranten in den alliierten Armeen an den Fronten des zweiten Weltkrieges muß erst noch geschrieben werden. Zu ihnen gehörte auch mein jüngerer Bruder Joachim, der im Herbst des Jahres 1941 als Freiwilliger in die britische Armee eintrat. Seinen Urlaub verbrachte er immer in unserer Familie, wir haben sehr aneinander gehangen. Bei seinem ersten Urlaub in Manchester erzählte er uns, daß er und andere Freiwillige anfangs nur als Pioniere mit der Schippe dienen durften. Öffentliche Proteste und Briefe an das Kriegsministerium unterstützten die Forderung, endlich Gewehre tragen zu dürfen. »Wer, wenn nicht wir, hatten denn eine Rechnung mit den Faschisten zu begleichen?« meinte er.

Später wurde Joachim Fallschirmspringer. Er mußte wegen möglicher Gefangennahme einen englischen Namen wählen. So nannte er sich jetzt Tony Whittinghame.

Er war dabei, als in Afrika im Handstreich deutsche Flugplätze eingenommen wurden. Das deutsche Afrika-Korps prägte darauf den Namen seines Fallschirmjägerregiments; die »Roten Teufel« nannte man sie von nun an. Am 5. Juni 1944 saß er mit seinen Jungs in einer »Albermare« Transportmaschine, flog in 8000 Meter Höhe den rund 6000 Landungsschiffen auf dem Kanal voraus. »Von Küste zu Küste war das ein atemberaubender Anblick, der mich schlagartig begreifen ließ, hier machst du ein Stück Geschichte.«

Eine dreiviertel Stunde vor Beginn der eigentlichen Invasion sprang er als Dritter in die schwarze Ungewißheit. »Wenn Du kämpfst, ist die Angst wie weggeblasen«, meinte er später zu uns.

Als Tony kurz vor Kriegsende bei Wesel einen schwerverwundeten Freund in einem Graben retten wollte, riß ihm eine Granate das rechte Bein ab – sieben Stunden lang lag er zwischen den Fronten. Ärzte wunderten sich, daß er überhaupt noch lebte.

»Ich habe einen Pakt mit dem Teufel«, versicherte er uns, als wir ihn

Alices Bruder (erster v. links) in der britischen Armee

das erste Mal wieder in die Arme schließen konnten. Aber vorher mußten wir lange auf ein Lebenszeichen warten. Post kam immer spärlich. Mitte März 1945 erhielt ich als Schwester die offizielle Mitteilung »vermißt«, was, wie der Text weiter lautete, nicht notwendigerweise »gefallen« heißen müsse. Es waren bange Wochen für uns, bis dann Ende April Post von ihm aus einem Lazarett bei Münster in Westfalen kam. Darin schilderte er, wie er zum Krüppel geschossen, in deutsche Kriegsgefangenschaft geraten war. Tony wurde operiert und überlebte. Nach einer Woche befreiten US-Verbände das Lazarett.

Im zweiten Brief aus Münster tröstete er uns, sein Schicksal nicht so tragisch zu nehmen. Dann erkundigte er sich nach den anderen Freunden. Diese stark verblaßten, weil mit Bleistift geschriebenen Briefe kann ich auch heute noch nicht ohne Bewegung lesen. Wissen wollten wir von Tony, ob er sich nicht wegen seiner perfekten deutschen Sprachkenntnisse und seiner jüdischen Herkunft in der Kriegsgefangenschaft verdächtig gemacht hätte?

»Ach«, sagte er, »ich habe das ganz einfach erklärt. Ich bin in Berlin aufgewachsen, weil mein Vater Hausmeister bei der britischen Botschaft war.« Zum Glück hat er seinen Humor behalten.

In England mußte Tony als 22jähriger lernen, mit einer Prothese durchs Leben zu kommen. Er ließ sich nicht unterkriegen. Das spürte wohl auch die blondgelockte Holländerin Eny, die er gleich nach dem Krieg kennenlernte. Sie hatte in Belgien und Holland mit einer Widerstandsgruppe abgeschossene alliierte Flieger gerettet. Aus Liebe zu ihr blieb Tony für immer in London. Und er blieb sich bis heute treu. Als Gewerkschafter, in einer Prothesenfabrik arbeitend, kämpfte er über zehn Jahre um gleiche Bezahlung für die Frauen. Er verschenkte all seine Kriegsorden an Kinder. »Als Erinnerung brauch ich sie nicht. Die kommt jeden Morgen, wenn ich die Prothese anschnalle.«

Seine Behinderung konnte ihn nicht davon abhalten, jene Frauen zu besuchen und zu versorgen, die acht Jahre lang den Abzug der atomaren Flügelraketen vom Luftwaffenstützpunkt Greenham Common forderten. Vor Jahren trat er aus der Labour Party aus, als sich die Partei von ihrem Programm gegen die atomare Bewaffnung trennte.

Ganz Großbritannien feierte wie die Sowjetunion und alle befreiten Völker Europas den Tag des Sieges, »Victory in Europe« VE-Day. Auch in Manchester strömten die Menschen zum Zentrum. Überall Jubel und Freudentränen. Auf allen Plätzen wurde getanzt. Jeder Soldat wurde umarmt und geküßt. Wir haben eine solche Gelöstheit nie zuvor bei den Engländern erlebt.

Wir nahmen unsere gute Freundin und Mitstreiterin Lore Pincus in unsere Mitte, die – obwohl hochschwanger mit dem ersten Kind – sich dieses Erlebnis nicht entgehen lassen wollte. Sie hatte auch doppelten Grund zur Freude, war doch ihr Ehemann Lutz, auch einer unserer Kumpels, in der Armee.

Bei der Siegesfeier meinten viele: »Our boys will be home soon«, unsere Jungen werden bald zu Hause sein. Nur wenige konnten sich am 8. Mai 1945 vorstellen, daß viele der Boys für Jahre in Westdeutschland und Westberlin als Soldaten der Besatzungsmacht stationiert bleiben würden.

Der »Manchester Evening News« hatte bereits in der Nacht zum 7. Mai eine »Victory-Special«, eine Sieges-Sonderausgabe herausgebracht. Aus der Zeitung erfuhren wir in den frühen Morgenstunden des nächsten Tages von der bedingungslosen Kapitulation aller deutschen

VICTORY SPECIAL

Manchester Evening News

MONDAY, MAY 7, 1945 — Three Halfpence

WAR IN EUROPE ENDED TO-DAY

oenitz Orders "All Germans Surrender"

ERMS SIGNED AT RHEIMS H.Q. OF GEN. EISENHOWER

ALL THE GERMAN FORCES HAVE SURRENDERED AND THE WAR IN EUROPE IS OVER!

"GOEBBELS' BODY FOUND IN BERLIN"

GOEBBELS'S body and those of his family have been found in an air-raid shelter near the Berlin Reichstag, according to unconfirmed reports reaching Moscow.

Truppen. Diese hatte Admiral Dönitz, der sogenannte Hitler-Nachfolger, über den britisch kontrollierten Flensburger Sender verkündet. Wir lasen mit Erstaunen, daß der Prager Sender, noch von den Deutschen besetzt, die Kapitulation nur auf die westlichen Alliierten bezogen hatte. Gegen die Russen solle weitergekämpft werden.

In Reims, dem Hauptquartier des US-General Eisenhowers, dagegen war um 2.41 Uhr vom Wehrmachtsgeneral Jodl die bedingungslose Einstellung der Kämpfe durch die deutschen Truppen an allen Fronten unterzeichnet worden.

Der VE-Day war da, daran gab es keinen Zweifel mehr.

Überall wurde gefeiert, in den Pubs und in den feinsten Restaurants. Ein Freibier war jedem fast sicher, erst das zweite mußte bezahlt werden. Wir erlebten diesen Tag in dem freudigen Bewußtsein, diesen furchtbaren Krieg überlebt zu haben. Unsere Arbeit richtete sich danach noch stärker auf das zerstörte Deutschland und die Trümmer in den Herzen und Hirnen der betrogenen deutschen Jugend. Im Juli 1945 hielt ich in Manchester einen Vortrag, zu dem auch viele englische Gäste kamen. Deshalb sprach ich englisch zu dem Thema: »The remaking of the German Youth«, Die Umerziehung der deutschen Jugend.

Natürlich hatten wir so kurz nach Kriegsende nur wenig Informationen über die Lage in Deutschland, ob und wann überhaupt die Bildung von antifaschistischen Jugendorganisationen von den Besatzungsmächten genehmigt werden würde.

Wir hatten die Vorstellung, daß eine überparteiliche Jugendorganisation im zukünftigen Deutschland eine wichtige Rolle bei der demokratischen Entwicklung spielen müsse.

Die Jugendgruppe Manchester delegierte Inge Stützel, genannt »Kraks«, und mich zur Teilnahme an der Eröffnungskundgebung der Weltjugendkonferenz; der Weltbund der Demokratischen Jugend sollte im Sommer 1945 gegründet werden. Wir waren natürlich Feuer und Flamme, nach London zu fahren. Aber das Fahrgeld? Die Fahrkarte kostete einen Wochenlohn, das konnten wir uns nicht leisten. Die magere »Vereins-Kasse« in Anspruch nehmen, wollten wir auch nicht. Also entschlossen wir uns, nach London zu trampen und nur zurück mit dem Zug zu fahren. Ordnungsgemäß meldeten wir uns bei der Polizei nach London ab. Diese Regelungen galten immer noch wie zu Kriegszeiten.

Mit dem Bus fuhren wir in Richtung Ausfallstraße nach London und versuchten, ein Auto zu stoppen. Wir hatten Glück, gleich das erste Auto hielt an. Ein seriös aussehender Herr nahm uns mit, aber leider nur bis »Buxton«. Auf der kurzen Strecke stellt er uns alle möglichen Fragen. Wohin wir wollen und warum? Wir beantworteten seine Fragen wahrheitsgemäß.

In mehreren Etappen erreichten wir schließlich unser Ziel, London, noch rechtzeitig genug, um pünktlich in der »Royal-Albert-Hall« zu sein. Tausende von Jugendlichen waren zu diesem internationalen Meeting in diese größte Halle Londons gekommen.

Wenn ich micht recht erinnere, nahmen auch etwa 30 junge deutsche Emigranten an der Eröffnungskundgebung teil. Delegationen aus befreiten Ländern Europas, aus der Sowjetunion, aber auch Exil-Spanier als Vertreter der noch unter dem Franco-Joch kämpfenden Jugend Spaniens sowie auch Vertreter aus den damals noch Kolonialländern, wie dem fernen Indien, waren zugegen.

Für mich war die Teilnahme an dem Eröffnungsmeeting und die Gründung des WBDJ eine Anerkennung für meine jahrelange Arbeit mit der Flüchtlingsjugend. Als wir uns, heimgekehrt, bei der Polizei wieder zurückmeldeten, fragte der Polizeibeamte: »Na, meine Damen, wie war die Reise, wie sind Sie denn überhaupt nach London gekommen?« Wir waren ehrlich und antworteten: »Na, hin sind wir getrampt und zurück mit dem Zug.« »Aber so etwas schickt sich doch nicht für junge Frauen, noch dazu verheiratet, wie sie beide sind.«

Dann meinte er noch, daß es gut sei, wir hätten wenigstens die Wahrheit gesagt. »Unser Distriktpolizeioffizier aus Buxton hat sie ja wohl ein Stück mitgenommen«, schloß er seine Rede.

Da wußten wir Bescheid. Später haben wir erfahren, daß es tatsächlich in Großbritannien für weibliche Wesen nicht angebracht war, zu trampen. Viele Kraftfahrer meinten nämlich, daß eine Liebe die andere wert sei.

Auf der Rückfahrt von London nach Manchester erzählte mir Kraks – der Spitzname ergab sich aus ihrem Mädchennamen Krakauer – die schier unglaubliche Geschichte, wie ihre jüdischen Eltern in Nazi-Deutschland den Krieg überlebt haben.

Dieses Überleben verdankt das Leipziger Ehepaar gläubigen deutschen Christen. Ihre Namen standen bereits auf der Liste zur Deportation in eines der berüchtigten Todeslager, als Vater und Mutter sich den verhaßten Gelben Stern kurz vor ihrer Verhaftung von der Kleidung rissen und untertauchten.

»Untertauchen«, ohne eine Bleibe, ein Dach über dem Kopf, wenn auch nur für Tage, ohne Ausweis oder Lebensmittelkarten, jeden Moment auf der Straße gewärtig sein, erkannt zu werden, brachte für verfolgte und gejagte Juden schier unlösbare Probleme mit sich.

Kraks Eltern fanden Zuflucht fast ausschließlich in Pfarrhäusern oder durch Vermittlung von Pfarrern. Diese Familien teilten die kargen Lebensmittelrationen mit ihnen, beschafften gefälschte Ausweise, versteckten sie in Kellern, Dachkammern, selbst in der Kirche und leugneten bei Kontrollen deren Anwesenheit.

Der Transport von Pfarrhaus zu Pfarrhaus, von Ort zu Ort quer durch Deutschland, einmal sogar von Ostpreußen über Berlin nach Würthemberg gelang nur durch die umsichtige Handlungsweise christlicher Mitbürger.

Diese Zeit der Flucht, ein permanenter Alptraum, dauerte vom 29. Januar 1943 bis zum 23. April 1945. In 27 langen Monaten hat das Ehepaar Krakauer in 66 Häusern für kurze oder längere Zeit Asyl gefunden. Entdeckung und Festnahme hätte nicht nur Kraks Eltern gefährdet, sondern auch die vielen aus christlichem Gewissen heraus Handelnden gleichermaßen, galt doch ihre Handlungsweise als »Judenbegünstigung« und wurde mit schweren Zuchthausstrafen geahndet. Kraks hatte schon jede Hoffnung aufgegeben, ihre Eltern je wiederzusehen, nun weiß sie gar nicht, wie sie all den Rettern danken soll, die zum Überleben der Eltern beigetragen hatten. Ihr Vater hat nach dem Krieg in einem kleinen

Büchlein, dem er den Titel »Lichter im Dunkel« gab, all seinen christlichen Rettern ein kleines Denkmal gesetzt.

Es hat Jahre gedauert, bis man Gerhard und mich für würdig hielt, Mitglieder der illegalen Parteigruppe der KPD in Großbritannien zu werden. Zu einigen Genossen in Manchester hatten wir bereits enge Verbindung. Aber wie man uns zu verstehen gab, war in der Illegalität eine Aufnahme nicht möglich. Also wurden wir in sogenannten sympathisierenden Gruppen erfaßt und politisch geschult. Unser Standardwerk war der »Kurze Lehrgang der KPdSU (B)«. Wir konnten das Buch in einer deutschen Ausgabe von 1941 in Manchester erwerben. Einmal wöchentlich sind wir abends durch die verdunkelte Stadt von »Salford« quer durch Manchester zum Zirkel gefahren. Zwei parteiergebene, für uns schon alte Genossen, Walter Strüwe und Richard Schätzau, gaben sich redlich Mühe, uns ewig müden und hungrigen Jugendlichen den Marxismus-Leninismus zu vermitteln. In Wahrheit war es Stalinismus, aber das erkannten damals weder Walter noch Richard und schon gar nicht wir.

Aber einen Vorwurf kann ich anderen älteren Genossen in Manchester nicht ersparen, die eine weitaus bessere politische Schulung genossen hatten als unsere beiden Zirkelleiter. Wir haben von ihnen nie etwas vom Wirken Engels in dieser Stadt erfahren, keine Exkursionen zu jenen Stätten gemacht, wo er das Material für sein Werk »Die Lage der arbeitenden Klasse« gesammelt hat.

Wir bemühten uns, wie Kommunisten zu lernen und zu arbeiten, waren aber immer noch parteilos. Im Mai 1942 kam Genosse Wilhelm (Bill) Bamberger als politischer Leiter der KPD-Gruppe nach Manchester. Seinen Lebensunterhalt verdiente er als Fabrikarbeiter. Er war einer von denen, die die weite Reise auf der »Dunera« nach Australien, dort die Internierung in einem brennend heißen Lager inmitten einer Wüste und schließlich die gefährliche Rückreise nach England gesund überstanden hatten.

Zufall war wieder im Spiel. Bill war bis 1939 Verbindungsmann zwischen der Parteileitung in der ČSR zu Herbert Baum, mit dem er sich des öfteren illegal in Berlin getroffen hatte. Dadurch wußte er von unserer Gruppe. Bill ermunterte uns, Aufnahmeanträge für die Partei zu schreiben.

Ich hatte im jugendlichen Überschwang mein ganzes Herzblut in diesen Antrag hineingeschrieben. Bill fehlte wohl die theoretische Begründung meiner Absichten. Nachdem er mein Elaborat gelesen hatte, fragte er mich in seiner charmanten Art: »Sag mal, Alice, willst du in die KPD oder in die Heilsarmee eintreten? Nimm dir ein Beispiel an Karl. So sachlich und nüchtern wie er muß man einen solchen Antrag schreiben.«

Ich schrieb also einen neuen, emotionslosen Antrag, der auch von Bill akzeptiert wurde. Aber an Karl, damals noch einer der aktivsten Funktionäre, konnte und wollte ich mir später kein Beispiel nehmen. Er hat bald nach Kriegsende die Verbindung zu uns abgebrochen.

Wie wir erst nach und nach erfahren konnten, hat sich Bill viele Male in jener Lebensgefahr befunden, die jeder der Verbindungsleute der KPD wie der SPD in der Illegalität in Kauf nehmen mußte, der mit falschen Papieren oft auf Schleichwegen vom Ausland in das faschistische Deutschland »einreiste«. Bill hat darüber nie ein Wort verloren. Er lebte und lebt getreu seiner kommunistischen Überzeugung. Alles, was er im Auftrage der Partei leistete, war für ihn selbstverständlich.

Ende April 1944 kam der Tag, an dem wir in die Partei aufgenommen werden sollten. Bill übernahm für uns die Bürgschaft, sonst hätten wir noch ein weiteres Jahr warten müssen.

Es war alles sehr feierlich. Zu der kleinen Gruppe, die sich im Hinterstübchen unseres Klubhauses eingefunden hatte, gehörten auch der Spanienkämpfer Hermann Ehlert, Dr. Hans Nathan, der Busfahrer, die zugleich mit uns aufgenommen wurden. Was dort gesagt wurde, entsprach unseren Idealen, in unserer eines Tages befreiten Heimat mitzuhelfen, daß ein wahrhaft demokratisches Deutschland entstehe.

Ich wurde später Gruppenkassierer und mußte von acht Genossen den Parteibeitrag einnehmen. Wenn ich mich recht erinnere, waren es zehn Prozent vom Lohn. Unser Hauptkassierer, Bruno Puppe, holte dann dieses Geld von mir ab, alles ohne Quittung, auf Treu und Glaube.

Ein Hohelied auf meine »arische« Mutter

Meinen Eltern, die den Krieg auch wie durch ein Wunder überlebt hatten, schrieben wir, daß wir schnellstens nach Berlin zurückkehren wollten. Sie sollten ausharren und nicht, wie es ihre Absicht war, irgendwohin ins Ungewisse emigrieren.

Aber so einfach, wie wir uns das vorstellten, ging es nicht. Die britischen Behörden wollten uns nicht in die Ostzone zu den Russen lassen ... Der kalte Krieg war schon wieder zwei Jahre alt. Unsere Heimkehr gelang auch nur mit einem Trick. Nicht zu den Eltern nach Lichtenberg in den sowjetischen Sektor Berlins, sondern zu irgendeinem Onkel nach Charlottenburg im britischen Sektor stellten wir unseren Rückreiseantrag.

Bis es im Sommer 1947 endlich dazu kam, daß wir heimkehren durften, lebten wir förmlich auf Koffern, denn mehrfach hieß es: »Jetzt könnt ihr fahren.« Aber immer wieder klappte irgendetwas nicht. Mindestens dreimal wurden wir gegen alle Seuchen des Kontinents geimpft. Bei unserer Eva löste deshalb jede weißbekittelte Person ein fürchterliches Gebrüll aus.

Schließlich ging alles doch sehr schnell. Von Manchester nach London, Abschied von Bruder und Schwägerin, dann nach Harwich mit dem Zug, über den Kanal, durch Holland, über die deutsche Grenze, durch zerbombte Städte, die uns ahnen ließen, wie es in Berlin aussehen würde. Endlich kamen wir in Berlin nach acht Jahren Abwesenheit an.

Vom Bahnhof Charlottenburg holten uns meine Mutter und Horst Brasch in einem alten Auto ab. Meine Mutter schloß mich nach achtjähriger Trennung in ihre Arme. Wir beide weinten Freudentränen. Dann erst musterte sie mich und stellte in ihrer sehr offenen Art fest, daß ich vor acht Jahren noch ein schönes Mädchen war, aber nun nicht mehr. Horst teilte uns mit, daß wir am übernächsten Tag zur Leitung des Jugendverbandes kommen sollten, wo man mit uns über unsere zukünftige Tätigkeit beraten würde.

Dann brachte er uns nach Lichtenberg. Als Berliner Kind glaubte ich, den Weg von Charlottenburg bis ins Zentrum der Stadt noch zu kennen. Ich dachte, jetzt muß bald der Tiergarten kommen, aber da waren wir schon am Brandenburger Tor.

Ich hatte gewußt, daß Berlin in Trümmern lag und war auf das Schlimmste gefaßt, aber daß der Tiergarten mit seinem herrlichen Baumbestand so gut wie abgeholzt war, das hätte ich mir nie vorstellen können.

In Lichtenberg angekommen, wurden wir von einem kleinen blonden Wuschelkopf freudig begrüßt, meiner kleinen Schwester Karola, die bei ihrer Geburt 1944 bereits dreifache Tante war. Ich wollte meine Eltern mit dem kleinen Nachkömmling etwas frozzeln. Aber dann erzählte mir meine Mutter, warum sie, die erfahrene Frau, sich entschlossen hatte, in ihrem Alter noch ein Kind in die Welt zu setzen.

Unsere Mutter hatte in unserer Familie das Heft in der Hand. Vater war ihr bedingungslos ergeben. Dennoch schien sie keine außergewöhnliche Frau zu sein. Unter normalen Verhältnissen wären sicherlich niemals solche Wesenszüge bei ihr zutage getreten, die doch außergewöhnlich waren. Aber die Verhältnisse in Deutschland der dreißiger Jahre waren nicht normal und der Krieg verschärfte noch alles. Seit 1919 mit einem Juden verheiratet, fühlte sich meine Mutter genau so verfolgt von den Faschisten wie ihr Mann und ihre Kinder.

Mitte 1939 lebten ihre drei Kinder bereits in England, meine Eltern blieben mit der neunzehn Monate alten Enkeltochter Beate allein zurück. Deren Mutter, meine älteste Schwester, war auch als Hausangestellte in Manchester tätig, ihr Mann flüchtete nach KZ-Haft in Sachsenhausen im April 1939 nach Schanghai, dem einzigen Hafen der Welt, wo man ohne Visum landen konnte. Die Passage kostete 1000 Reichsmark. Das Geld reicht nur für ein Tickett. Die Familie wollte später versuchen, sich wieder zu vereinigen. Durch den Krieg wurde dies jedoch unmöglich.

Meine Eltern gaben ihre ganze Liebe der kleinen Enkeltochter und umhegten sie, bis das Kind an Scharlach erkrankte. Der »Krankenbehandler«, wie sich jüdische Ärzte nur noch nennen durften, wagte es nicht, diese meldepflichtige Krankheit zu verschweigen. Das Kind kam ins jüdische Krankenhaus in der Iranischen Straße im Wedding, welches von einem Gestapo-Chef geleitet und wie ein KZ geführt wurde. Das Kind genas, wurde aber als »volljüdisches« Kind nicht mehr nach Hause entlassen. Der nunmehr Fünfjährigen drohte Deportation in ein

Vernichtungslager. Meine Mutter ging zum Gestapo-Chef und kündigte ihm an:

»Wenn Sie das Kind deportieren lassen, werde ich mich an die Schweizer Schutzmacht, die die Interessen der Briten während des Krieges in Deutschland vertritt, wenden, denn die Mutter des Kindes ist eine Engländerin.«

Das stimmte zwar nicht, aber der Bluff gelang. Nun versuchte meine Mutter, ihr Enkelkind wieder nach Hause zuholen.

»Einen überwiegend jüdischen Haushalt können wir nicht mehr dulden«, bekam sie zur Antwort, »aber wenn sie noch ein Kind hätten, das getauft ist, dann könne man darüber reden.«

Zehn Monate später, am 5. Mai 1944, brachte meine damals 46jährige Mutter im Charité-Bunker ein kleines Mädchen zur Welt. Das Kind wurde sofort evangelisch getauft und von Stund an brauchte mein Vater keinen Judenstern mehr zu tragen. Jetzt war die Ehe, laut Globke, überwiegend »arisch«. Mein Vater sah nicht zu Unrecht in seiner »Bunker-Karline« seine Lebensretterin, denn Sternträger wurden häufig von der Straße weg verhaftet, um Transporte ins KZ zu vervollständigen. Aber dennoch wurde die kleine Enkelin nicht aus dem Lager entlassen. Jeden Samstag, Woche für Woche, fuhr meine Mutter mit Lebensmitteln das Kind besuchen, immer bangend, ob sie Beate noch vorfinden würde.

Um ihre Familie mit dem Notwendigsten zu versorgen, Ehemann und Enkelin erhielten ja nur die Judenkarte, hatte meine Mutter gefälschte Lebensmittelkarten, die von den Alliierten in Umlauf gebracht wurden, in der Zentralmarkthalle am Alexanderplatz umgesetzt. Allein dafür drohte die Todesstrafe.

Weil sie für Juden Lebensmittelpakete aus Dänemark an ihre Adresse schicken ließ, wurde sie von einer mißgünstigen Nachbarin angezeigt und wegen »Judenbegünstigung« vor Gericht gestellt, als sie bereits hochschwanger war. Meine Mutter fand eine verständnisvolle Richterin, was im Jahre 1944 fast einem Wunder gleichkam. Sie wurde wegen Mangel an Beweisen freigesprochen, weil die Hauptzeugin zur Verhandlung nicht erschienen war.

Mitte April 1945 wurde das Stadtzentrum von Alliierten mit Bombenteppichen belegt. Um den Alexanderplatz war die Hölle los. In einer dieser Nächte wurde auch das Haus in der Kaiserstraße getroffen. Mutter konnte sich mit dem Baby mühsam aus dem Luftschutzkeller retten, während Vater wie durch ein Wunder im fünften Stockwerk des halbierten Hauses überlebte. Das Treppenhaus war von einer Bombe niedergerissen; er mußte mit einer Feuerwehrleiter geholt werden.

»Die nächsten Nächte«, erzählte meine Mutter, »war Leben in und zwischen Ruinen, in der Hoffnung, davonzukommen.« In dem Kinderwagen hatten sie ein bißchen Habe verstaut. Obenauf lag, in Decken gehüllt, das Baby, mit von Staub und Dreck völlig entzündeten Augen. So verließen sie Anfang Mai das Stadtzentrum. Am Ende der Frankfurter Allee trafen sie auf die ersten sowjetischen Truppen. Vater hatte wieder seinen Judenstern angebracht. Ein Sanitäter schaute sich das Baby an, trug eine Augensalbe auf und gab meiner Mutter die Tube zur weiteren Behandlung der Kleinen. Daran hatte sich meine Mutter immer dankbar erinnert. Später wurde die Familie in eine leere Wohnung in Lichtenberg eingewiesen.

Am 7. Mai machte sich meine Mutter von Lichtenberg aus auf den Weg zum Wedding über Trümmer und Bahngleise hinweg, weil sämtliche Brücken zerstört waren, und fand viele Stunden später die kleine Enkelin, zum Glück unversehrt, in der Iranischen Straße vor. Dort erfuhr sie auch von anderen Insassen, daß der Gestapo-Chef vor wenigen Tagen den Befehl erhalten hatte, alle Juden im Krankenhaus zu töten. Diesem Befehl widersetzte er sich jedoch, wodurch er vermutlich seinen Kopf rettete.

GERHARD ERZÄHLT:
Wiedersehen mit dem Alex

Nichts konnte mich am Tag nach meiner Rückkehr in die Heimat daran hindern, zuerst zum Alexanderplatz und zur Kaiserstraße zu gehen. Die schnellste Verbindung von Lichtenberg war die U-Bahn, die schon wenige Monate nach Kriegsende, wie ich hörte, wieder in Betrieb genommen worden war.

Zwei Jahre nach der Befreiung sah mein Alex immer noch trostlos aus. Wenn auch die Schuttberge zumeist beseitigt werden konnten, standen noch immer die ausgeglühten Stahlskeletts der alten Warenhäuser Tietz und Wertheim. Am Berolinahaus und dem ehemaligen »Jonas-Haus« fehlten die Dächer. Das Scheunenviertel und die Gegend um die Münz- und Grenadierstraße waren bis auf wenige Häuser vernichtet, wie auch die jüdischen Menschen, die dort gewohnt hatten.

Der Verkehr pulsierte wieder, aber unverkennbar waren die Narben der Kämpfe um Berlin. Die ausgebesserten Straßenbahnen kreuzten wie immer das grüne Zentrum des Platzes. Kraftfahrzeuge, zusammengeflickt, die ursprünglichen Marken oft nicht mehr zu identifizieren, umfuhren die Mitte. Gehandelt wurde auf dem Alex wie eh und je, alles zu Schwarzmarktpreisen. Neue Kriegsinvaliden sah ich. Verschwunden waren die Freunde meiner Kindheit, der jüdische Wurstmaxe, der Eishändler, auch die gewissen Damen vom Alex.

Die Straßenbahnnummern hatten sich nicht geändert. Die Elektrische, die durch die Alexanderstraße fuhr und in die Kaiserstraße einbog, gab es auch wieder.

Bomben, Granaten und Geschützeinschläge hatten die ehemalige ziegelrote Zwingburg, das Polizeipräsidium, in einen riesigen Trümmerhaufen verwandelt. Gebäudeteile waren bis auf die Fassade ausgebrannt. Wie muß es den Häftlingen ergangen sein, die dort bis zuletzt eingekerkert und gepeinigt wurden?

Man kann sich vorstellen, wie jemandem zumute ist, der nach acht langen Jahren sein Elternhaus sucht und nur noch eine letzte Brandmauer des Eckgebäudes vorfindet. Dort, hoch oben im fünften Stock, zeichneten sich noch Tapetenreste des Schlafzimmers ab, in dem wie durch ein Wunder mein Schwiegervater überlebt hatte.

Von Dörfers Eckkneipe,. dem SA-Sturmlokal, war nichts, aber auch gar nichts übriggeblieben. Man konnte jetzt bis in den Keller dieses einstigen Lokals sehen, eine Landmine hatte hier gründliche Arbeit geleistet. Das hatte der dicke, glatzköpfige Dörfer nicht vorausgesehen, der die Fahne immer nach dem Wind drehte.

Von diesem Lokal ging für die jüdischen Bürger in der Kaiserstraße das Unglück aus. Von hier aus wurde in der Pogromnacht 1938 das jüdische Gebetshaus in Brand gesteckt. Hier, vor den Ruinen meines Elternhauses stehend, dachte ich noch einmal an die Nacht zurück, wo wir mit dem Ruf: »Juda verrecke« geweckt wurden. So etwas vergißt man nie. Es darf auch nie vergessen werden, wer die Saat dazu gelegt, wie sie aufgegangen ist.

Die Entscheidung darüber, nach Deutschland, hierher nach Berlin zurückzukehren, ist mir nicht leicht gefallen. Zweiundzwanzig Jahre hat hier in der Kaiserstraße meine Familie gewohnt, geliebt, getrauert, ihre Sorgen mit anderen geteilt und ist von hier aus ihren letzten Weg gegangen.

Ein Stück dieses Weges verfolge ich an diesem Tag bis zur Großen Hamburger Straße, den meine Eltern in Begleitung von Gestapo-Beamten gehen mußten.

Wieviele von den 140000 Berliner Juden den Holocoust überlebten, ist nicht mehr genau feststellbar. Im Berliner Judenmordprozeß 1971 wurde vom Juristen Dr. Robert M. W. Kemperer – ehemaliger Stellvertreter des US-Hauptanklägers in den Nürnberger Prozessen – der Mord an 35000 Berliner Juden nachgewiesen. In Berlin war die Gestapo-Leitstelle für die Selektierung und Deportation verantwortlich. Vor dem Westberliner Schwurgericht waren damals u. a. angeklagt: die früheren SS-Führer Otto Bovensiepen und Dr. Kurt Venter sowie ein gewisser Max Grantstück von der Kriminalpolizei. Am 20. Juli 1971 schrieb »Die Welt«: »Der Prozeß endete mit aufsehenerregenden Freisprüchen, die angebliche Ohnmacht der Justiz dokumentierend«.

Wir Zurückgekehrten hatten volles Verständnis dafür, daß viele jüdische Emigranten in Großbritannien geblieben sind. Sie hatten als Kinder oder Jugendliche Deutschland verlassen müssen. Kaum einer ihrer nächsten Angehörigen überlebte. Ihre Bindung zur Heimat hat der deutsche Faschismus ausgelöscht.

Die antisowjetische Hetzausstellung »Das Sowjetparadies«

Alice und ich entschieden uns schon während des Krieges, nach der Zerschlagung des Hitlerregimes wieder zurückzukommen, weil wir, ehemalige Mitstreiter Herbert Baums, unserer Weltanschauung die Treue halten wollten.

Wir hatten den Wunsch, eine möglichst nützliche Tätigkeit in unserer Heimatstadt aufzunehmen. Mit diesen Gedanken verließ ich die Stätte meiner Kindheit – den Alex und die Kaiserstraße.

Hier in der Kaiserstraße hatte ich als Elfjähriger meine erste Begegnung mit dem damals siebzehnjährigen Herbert Baum. Zehn Jahre seines und meines Lebens waren wir eng verbunden.

Noch heute, nach mehr als einem halben Jahrhundert der Trennung von Herbert, ist mir sein gradliniger Charakter, seine Zielstrebigkeit, seine Bescheidenheit und seine verständnisvolle Art gegenwärtig, mit der er mir und meinen Kameraden in unserer Kindheit und Jugend Freund, Berater und auch Lehrer gewesen ist. Herbert war ein lebenslustiger, naturverbundener und liebenswerter Mensch und, nach seiner Statur kaum zu vermuten, auch ein sehr guter Sportler.

Es gab kaum einen wichtigen Schritt in meinem Leben, von meiner

Beisetzung der sterblichen Überreste von Herbert Baum auf dem Friedhof der Jüdischen Gemeinde Berlin-Weißensee am 11. November 1949 (ganz links: Gerhard Zadek, ganz rechts: Walter Sack)

Berufswahl bis zu meiner Flucht aus Deutschland im August 1939, den ich nicht vorher mit Herbert beraten habe. Gleich mir ging es auch anderen Mitgliedern unserer Gruppe. Wir alle sahen in Herbert den verständnisvollen, aber auch fordernden Älteren, der eine Vorbildwirkung auf uns ausübte, der wir uns nicht entziehen konnten.

Immer ging es Herbert um die Sache – eine bessere und gerechtere Welt schaffen zu helfen –, nie um seine Person.

Die von Herbert geleitete Widerstandsgruppe, der Alice und ich bis 1939 angehörten, umfaßte bis zu seiner Verhaftung 1942 nahezu sechzig meist jüdische Jugendliche.

Nach und nach haben wir mehr vom Schicksal der Gruppe Baum erfahren. Besonders deren letzte Aktion traf die Nazis im Herzen der Reichshauptstadt am empfindlichsten. Diese hatten im Mai 1942 im Berliner Lustgarten, nach ihren Niederlagen im Osten eine antisowjetische Ausstellung aufgebaut, die ersten Anzeichen von Kriegsmüdigkeit bei der Berliner Bevölkerung entgegenwirken sollte.

Wie wir heute wissen, bestand die Absicht, in dieser Hetzausstellung Brandsätze zu legen, schon am Sonntag, dem 17. Mai.

Doch die Ausstellung war zu überlaufen, das Gedränge zu groß. So wurde die Aktion auf den nächsten Tag verschoben, denn Menschenleben sollten nicht aufs Spiel gesetzt werden. Am 18. April waren nur wenige Besucher im Pavillon. Wie zufällig verteilten sich die Mitglieder der Gruppe in einem Saal. Vier brachten, gedeckt von acht anderen, Spreng- und Brandsätze an. Dann verließen sie die Ausstellung. Teile der Ausstellung wurden beschädigt. Die Gestapo sorgte dafür, daß noch in der gleichen Nacht die Spuren beseitigt wurden.

Trotz strengster Geheimhaltung erfuhren die Berliner von dem Anschlag. Nur vier Tage später wurden Herbert Baum und weitere Mitglieder der Gruppe verhaftet. Ob Verrat im Spiel war, konnte nicht geklärt werden. Am 11. Juni meldete der Oberstaatsanwalt beim NS-Sondergericht den »Selbstmord« von Herbert Baum.

Achtundzwanzig Mitglieder der Gruppe, überwiegend jüdischer Herkunft, darunter zwölf junge Frauen, mußten in Berlin-Plötzensee ihr Leben lassen. Niemand der Mutigen bereute!

Auf dem Jüdischen Friedhof in Berlin-Weißensee fand Herbert Baum 1949 seine letzte Ruhestätte, nachdem sein Grab auf dem Friedhof Wartenberg gefunden wurde, wo die Nazi-Justiz ihre Opfer verscharren ließ.

Eine eindrucksvolle Stele, eingraviert die Namen von Herbert und siebenundzwanzig seiner Mitstreiter, erinnert an deren mutige Aktion. Auch im Berliner Lustgarten, der Stelle, wo die Gruppe ein Fanal gegen ein unmenschliches Regime setzte, wurde ein einfacher Quader errichtet. Er trägt die Inschrift: »Unvergessen die mutigen Taten und die Standhaftigkeit der von dem Jungkommunisten Herbert Baum geleiteten antifaschistischen Widerstandsgruppe«.

Am 30. Mai 1942 befahl SS-Obersturmbannführer Eichmann die Vertreter der Reichsvereinigung der Juden in Deutschland in das Reichssicherheitshauptamt. Er eröffnete ihnen, daß im Zusammenhang mit einem Anschlag auf die Ausstellung »Das Sowjetparadies« in Berlin, an dem fünf Juden aktiv beteiligt waren, fünfhundert Juden in Berlin festgenommen, davon 250 erschossen und 250 in ein Lager abgeführt worden sind, daß weitere Maßnahmen dieser Art zu erwarten sind, falls noch einmal ein Sabotageakt vorkommen sollte, an dem Juden beteiligt sind.

Dieser Massenmord war nicht nur als Vergeltungsmaßnahme oder Einschüchterungsmittel zu werten. Er sollte gleichzeitig einen Probeakt für die »Endlösung der europäischen Judenfrage« darstellen, deren Durchführung am 20. Januar 1942 auf der sogenannten Wannsee-Kon-

Ehrenmal für die Kämpfer der Herbert-Baum-Gruppe in Berlin-Weißensee

Bekanntmachung.

Die am 10. Dezember 1942 vom Volksgerichtshof wegen Vorbereitung zum Hochverrat und landesverräterischer Feindbegünstigung zum Tode verurteilten

Heinz Israel Rotholz, 21 Jahre alt,
Heinz Israel Birnbaum, 22 Jahre alt,
Lothar Israel Salinger, 23 Jahre alt,
Helmuth Israel Neumann, 21 Jahre alt,
Siegbert Israel Rotholz, 23 Jahre alt,
Hella Sara Hirsch, 21 Jahre alt,
Hanni Sara Mayer, 22 Jahre alt,
Marianna Sara Joachim, 21 Jahre alt, und
Hildegard Sara Loewy, 20 Jahre alt,

sämtlich aus Berlin, sind heute hingerichtet worden.

Berlin, den 4. März 1943.

Der Oberreichsanwalt beim Volksgerichtshof.

ferenz unter Leitung von Heydrich auf Befehl von Göring beschlossen wurde. Eichmann praktizierte in Berlin einen ersten Versuch und erntete Lob dafür von höchster Stelle.

Die Versuchung, das Leben Herbert Baums zu verklären, liegt nahe. Aber er wäre der Erste, der sich dagegen verwahren würde, auf ein Podest gehoben zu werden. Und dennoch – er gehört zu den Helden des deutschen Widerstandes ebenso wie die Studenten Geschwister Scholl, die Offiziere um Graf Stauffenberg, die Patrioten der »Roten Kapelle« und viele andere auch.

Kaddisch in Warschau

Ein Jahr nach unserer Heimkehr hatte ich Gelegenheit, mit einer Arbeiterjugenddelegation aus der damaligen Ostzone auf Einladung der polnischen Jugend nach Warschau zu reisen. Wir waren die ersten jungen Deutschen, die nach dem verheerenden Krieg das wiedererstehende Polen besuchen konnten.

Weil uns schmerzhaft bewußt war, daß jeder vierte Pole, darunter nahezu die gesamte polnisch-jüdische Bevölkerung dem Nazi-Terror zum Opfer gefallen waren, empfanden wir diese Einladung als großen Vertrauensbeweis der polnischen zur deutschen Jugend. Das beeindruckendste Erlebnis dieser Reise war der Besuch des ehemaligen Warschauer Ghettos. An einem kurz zuvor errichteten Denkmal, mit dem die polnische Bevölkerung die 1943 im Ghetto-Aufstand gefallenen jüdischen Kämpfer und Opfer ehrte, legten wir ein Blumengebinde nieder.

Fast nichts wußten wir damals in der Ostzone über die Tragödie, die sich auf dem Gebiet um die Uliza Anielewicza zugetragen hatte. Wir sahen nur, soweit das Auge reichte, eine Steinwüste aus Geröll, Granattrichtern, verbogenen Eisenträgern und Mauersteinen. Keine einzige Ruine ragte über die Gesteinsmassen hinaus. Drei Jahre nach Kriegsende waren Tausende von Toten noch immer nicht geborgen.

Unser polnischer Freund Stan, ehemals Partisan, erzählte uns aus eigenem Erleben die Geschichte des Aufstandes. Er hatte über Geheimgänge und Kanalisation die Verbindung zwischen Partisanen und der Leitung des Aufstandes innerhalb des Ghettos zu halten.

Stan schilderte uns, wie ein Areal, zuvor nur von einigen Zehntausenden bewohnt, als Ghetto für die jüdische Bevölkerung Warschaus errichtet wurde. Vierhunderttausend Menschen lebten zusammengepfercht auf engstem Raum, von einer hohen Steinmauer umgeben, Maschinengewehrposten vor den Toren. Ein Entkommen war fast unmöglich.

Später wurden Hunderttausende von Juden aus Deutschland und dann aus dem gesamten besetzten Europa dorthin transportiert. Die

Warschauer Ghetto – Deportation jüdischer Menschen in die Vernichtungslager

meisten wurden nach Auschwitz und Treblinka zur Vernichtung weiterbefördert. Im Warschauer Ghetto lebten im Jahr 1943 nur noch 50000 Juden. Neue Mauern wurden gezogen, um den Lebensraum der Überlebenden weiter zu beschränken. Dann kam der Befehl der obersten SS-Führung, alle Bewohner des Ghettos, – Männer, Frauen und Kinder – schonungslos auszurotten.

Da geschah etwas für die Herrenmenschen Überraschendes, in ihrer langjährigen Massenmordpraxis noch nie Erfahrenes: Die Opfer setzten sich zur Wehr. Die ersten Wehrmachts-, SS- und SD-Mannschaften, die in das Ghetto eindringen wollten, wurden mit Gewehrfeuer und Handgranaten empfangen.

»Waffen«, wie uns Stan erzählte, »die unter Lebensgefahr von Partisanen und jüdischen Widerstandskämpfern eingeschleust, oder den Wachmannschaften abgenommen worden sind.«

»Jeder jüdische Kämpfer wußte«, so fuhr er fort, »daß Widerstand gegen die Faschisten sinnloses Aufbegehren war. Aber, es ging hier nicht mehr ums Leben, sondern, ›einen menschenwürdigen Tod zu sterben‹. So hieß es auch im letzten Aufruf der Gequälten. Es sollten möglichst

Eine deutsche Delegation am Denkmal für die Opfer des Aufstandes im Warschauer Ghetto 1943

viele SS-, SD- und Wehrmachtsangehörige mit ins Grab genommen werden, um den endgültigen Sieg über die Barbarei näher zu bringen.«

Nach zehntägigem Kampf in Straßen, in Kellern und in der Kanalisation gelang es der faschistischen Übermacht nicht, den Kampfeswillen der jüdischen Verteidiger zu brechen. Selbst SS-Sondereinheiten wurden unter großen Verlusten zurückgeworfen, eine ungeheure Blamage, nicht mit einer Handvoll dreckiger und halbverhungerter Juden fertig zu werden. Der Straßenkampf im Ghetto nahm kein Ende, es mußten Verstärkungen von der Front geholt werden. Mit Flammenwerfern und

Panzern wurden die Häuser in Brand geschossen. Frauen und Kinder sprangen aus den meist vierstöckigen Häusern oder flüchteten aus den Kellern. Das ganze Ghetto war ein Flammenmeer, umringt von deutschen Truppen, die warteten, bis alles niedergebrannt war.

Sechs Wochen dauerte der ungleiche Kampf, bis die letzten Überlebenden auf die Straße getrieben und auf der Stelle erschossen wurden. Das Ghetto war vernichtet. »Nur sechzig Mitglieder des Jüdischen Kampfbundes überlebten diese Schreckenszeit mit Unterstützung einer Partisaneneinheit« schloß Stan seine Geschichte.

Das Denkmal, vor dem wir schweigend verharrten, zeigt auf einem wuchtigen grauen Basaltblock ein gemeißeltes Hochrelief. Ein junger jüdischer Partisan mit umgehängtem Gewehr schreitet über einen Gefallenen hinweg, ein Zweiter, ein Greis mit einem Steinbrocken in seinen Händen, ein Dritter, der, fast selbst noch ein Kind, mit einem stumpfen Dolch eine Mutter mit ihrem Kind im Arm zu verteidigen sucht, eine Vierte, ein junges Mädchen mit einer Handgranate. Hinter ihnen ein Flammenmeer, vor ihnen der Tod.

Wie viele unserer Kampfgefährten und Freunde oder unserer Familienangehörigen im Warschauer Ghetto umgekommen sind, werden wir nie erfahren. Mein Onkel Siegfried, seine Frau und seine beiden Töchter, Hanna und Ruth, gehörten zu den ersten Deportierten, die von der Reichshauptstadt Berlin dorthin »evakuiert« worden sind.

Ich, der ehemalige Judenjunge vom Alex, damals junger Kommunist, sprach leise an diesem Tag im August 1948 für meine ermordeten jüdischen Angehörigen an diesem Ort Kaddisch – das hebräische Totengebet.

Mit der Wärme des guten Gewissens

Als wir 1947 nach Berlin zurückkehrten, waren wir beide noch keine dreißig Jahre alt. Jetzt, als über Siebzigjährige, wohnen wir wieder in der Nähe des Alexanderplatzes, der für uns so voller Erinnerungen ist.

Im August 1991 betitelte eine Journalist der jüngsten Generation den Alex in einer Wochen-Illustrierten als »Das schwache Herz der Stadt«, ... »ein Ort zum Wegschauen, solange es ihn noch gibt, ... ein trauriges Leben zwischen Imbiß-Buden und U-Bahnschächten, zwischen Gestern und Morgen«.

Und derselbe Journalist, der vermutlich den im zweiten Weltkrieg zerschossenen und zerbombten Alex weder vor 1933 noch im Mai 1945 gesehen hatte, trauert in larmoyantem Ton einem ... »Mythos des herrschaftlichen Einkaufsplatzes der zwanziger Jahre« ... nach, obwohl es dort einen solchen nie gegeben hat.

Natürlich gefällt auch uns heute am Alex vieles nicht, weil ungewohnt, wie die Taschendiebe, die Hütchenspieler, die Hooligans, ob Deutsche oder Ausländer, die Hauswände beschmieren oder ihren Frust an Schaufensterscheiben auslassen.

Wer wie wir den alten, in seiner Fläche weitaus kleineren Alex mit seinem engen, muffigen, baumlosen Hinterland kannte, kann diesen Zeiten nicht nachtrauern. Schon gar nicht der riesigen roten Zwingburg, als die sich das Polizeipräsidium samt Gefängnistrakt darstellte, oder dem Elend des alten Scheunenviertels.

Wie es früher hier aussah, haben wir versucht, in diesem Buch zu beschreiben.

Den kommenden Generationen wünschen wir keine Rückkehr zum Alexanderplatz des Alfred Döblin oder in die Zeit, die die braune genannt wird. Ein Foto des Ergebnisses dieser braunen Zeit sucht man in der vorerwähnten Bildreportage vergeblich.

Bei solcher Art Vergangenheitsbewältigung im Zeichen der »Pressefreiheit« nimmt es nicht wunder, wenn Hakenkreuzschmierereien und

Aufforderungen wie »Juden in die Gaskammern« heute, 1991, immer häufiger im Straßenbild oder im S-Bahn-Gelände auftauchen und Bürger gleichgültig daran vorbeilaufen. So hat es schon einmal angefangen!

Wir kennen berühmte Plätze anderer Weltstädte, wie den Piccadily in London, Times Square in New York oder Stephans-Platz in Wien. Jeder hat sein eigenes Flair, wird bevölkert von Menschen aus allen Bevölkerungsschichten, von Wohlhabenden bis Gestrauchelten.

Aber die Enge des alten Alex ist verschwunden. Weit, luftig und verkehrsfrei ist das größte Areal gestaltet. Uns fehlen die den Alex früher überquerenden siebzehn Straßenbahnlinien ebensowenig wie die 3600 Kraftwagen, die stündlich den Platz überquerten. Wir freuen uns über die längste Bank Berlins oder den Springbrunnen. Wir halten auch die Weltzeituhr für viel sinnvoller als die überdimensionale bronzene, kriegerisch dreinschauende Berolina, die ehedem dort stand.

Der Alex hat wechselvolle Zeiten erlebt, gute und weniger gute. Aber ein Ereignis wird in die Geschichte des Alex für alle Zeiten eingehen. Das ist die Millionendemonstration der Berliner am 4. November 1989, die der gerade eingeleiteten Wende mächtige Schubkraft verlieh. Auch wir beiden Alten haben teilgenommen.

Aber, wir wollen auch kein Hehl daraus machen, daß wir mit denen, die die Wende eingeleitet haben über vieles Nachfolgende tief enttäuscht sind. Dazu gehört die in erschreckendem Maße wachsende Ausländerfeindlichkeit, Antisemitismus, nationale Überheblichkeit oder Unterwürfigkeit angesichts wachsender wirtschaftlicher und sozialer Widersprüche.

Aber – das als gegeben hinnehmen? Nein. Niemals!

Heute, an unserem Lebensabend, wollen wir durch unser Wirken auch weiterhin mit der Wärme des guten Gewissens leben können.

Die Leser, die uns bis zum Jahre 1947/48 gefolgt sind, haben ein Recht darauf, zu erfahren, was denn eigentlich aus den Zadeks danach geworden ist und was sie heute bewegt.

Nach ihrer Rückkehr in die Heimat, für Gerhard wegen der Ermordung seiner Eltern und aller näheren Verwandten ein schwerer Entschluß, wurde er zunächst verpflichtet, in der »Jungen Welt« als Journalist auf außenpolitischem Gebiet zu arbeiten. Sein erstes Buch »Reise in das neue Polen« entstand 1948. Nach Gründung der DDR 1949 war er vorübergehend Leiter einer staatlichen Presseabteilung.

Anfang der fünfziger Jahre, als in der SED die stalinistische Verfolgungsserie einsetzte, vor allem gegen Westemigranten, erhielten wir für unsere Heimatstadt Berlin Arbeits- und Aufenthaltsverbot. Gerhard wurde Ende 1951 zunächst nach Schwerin und sechs Monate später nach Neustrelitz als Redakteur »versetzt«. Kurz vor dem 17. Juni 1953 ist er von einem Tag zum anderen fristlos entlassen worden, weil als »Westemigrant« für die Pressearbeit untragbar. Ihm wurde vom Sekretär des Bezirks Neubrandenburg auferlegt, sich zwecks Arbeit im Gießereibetrieb Guss-Torgelow zu melden. Das tat er nicht. Wir haben auf eigene Faust einen Wohnungstausch nach Berlin vorgenommen und sind im August 1953 mit nunmehr zwei Töchtern wieder nach Berlin zurückgekehrt.

Nach einigen Jahren Tätigkeit im Werkzeugmaschinenbau war Gerhard bis zu seinem Ausscheiden mit Erreichung des Rentenalters über 25 Jahre auf dem Gebiet des Erfingungswesens hauptamtlich beim Patentamt und ehrenamtlich beim Präsidium der »Kammer der Technik« tätig. Er verfaßte mehrere Broschüren und Lehrmaterialien zum Thema Erfindungswesen und absolvierte drei Fernstudien: in der Emigration zum Ingenieur in London, zum Diplomökonom in Berlin und zum Patentingenieur an der Technischen Hochschule in Magdeburg.

Alice war nach unserer Rückkehr zunächst im Außenhandel, dann, weil dort »nicht mehr tragbar«, im kommunalen Bereich tätig.

Ende 1953 wurde sie Direktorin eines Berliner Konfektionsbetriebes, bis 1956 die dritte Tochter geboren wurde. Ehrenamtlich war sie von 1954 bis 1958 Stadtverordnete in Berlin.

Nach Ausbildung zur Diplomgesellschaftswissenschaftlerin 1964 war sie bis zu ihrer Berentung 1978 auf dem Gebiet Frauen- und Sozialpolitik tätig.

Neben unserer beruflichen Tätigkeit haben wir als Mitglieder einer Organisation ehemaliger Widerstandskämpfer und Verfolgter des NS-Regimes in zahlreichen Foren, Aussprachen und Diskussionsgruppen sowie auf Lehrgängen vor Schülern und Lehrlingen, Arbeitskollektiven und Studenten über Jahre hinweg die in diesem Buch geschilderten Erfahrungen dargelegt.

In dieser Hinsicht sind wir beide auch heute noch aktiv.

Wir hatten nie vor, ein Buch über unsere Lebenserinnerungen zu schreiben. Vor Jahren meinten wir noch, es reiche, dieses Feld prominenten Memoirenschreibern oder Historikern zu überlassen.

Angeregt dazu wurden wir aber mehrfach von Schülern, Studenten oder Arbeitskollektiven aus Betrieben, zu denen wir engen Kontakt hatten. Als Zeitzeugen vermochten wir, ihnen eine Epoche aus dem Leben der kleinen Leute, der Arbeiter hautnah zu schildern, die für die meisten unserer Gesprächspartner längst zurückliegende Geschichte war. Sie wollten nicht nur über diese Zeit hören, sie wollten auch darüber lesen können – darum machten wir uns an die Arbeit, unsere Erinnerungen aufzuschreiben.

Weil es in der damaligen DDR kaum eine geschlossene Darstellung von Erlebnissen, Erfahrungen und Befindlichkeiten junger Juden während der Jahre 1933 bis 1945 gab, wollten wir anhand unseres eigenen Lebens, unserer eigenen Schicksale und der unserer Familien und Freunde diese furchtbare Zeit besonders jenen jüngeren Menschen nahebringen, die sie nicht mehr erleben mußten.

Schließlich wollten wir durch Schilderung des von uns erlebten »gewöhnlichen Faschismus« bei den Lesern die Erkenntnis vertiefen, wie gefährlich sich faschistoides Gedankengut entwickeln kann, wenn nicht dauerhaft dagegen angekämpft wird.

Der in der Verfassung der DDR festgeschriebene Antifaschismus reichte offensichtlich nicht aus, um die NS-Vergangenheit mit all ihren Verbrechen nicht nur rationell, sondern auch emotionell zu begreifen und dagegen aufzutreten. Das Bedürfnis, mehr über diese Zeit zu wissen, fanden wir bei der Nachkriegsgeneration sehr ausgeprägt. So ist dieses Buch auch als ein Versuch zu werten, Antwort auf Fragen zu geben, die uns mit Laufe der Jahre gestellt wurden.

Infolge der Fülle des Stoffes haben wir uns von Beginn unseres Unternehmens an eine zeitliche Begrenzung bis zur Rückkehr in die Heimat auferlegt.

Die nachfolgenden, in unserem Buch nicht mehr behandelten Lebensjahrzehnte haben uns Erfahrungen vermittelt, deren historische Dimension auch im letzten Jahrzehnt unseres Jahrhunderts noch nicht umfassend begriffen werden können. Dazu hat ein jeder seine eigene Lebensgeschichte, seine eigene Sicht nicht nur auf das in dieser Zeit entstandene und vergangene Experiment »Sozialismus« in der DDR, sondern auch auf die weltpolitische Entwicklung.

Wir beide waren als Juden bereits in der Weimarer Republik vom Antisemitismus betroffen.

In der NS-Zeit wurden wir Juden Menschen zweiter Klasse.

Im Exil waren wir als Deutsche heimatlos.

In der DDR konnten wir als Juden zum ersten Mal als gleichberechtigte Staatsbürger leben. Diese Erfahrungen haben uns geprägt.

Im Bewußtsein, daß auch wir einen bescheidenen Beitrag zur Niederlage des NS-Regimes geleistet hatten, setzten wir uns dafür ein, demokratische Verhältnisse mitzugestalten.

Bestärkt in unserem Handeln wurden wir auch dadurch, daß sogar viele bürgerliche Künstler und Geistesschaffende aus der Emigration in die DDR kamen, wie Bertolt Brecht, Arnold Zweig, Stefan Heym, Walter Felsenstein und viele andere.

Als mit Beginn der fünfziger Jahre im Ergebnis der beginnenden Maßregelungen gegenüber ehemaligen Emigranten aus westlichen Ländern auch wir beide davon betroffen waren, konnten wir darin keine antisemitische Maßnahme erkennen. Denn nicht wenige der Verursacher oder Täter waren selbst jüdischer Herkunft – und bei weitem nicht alle Opfer waren Juden.

Natürlich haben wir uns unsere Gedanken gemacht und im engen Freundeskreis auch darüber diskutiert, ob es richtig sei, uns »Westemigranten« als potentielle Agenten, Spione und Verräter im Solde des Imperialismus zu behandeln.

Wir betrachteten das ganze Geschehen, sofern wir überhaupt davon Kenntnis erhielten, als Irrtümer, die sich schon im Laufe der Zeit aufklären würden.

Nie ist uns der Gedanke gekommen, etwa die DDR zu verlassen. Mit der bürgerlich-kapitalistischen Gesellschaftsordnung hatten wir schon in der Vergangenheit hinreichend Erfahrungen sammeln können. Dort zu leben war für uns keine annehmbare Alternative.

Wir hatten eine große Familie, waren jung, optimistisch und gesund, konnten arbeiten und uns beruflich qualifizieren.

Als der XX. Parteitag der KPdSU erstmals die Rolle Stalins öffentlich entlarvte, waren wir beide zutiefst betroffen. Nachts tauschten wir das in unserem Hauseingang angebrachte Stalinbild gegen ein Thälmannbild aus.

Die erhoffte Offenlegung der Parteiführung der SED der auch in der DDR gemachten Fehler mit dem Personenkult und dem Stalinismus erfolgte nicht, mit der Begründung, eine Fehlerdiskussion diene nur dem »Klassenfeind«. Der wußte ohnehin schon alles – aber die DDR-Bevölkerung, auch die Parteimitglieder hielt man offensichtlich nicht für mündig genug, alles zu verkraften. Das ganze Ausmaß der Verfolgungen kannten nur die davon Betroffenen, die zum Schweigen verpflichtet wurden und sich auch daran hielten.

Weil wir selber und auch unser Freundeskreis keine negativen persönlichen Erfahrungen gemacht hatten, glaubten wir, daß der Antisemitismus in der DDR keinen Nährboden mehr hätte. Vorkommnisse, besonders seit Beginn der achtziger Jahre, die Schändung jüdischer Gräber und Hakenkreuzschmierereien werteten wir als Einzelerscheinungen, deren Wurzeln wir in neofaschistischen Organisationen westlich unserer Grenze angesiedelt sahen. Wir bauten darauf, daß die Ächtung von Rassismus und Chauvinismus Staatsdoktrin sei, und überschätzten, was in den Schulen darüber vermittelt worden sei.

Es zeigte sich jedoch, daß antisemitische Tendenzen unterschwellig schon lange vorhanden waren, doch wurden sie nicht ans Tageslicht gelassen. Was nicht sein durfte, konnte nicht sein. Die Abdeckung durch die Staatssicherheit war perfekt. Von durchaus vorhandenen positiven Anzeichen konnten auch wir getäuscht werden. Zum Gedenken an den Pogrom vor 50 Jahren, am 9. November 1938, war ein starkes Interesse besonders bei der Jugend vorhanden, mehr über die jüdische Geschichte zu erfahren. Dabei wurde jedoch sichtbar, wie wenig davon bisher als Teil der gesamten deutschen Geschichte vermittelt worden war. Dieses Versäumnis hat auch zur Ausbildung neofaschistischer Einstellungen beigetragen.

Deshalb zollen wir einem Projekt des USA-Kongresses große Hochachtung. In der Hauptstadt Washington D.C. wird ein »USA-Holocaust Memorial Museum« geschaffen, das 1993 eröffnet wird. Der ehemalige Präsident, Jimmy Carter, brachte zum Ausdruck »... daß sich zwar der Holocaust auf Europa beschränkt hat, aber seine Schrecken auch für die Amerikaner von grundlegender Bedeutung sind und gesichert werden muß, solche Unmenschlichkeiten für alle Zeiten zu verhindern ...«

Seine Schöpfer wollen in einem neuen großen Gebäudekomplex eine Nationale Bildungsstätte für die demokratische Öffentlichkeit errichten, um vor allem der Jugend die Inhumanität von Rassismus, Antisemitismus und Nazismus nahezubringen. Das Museum wird das Schicksal aller Nazi-Opfer behandeln, der Sinti und Roma, der Euthanasie-Toten, der Homosexuellen, der Zeugen Jehovas, der politischen und religiösen Nazigegner sowie der ermordeten sowjetischen Kriegsgefangenen.

Das Bemühen geht dahin, möglichst viele Originalexponate aus den polnischen Ghettos und den Todeslagern der Nazis auszustellen, sowie zahlreiche Zeugnisse des Widerstands der Juden gegen ihre Peiniger.

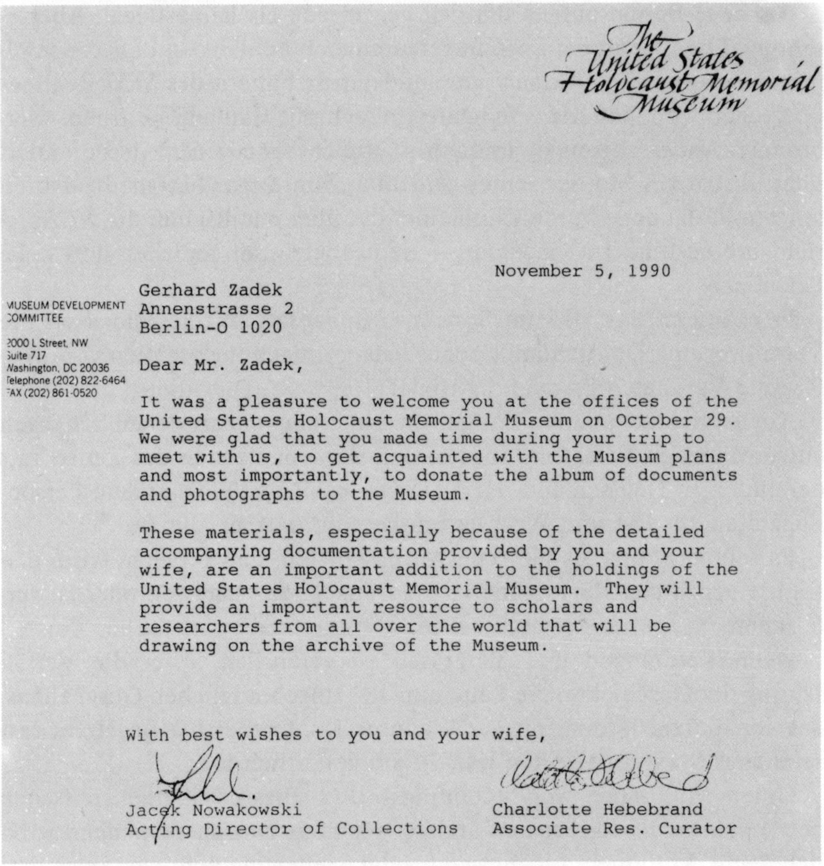
The United States Holocaust Memorial Museum

November 5, 1990

MUSEUM DEVELOPMENT COMMITTEE

2000 L Street, NW
Suite 717
Washington, DC 20036
Telephone (202) 822-6464
FAX (202) 861-0520

Gerhard Zadek
Annenstrasse 2
Berlin-O 1020

Dear Mr. Zadek,

It was a pleasure to welcome you at the offices of the United States Holocaust Memorial Museum on October 29. We were glad that you made time during your trip to meet with us, to get acquainted with the Museum plans and most importantly, to donate the album of documents and photographs to the Museum.

These materials, especially because of the detailed accompanying documentation provided by you and your wife, are an important addition to the holdings of the United States Holocaust Memorial Museum. They will provide an important resource to scholars and researchers from all over the world that will be drawing on the archive of the Museum.

With best wishes to you and your wife,

Jacek Nowakowski
Acting Director of Collections

Charlotte Hebebrand
Associate Res. Curator

Brief des USA Holocaust Memorial Museums an Gerhard Zadek

Vorgesehen ist auch, dem Wirken der »Herbert-Baum-Gruppe« einen gebührenden Platz einzuräumen, wobei wir mit Dank anmerken möchten, daß der Direktor des Museums für Verkehr und Technik Berlin, Herr Prof. Günther Gottmann, dazu entsprechende Exponate zur Verfügung stellte.

Angesichts der Tatsache, daß Deutsche die Hauptverantwortung für den Holocaust tragen, wäre es angebracht, auch in Berlin ein Memorial zu gestalten, das gleichermaßen der deutschen Jugend als Bildungsstätte dienen sollte.

Die Neue Synagoge in der Oranienburger Straße in Berlin-Mitte mit dem »Centrum Judaicum« könnte wohl dafür der geeignete Ort sein.

Als neue Bundesbürger sind wir gegen jede DDR-Nostalgie. Aber es schmerzt uns, wenn bei allen unverzeihlichen Fehlern und folgenschweren, der Arroganz der Macht geschuldeten Irrtümern des SED-Regimes übersehen wird, daß der, wie heute vielfach mit Häme gesprochen, »verordnete Antifaschismus« immerhin erreicht hat, jeden in der DDR überführten NS-Mörder seiner gerechten Strafe zuzuführen. In den alten Bundesländern wurde kaum einer der über 800 Richter des Volksgerichtshof bestraft. Im Gegenteil – sie bezogen und beziehen dort hohe Pensionen.

Es schmerzt uns, daß im Bonner Grundgesetz mit keinem Wort die Verantwortung Deutschlands zur Wiedergutmachung an allen vom NS-Regime Verfolgten Erwähnung findet.

Auch im sogenannten Einigungsvertrag sucht man vergeblich nach entsprechenden Passagen, obwohl sich der Vorsitzende des Zentralrats der Juden in Deutschland, Herr Dr. Galinski, und viele andere Persönlichkeiten aus Ost und West darum bemüht hatten.

Es schmerzt uns als jüdische Antifaschisten, daß versucht wird, den Kampf gegen das NS-Regime zu verdrängen, zu vergessen oder zu verfälschen.

Denn Verdrängen und Vergessen ist gefährlich. Aber die Verfälschung der Geschichte, die Leugnung des ungeheuerlichen Geschehens, das vor fünfzig Jahren mit der Wannsee-Konferenz in sein letztes entsetzliches Stadium getreten war, ist am gefährlichsten.

Unter Mißbrauch von Meinungs- und Pressefreiheiten feilschen heute gewisse Historiker und andere Neonazis darum, ob es denn wirklich sechs Millionen Juden waren oder vielleicht bloß zwei oder drei Millionen?

Vielleicht gab es keine Gaskammern in Auschwitz, keine Berge von Kinderschuhen in Treblinka, keine Genickschüsse in Riga, unter denen auch Gerhards Eltern sterben mußten?

Wir Bürger der Bundesrepublik, die alten wie die neuen, tragen eine große Verantwortung vor der Geschichte, vor unseren Kindern und Kindeskindern. Wir vertrauen darauf, daß alle auf die demokratische Grundordnung diese Landes eingeschworenen Parteien nicht zulassen werden, daß die Demokratie mißbraucht wird.

Mögen unsere Lebenserinnerungen dazu beitragen!

Als wir, von vielen Seiten dazu ermuntert, Mitte der achtziger Jahre begonnen haben, Materialien für dieses Buch zu sichten, die sich im

Laufe von Jahrzehnten angesammelt hatten, und Recherchen in Angriff nahmen, waren wir uns zuerst des Umfanges unseres Vorhabens gar nicht so recht bewußt. Als vorteilhaft für unser Unterfangen erwiesen sich Alices beinahe phänomenales Gedächtnis und die Akribie, mit der Gerhard über Jahrzehnte hinweg Dokumente, Fotos und Aufzeichnungen, darunter auch aus Deutschland geschmuggelt, aufbewahrt hatte.

Bei hin und wieder aufgetretenen Lücken in Zeitabläufen und Geschehnissen konnten wir auf Kenntnisse unserer Kameraden zurückgreifen, die gleich uns der Gruppe Baum angehört hatten.

Dieses Buch wäre nicht entstanden, wenn uns nicht von nachfolgend Genannten zahlreiche Hilfe und Unterstützung zuteil geworden wäre: Jüdische Gemeinde zu Berlin; Stiftung »Neue Synagoge Berlin-Centrum Judaicum«; Friedensbibliothek-Antikriegsmuseum der evangelischen Kirche Berlin – Brandenburg; Stadtarchiv der Stadt Nürnberg; Dr. Ruth und Dr. Edmund Frow, Leiter der »Working Class Mouvement-Library« Salford; Gerhard Holtz-Baumert, Schriftsteller, Berlin; Michael Kreutzer, Geschichtswerkstatt »Juden in Kreuzberg«; David Owen, Direktor der »Manchester Central Library«; Regina Rahmlow, Diplom-Historikerin, Berlin; Monika Reimers, Buchhändlerin, Berlin-Mitte; Walter Sack, Leiter der Arbeitsgruppe »Herbert Baum« Berlin-Treptow; Heinz H. Schulz, Schriftsteller Berlin; Ernst M. Stern, Leiter der jüdischen Buchhandlung »Chaj« Wien und Chefredakteur der Zeitschrift »Bund« sowie unsere Lektorin Barbara Kunerle.

Ihnen allen sind wir zu Dank verpflichtet.

Berlin, November 1991 Die Autoren

Inhalt

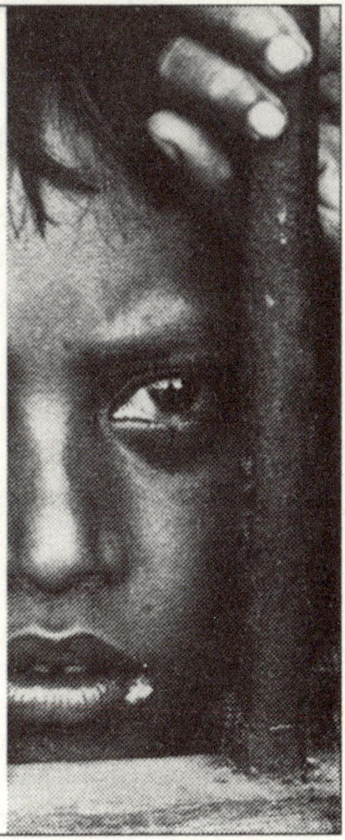

Irene Runge

Onkel Max ist jüdisch

Neun Gespräche mit Deutschen, die Juden halfen
144 Seiten · 8 Abbildungen · Broschur · 16,80 DM
ISBN 3-320-01746-2

»Aktion Rettung« nannte der Jüdische Kulturverein e. V. sein Vorhaben und veröffentlichte 1990 Anzeigen in zahlreichen Zeitungen der DDR. Wer hat Juden geholfen? Erinnert sich jemand an Geschichten dieser Rettungen? Wer versteckte diese Juden trotz Wissens um Sippenhaft und KZ, rettete Nachbarn, Kollegen, Verwandte, Freunde oder Fremde? Es kamen Briefe mit Fotos – Erwachsene schrieben über ihre Kindheit, über Geheimnisse der Eltern oder Großeltern, schrieben ausführlich, warum sie Juden im Haus, auf dem Hof vor der Deportation bewahrten. Zwischen Anpassung und Widerstand wurden aus menschlichem Anstand Heldentaten, die fast vergessen worden sind. Die Nachkriegszeit überraschte mit neuem Unrecht, wenn der Nazi-Richter keine Juden versteckt haben durfte, wenn niemand den Beweis sehen wollte. Bitter war die Erkenntnis, daß Mitläufer immer Mitläufer bleiben.
Die Studenten Sebastian Neuss, Evelyn Tonder und Sven Vollrath haben unter Leitung von Irene Runge und mit Unterstützung des Jüdischen Kulturvereins, der Servicom GmbH Berlin und des Simon-Wiesenthal-Center Paris die Materialien ausgewertet.

Ihre Bestellung richten Sie bitte an eine Buchhandlung oder direkt an den Verlag.

Dietz Verlag Berlin GmbH
Wallstraße 76–79
O-1020 Berlin

Irene Runge / Uwe Stelbrink

George Mosse: »Ich bleibe Emigrant«

Gespräche mit George L. Mosse
121 Seiten · Broschur · 12,80 DM
ISBN 3-320-01754-3

Prof. George L. Mosse wurde 1918 in Berlin geboren. Als Sproß der berühmten Verlegerfamilie Mosse (»Berliner Tageblatt«) und damit einer der angesehensten Familien des liberalen jüdischen Bürgertums mußte er nach dem Machtantritt Hitlers mit seiner Familie emigrieren. Er studierte in Cambridge und Harvard und avancierte zum Professor für neue Geschichte. Er lehrte an den Universitäten in Madison/Wisconsin (USA), in Jerusalem, Cambridge und Amsterdam.
In deutscher Sprache erschien von ihm: Der nationalsozialistische Alltag (1978), Ein Volk, ein Reich, ein Führer (1979), Nationalsozialismus und Sexuologie (1985), Die Geschichte des Rassismus (1990).
Das Porträt von Irene Runge und Uwe Stelbrink weist ihn als fundierten Zeitzeugen für mehr als ein halbes Jahrhundert Geschichte Deutschlands und Europas, aber auch Israels und der USA aus. Er vermittelt Einsichten und Sehweisen der jüdischen Bourgeoisie sowie Emigrantenschicksale.

Ihre Bestellung richten Sie bitte an eine Buchhandlung oder direkt an den Verlag.

Dietz Verlag Berlin GmbH
Wallstraße 76–79
O-1020 Berlin